경성대학교 한국한자연구소 학술총서 5

상해박물관장전국초죽서역주
上海博物館藏戰國楚竹書譯註 ①

周易

해제편

이 역주서는 2018년 대한민국 교육부와 한국연구재단의 지원을 받아 수행된 연구임(NRF-2018S1A6A3A02043693)

경성대학교 한국한자연구소 학술총서 5

상해박물관장전국초죽서역주 ❶
上海博物館藏戰國楚竹書譯註

周易

해제편

복모좌 정리
최남규 역주

역락

차례

1. 서문 ···7
   1.1 역주서문 ·· 9
   1.2 역주 일러두기 ·· 12
   1.3 원문 설명 ··· 14
   1.4 원문범례凡例 ·· 18

2. '상해박물관 소장 전국시기 초죽서'에 대하여 ·································21
   2.1 최근 초죽서 연구현황 ·· 23
   2.2 ≪상해박물관장전국초죽서≫란 ·· 65
   2.3 전국 상해박물관 소장 초죽서의 발견·보존과 정리 ···················· 71

3. ≪주역≫ 도판 ···77
   3.1 ≪주역≫ 전체도판 ·· 79
   3.2 ≪주역≫ 죽간 도판 ·· 83

4. 초죽서 ≪주역≫에 대하여 ··141
   4.1 초죽서 ≪주역≫ ·· 143
   4.2 '죽서竹書'와 '주역周易' ·· 156
   4.3 초죽서 ≪주역≫의 부호 ·· 202
   4.4 초죽서 ≪주역≫의 문자 응용과 시대적 특징 ···························· 243

1 서문

1.1 역주서문

≪상해박물관장전국초죽서上海博物館藏戰國楚竹書≫(≪상박초간上博楚簡≫)는 1994년 홍콩 문물시장에서 상해박물관이 구매한 것이다. 그래서 언제 어디에서 출토되었는지 알 수가 없지만, 문자의 형태·죽간의 형식과 역대 경서의 내용을 참고하여 ≪곽점초묘죽간郭店楚墓竹簡≫(≪곽점초간郭店楚簡≫)이나 혹은 ≪청화대학장전국죽간清華大學藏戰國竹簡≫(≪청화간清華簡≫)와 같은 초죽서라는 것을 알 수 있다. 이 죽간은 파손된 것까지 합하여 모두 약 1,300매枚이다. 구입할 당시에는 부식되어 문자를 잘 알아볼 수 없었지만, 화학적 처리와 정리 과정을 거쳐 지금은 대부분 문자를 인식할 수 있게 되었다. 죽간의 길이는 긴 것은 57.2cm이고 짧은 것은 23.8cm이며 총 문자는 35,000여 자가 된다.

≪상박초간≫은 양적으로나 내용·가치 면에서 ≪곽점초간≫·≪청화간≫과 함께 현재 학계에서 가장 주목을 받고 있다고 할 수 있다. 2001년부터 ≪상박초간≫이 세상에 소개된 이후부터 학계가 주목하고 연구를 진행하고 있다. 당시 상해박물관장이었던 마승원馬承源이 주편하여 2001년부터 2012년 12월까지 모두 아홉 권의 ≪상해

박물관장전국초죽서≫가 세상에 발표되었다. 죽간의 내용은 모두 80 여 종에 달하며, 전국戰國 시기의 고적으로 유가儒家・도가道家・병가兵家・잡가雜家 등을 포함하고 있다. 물론 이 중 ≪치의緇衣≫・≪주역周易≫・≪공자한거孔子閑居≫ 등은 전래본도 있지만, 대부분이 이미 전해 내려오지 않는 일서佚書들이다.

≪상박초간≫의 ≪주역周易≫은 ≪상해박물관장전국초죽서(三)≫ 중의 한 편이다.[1] 이 ≪주역≫은 ≪주역≫ 중 가장 이른 판본이기 때문에 ≪주역≫의 문자와 내용을 이해하는데 매우 중요한 자료이다.

≪주역≫은 58개의 죽간으로 정리되어 있는데, 현재 홍콩 중문대학中文大學에 소장하고 있는 하나의 잔간殘簡을 합하여 모두 34개 괘卦의 내용을 포함하고 있다. 문자 총수는 모두 1,806여 자로 이제까지 발표된 ≪상박초간≫ 중 가장 편폭이 길다. 이 ≪주역≫은 현재까지 발견된 '주역' 중 가장 빠르다. 초죽간 ≪주역≫을 통하여 그동안 의견이 분분하였던 '九六'의 논쟁을 해결할 수 있다. '九'・'六'의 명칭은 한대漢代 사람들이 추가한 것으로 선진 시기에는 없는 것으로 이해하기도 하였다. 또한 ≪주역≫을 '상경上經'・'하경下經' 혹은 '하편上篇'・'상편下篇'으로 분리할 것인가에 대한 그동안의 논쟁과는 달리 '방상┗上'과 '방하┗下'로 분리해야한다는 새로운 주장을 제기하게 되었다. ≪상박초간≫ 제 23간 ≪대축大┗(畜)≫ 마지막 부분에 부호 '┗'을 사용하고 있는 것으로 보아 이 이전 괘까지는 '┗上'에 속하고, 나머지는 '┗下'에 속하는 것으로 보인다. 죽간 ≪주역≫은 여섯 가지 특수 부호를 검은 색과 빨간색을 이용하여 표시하고 있지만, 부호의 성격에 대해서는 아직 확실하게 알 수 없다. 하지만 당시 ≪주역≫의 초기적인 형식의 특징을 알 수 있는 매우 중요한 자료임에 틀림없다. 이외에도 그동안 발견되었던 백서帛書 ≪주역≫의 경전經傳・부양한간阜陽漢簡 ≪주역≫과 왕가대진간王家臺秦簡 ≪귀장歸藏≫ 등의 판본을 비교한다면, ≪주역≫ 중의 괘卦와 효사爻辭 등에 대한 새로운 결론을 얻을 수 있을 것이다.

≪상박초간(三)≫의 ≪주역≫은 복모좌濮茅左가 상해박물관이 소장하고 있는 초죽

---

1) 馬承源 主編, ≪上海博物館藏戰國楚竹書(三)≫, 上海, 古籍出版社, 2003. 이하 ≪上博楚簡≫으로 간칭하기로 함.

서楚竹書 ≪주역≫을 처음으로 정리 고석 하였기 때문에 편의상 이를 정리본(2003)이라 칭한다. 그런데 복모좌는 정리본이 출간된 이후 다시 ≪초죽서주역연구楚竹書周易研究-겸술선진양한출토여전세역학문헌자료兼述先秦兩漢出土與傳世易學文獻資料≫(총2책)라는 책에서 초죽서 이외에 ≪주역≫의 중국고대 출토자료들을 추가 소개하였다.2) 이 중 <상편: 초죽서주역연구>의 '초죽서주역원문고석楚竹書周易原文考釋'은 정리본을 기본으로 하면서 고문자 자료를 이용하여 부분적으로 추가 설명하였다. 본 주역서는 복모좌 ≪초죽서주역연구≫의 '초죽서주역원문고석'을 기본 자료로 삼아 우리말로 번역하고, 그동안 연구 성과를 반영하여 개인적인 견해도 함께 밝히기로 한다.

본 역서는 모두 다섯 내용으로 분리하였다. '해제편'·'고석편(상하)'·'전적편'·'색인편'과 '종합편'으로 나누었다. <해제편>에서는 '상해박물관 소장 전국초죽서'의 가치와 내용 혹은 초죽서 ≪주역≫에 관한 전반적인 내용을 살펴보았다. <전적편>은 '역'이 선진 양한 시기의 전적에서 어떻게 묘사되고 있는 지를 살펴봄으로써 고대 선인들의 '역'에 사상과 개념을 살펴보고자 한 것이다. <색인편>에서는 초죽서 ≪주역≫의 어휘를 색인식으로 풀이하고, 문자를 전체적으로 색인하였다. <종합편>에서는 앞의 연구 내용들을 종합적으로 정리한 내용이다. '역주의 석문釋文과 우리말 해석'의 내용은 본 역주의 주요 연구 성과이기도 하다. 또한 마지막에 '문자 임모'를 추가하여, 전국 초죽가 지니고 있는 자형의 특징 중의 하나인 붓을 사용함으로써 서체 전환 발전에 있어 매우 중요한 동기적 발생요인이 된 원인을 찾아보고자 하였다.

항상 책이 나올 때마다 기쁨보다 두려움이 크다. 그저 후학들에게 조금이나 도움이 됐으면 하는 바람뿐이다. 책이라는 것이 많은 사람의 도움이 없이는 결코 탄생되어지는 것이 아니다. 경성대학교 HK한자연구소 소장 하영삼 교수님께서 도와주시지 않았다면 책 출간이 어려웠을 것이다. 다시 한 번 진심으로 머리 숙여 감사의 말씀을 전한다.

전주 훈고루에서 2021년 01월

---

2) 濮茅左, ≪楚竹書周易研究-兼述先秦兩漢出土與傳世易學文獻資料≫, 上海, 古籍出版社, 2006.

1.2 역주 일러두기

— 본 '역주일러두기'는 본 저서 역주의 전체적인 '일러두기'를 가리킨다.
— ≪上海博物館藏戰國楚竹書(三)·周易≫(2003) 부분은 복모좌濮茅左가 석문고석釋文考釋하였다. 복모좌는 후에 ≪楚竹書 <周易> 硏究(上)≫(2006)[3]의 <第二章 楚竹書≪周易≫原文考釋>[4]에서 2003년의 <釋文考釋> 부분을 다시 보충 추가 하였다. ≪楚竹書 <周易> 硏究≫(2006)는 ≪上博楚簡·周易≫(2003)을 보충 추가한 것이기 때문에 ≪楚竹書 <周易> 硏究≫의 <第二章 楚竹書≪周易≫原文考釋>을 번역하기로 한다.
— 주역에 대한 '해석'은 현대 고문자 주역 연구자마다 해석이 매우 다양하기 때문에 생략하기로 한다. 다만 '종합편: ≪주역≫ 석문釋文 및 우리말 해석 종합정리' 부분에서 ≪楚竹書 <周易> 硏究≫의 설명을 주 참고 대상으로 하면서, 필요에 따라서는 고형高亨 ≪周易古經今注≫를 김상섭이 번역한 ≪고형의 주역≫[5]·김인환 옮김의 ≪주역≫[6]과 ≪주역 왕필주≫[7]를 참고하기로 '주역의 우리말 해석'을 하기로 한다. 이외에도 이경지李鏡池의 ≪周易通義≫[8]를 참고하기로 한다. 또한 초죽서楚竹書에서 보이지 않는 부분은 백서본·현행본 등을 참고하여 부호 [ ]를 사용하여 표시하고 우리말 해석을 추가하기로 한다. 또한 판본에 따라 문자가 다른 경우에는 부호 ( )를 사용하여 표시하기로 한다.
— 초죽서 죽간竹簡의 번호는 〖 〗를 사용하여 표기하기로 한다.
— 통가자通假字와 고금자古今字는 ( )로 표시하며, 부가적 설명이 필요한 경우를 제외하고는 별도로 주석하지 않기로 한다.

---

3) 濮茅左 ≪楚竹書 <周易> 硏究(上)≫, 上海古籍出版社, 2006.
4) 濮茅左, 上揭書, 68~188쪽.
5) 高亨 註解, 김상섭 옮김, ≪고형의 주역≫, 예문서원, 1995년.
6) 김인환 옮김, ≪주역≫, 나남출판, 1997년.
7) 임채우 옮김, ≪주역 왕필주≫, 도서출판길, 1997년.
8) 李鏡池, ≪周易通義≫, 中華書局, 1981년.

― 다른 역대 경서經書와 문맥 전후를 살펴 죽간竹簡에 오자誤字가 있는 경우에는 < >로 표시한다.
― 문맥과 현행본(今本) 등을 고려하여 결문缺文(결손된 부분의 문자)과 탈문奪文(누락된 자) 등은 '□'이나 혹은 '……'로 표시한다. 초간楚簡 중 결문 된 문자의 수는 알 수 있으나 해당하는 자는 모르는 경우에는 □로 표시하며, 문자의 흔적이 있어 추정할 수 있는 문자는 □ 안에 문자를 표기하며, 확실한 자수字數를 모르는 경우에는 '……'로 표시한다.
― 연문衍文(잘못 추가된 문자)은 { }로 표시한다.
― 각종 문자 자료는 아래의 임모본臨摹本 문자편文字編과 자전을 참고하기로 한다.

    李守奎 編著, ≪楚文字編≫, 華東師範大學出版社, 2003年
             ≪上海博物館藏戰國楚竹書(一)-(五)文字編≫, 作家出版社, 2007年
    張守中 選集, ≪郭店楚竹簡文字篇≫, 文物出版社, 2000年
             ≪包山楚竹簡文字篇≫, 文物出版社, 1996年
             ≪郭店楚竹簡文字篇≫, 文物出版社, 2000年
             ≪睡虎地秦竹簡文字篇≫, 文物出版社, 1994年
    滕壬生 著, ≪楚系簡帛文字篇(增訂本)≫, 湖北教育出版社, 2008年
    湯餘惠 主編, ≪戰國文字編≫, 福建人民出版社, 2001年
    陳松長 編著, ≪馬王堆簡帛文字篇≫, 文物出版社, 2001年
    騈宇騫 編著, ≪銀雀山漢竹簡文字篇≫, 文物出版社, 2001年
    陸錫興 編著, ≪漢代簡牘草字編≫, 上海書畫出版社, 1989年
    容庚 編著, 張振林・馬國權 摹補, ≪金文編≫, 中華書局, 1985年
    漢語大字典字形組 編, ≪秦漢魏晉篆隷字形表≫, 四川辭書出版社, 1985年
    徐中舒 主編, ≪漢語古文字字形表≫, 四川人民出版社, 1981年
    高明 編著, ≪古文字類編≫, 臺灣大通書局印行, 1986年
    中國科學院考古研究所 編輯, ≪甲骨文編≫, 中華書局, 1965年
    漢語大字典編輯委員會, ≪漢語大字典≫, 四川辭書出版社, 1993年
    湯可敬, ≪說文解字今釋≫, 岳麓書社, 2001.

― 주요 컴퓨터 참고 사이트는 아래와 같다.

    殷周金文暨青銅器資料庫, http://app.sinica.edu.tw/bronze/qry_bronze.php
    小學堂: 臺灣小學堂文字學資料庫, http://xiaoxue.iis.sinica.edu.tw/.
    中國古代簡帛字形辭例數據庫, http://www.bsm-whu.org/zxcl/index.php.
    簡帛硏究: 山東大學文史哲院, http//www.jianbo.org. http//www.bamboosilk.org
    簡帛: 武學大學簡帛硏究中心, http//www.bsm.org.
    孔子2000: 淸華大學簡帛硏究, http//http://www.confucius2000.com/
    復旦大學出土文獻與古文字硏究中心, http://www.gwz.fudan.edu.cn/http://www.guweni.com/

1.3 원문 설명9)

초죽서楚竹書 ≪주역周易≫은 현재까지 발견된 ≪周易≫ 중 가장 이른 시기의 것이다.

초죽서 ≪周易≫은 고대 선진先秦시대의 역학易學을 연구하고 이해하는데 매우 중요한 역사적 자료이다. 초죽서 ≪周易≫ 중의 일부는 비록 산실되었지만, 현재 남아있는 자료들을 통하여 先秦 시기의 기본적인 ≪周易≫의 원래의 모습을 이해할 수 있을 뿐만 아니라, 약 2천 년 전부터 이미 사용되지 않고 있는 각종 부호符號는 선진시기의 역학 연구에 하나의 새로운 과제를 제시해 주고 있다. 이 부호들은 마왕퇴한묘백서馬王堆漢墓帛書10)에서 이미 사용되지 않고 있다. 각각마다 특별한 의미를 지니고 있는 이러한 부호들은 역학사易學史에 매우 중요한 의의를 지니고 있다.

초죽서 ≪周易≫은 총 58개의 죽간으로 34 卦의 내용이 포함되어 있다. 문자는 모두 1,806 자이고, 이 중 합문合文이 3 자이고, 중문重文이 8 자이고, 25 개의 괘화卦畵가 있다.

---

9) '설명'은 마승원馬承源 주편 ≪상박초간上博楚簡(三)≫ 중 복모좌濮茅左의 설명 부분에 해당된다. 133~135쪽.
10) 이하에서는 帛書 ≪周易≫이라 칭하기로 한다.

온전한 형태의 죽간은 양쪽 끝이 편평하게 다듬어져 있으며, 길이는 44cm이고, 넓이는 0.6cm이며, 두께는 0.12cm쯤 된다. 또한 세 개의 편선編線으로 묶은 흔적이 있다. 상단에서 첫 번째 편선까지는 약 1.2cm이고, 첫 편선에서 두 번째 편선까지는 약 21cm이고, 둘째 편선에서 세 번째 편선까지는 약 20.5cm이고, 세 번째 편선에서 하단까지는 약 1.2cm 가량이 된다. 편선을 묶은 자국(계구契口)은 죽간의 오른쪽에 파여져 있다.

　각 죽간의 첫 번째 문자는 첫 번째 편선 아래쪽부터 쓰고, 죽간 중의 마지막 문자는 세 번째 편선 안쪽에 쓰고 있다.

　온전한 형태의 한 죽간은 약 44자의 문자가 있다.

　글자는 단정하고 공정하며, 글씨의 크기는 일반적으로 거의 모두 같고, 글자와 글자 사이의 간격은 일반적으로 같다.

　한 괘卦의 내용은 일반적으로 두 개나 혹은 세 개의 죽간으로 이루어져 있다.

　제 54 간에 누락한 자를 문자와 문자 사이에 다시 보충하여 쓰는 것으로 보아, 문자를 모두 기록하고 난 다음 다시 교정 작업한 것으로 보인다.

　홍콩 중문대학中文大學 중국문화연구소中國文化硏究所에서 소장하고 있는 죽간 중에는 본 초죽서 ≪周易≫의 제 32 죽간과 동일하기 때문에 참고하여 보충할 수 있다.

　본 초죽서 ≪周易≫의 형식은 '괘화卦畵'・'문자文字'와 '부호符號' 등 세 부분으로 되어 있다.

　① 卦畵: 두 개의 독립적인 경괘經卦가 합쳐져서 하나는 개별적인 괘卦를 이루고 있다. '▬'는 양효陽爻를 표시하고, '▬ ▬'는 음효陰爻를 표시한다. 백서 ≪周易≫과 부양한간阜陽漢簡 등이 이러한 괘사卦辭 형식을 취하고 있다. 그러나 괘화의 형태는 왕가대진간王家臺秦簡이나 현행본現行本과 다르다.

　② 文字: '괘명卦名'・'괘사卦辭'・'효위爻位(혹은 '효명爻名'・'효제爻題'라고도 한다)'와 '효사爻辭' 등으로 이루어져 있다. 문자와 단어 혹은 구절 등은 백서나 현행본과 다른 경우가 있는데, ≪附錄一≫을 참고할 수 있다.

　③ 符號: 초죽서 ≪周易≫ 중의 부호는 다른 지하자료에서 보이지 않을 뿐만 아니

라, 현행본에도 보이지 않는다. 부호는 '■'·'■'와 '▫' 등을 단독적으로 사용하거나, 혹은 紅色과 黑色의 부호를 서로 조합하여 쓰기도 한다.

부호는 모두 '■'·'▣'·'■'·'▣'·'■'와 '▫' 등 6 종류가 있다. 이러한 부호는 괘의 앞부분과 뒤 부분에서 출현하고 있다. 편의상 앞부분에 출현하는 부호를 '수부首符'라고 칭하고, 뒤 부분의 부호를 '미부尾符'라고 칭하기로 한다. 부호에 관한 자세한 설명은 <종합편: 초죽서 《주역》 원문>을 참고할 수 있다.

초죽서 《周易》을 주석하는 부분의 도판은 흑백이기 때문에, 빨간 색과 검은 색 구별이 되지 않아, 독자의 편의를 위하여 석문釋文을 하는 부분에서는 컬러로 흑색과 빨간 색을 구별하여 표시하기로 한다. 흑색과 홍색으로 표시되는 부호는 채색판 죽간 사진을 참고할 수 있다.

모든 괘는 '괘화卦畵'·'괘명卦名'·'수부首符'·'괘사卦辭'·'효사爻辭'와 '미부尾符'로 이루어져 있다. '미부' 다음은 공백으로 남겨 두어 다음 괘의 내용을 이어 쓰지 않아 매 괘마다 독립적 형태를 이루고 있다. '수부' 앞은 '괘화'와 '괘명'에 관한 내용이고, '미부' 앞은 '괘사'와 '효사'의 내용이다.

초죽서 《周易》에는 《易傳》에 관한 내용이 없다.

초죽서 《周易》은 그 동안 易學에서 논란이 되어왔던 문제들을 해결할 실마리를 제공해 주고 있다.

역학 연구는 '九六論爭' 즉 '九六 명칭'에 관한 논란이 계속 왔는데, 이 '九六'의 지칭은 한대漢代 사람들이 추가한 것으로 선진先秦 시기에는 없는 것으로 이해하기도 하였다. 그러나 초죽서 《周易》이 발견된 후, 이 논쟁에 관하여 마침내 마침표를 찍게 되었다. 초죽서의 효위爻位는 모두 음과 양으로 구별되어지며, '六'은 '음효陰爻'를 나타내고, '九'는 '양효陽爻'를 표시한다.

매 괘는 모두 6爻로 구성되어 있으며, 순서는 아래에서 위로 향한다. 이 爻를 호칭하는 방법에는 두 가지가 있다.

첫째, 첫 번째 爻와 마지막 爻는 처음과 끝 부분을 명확하게 구분하기 위하여 순서

(次位)를 표시하는 명칭을 앞에 놓고 음양을 표시하는 명칭을 뒤에 놓는다. 즉 마지막 爻를 '초初'라하고, 위 爻를 '상上'으로 명한다. 각각 '初六' 혹은 '初九'라 하거나, '上六' 혹은 '上九'라고 칭한다. 백서에서는 '上'을 '尙'으로 쓴다. '上'과 '尙'자는 고음이 서로 통한다.

두 번째, 두 번째 爻에서 다섯 번째 爻까지는 음양을 명명하고 난 다음 순서를 명명한다. 즉 '九二' 혹은 '六二', '九三' 혹은 '六三', '九四' 혹은 '六四', '九五' 혹은 '六五' 등으로 칭한다.

음양과 효위爻位는 죽서부터 현행본까지 일맥상통하고 있다. 초죽서의 ≪周易≫의 '九六'이라는 명칭은 이미 선진 시기에 확실히 존재하였음을 알 수 있다.

역학 연구는 그동안 또한 '경經'과 '전傳'에 대하여 많은 논쟁을 하였다. 예를 들어, ≪자하전子夏傳≫은 "上下 두 편으로 나누어져 있지만, 이제까지 '經'字를 쓰지 않았으며, '經'자는 후에 첨가한 것으로 누가 처음으로 그렇게 불렀는지는 알 수가 없다."[11] 라 했으며, ≪한서漢書・예문지藝文志≫는 "文王이 ≪易≫의 爻를 중복하여 上下 두 편으로 나누었다."[12]라 했고, 漢나라 孟喜 ≪易≫은 "상하로 나눠 두 개의 경으로 만들었다."[13]라 하여 일치된 견해가 없었다.

초죽서 ≪周易≫은 선진시기의 ≪周易≫이 上下 두 부분으로 분리하였을 가능성을 제시해 주고 있다. 초죽서는 '방⌐'의 부호를 사용하여 上下 두 부분으로 나누고 있는 것으로 보인다.[14] ≪설문說文≫은 "'⌐'자의 음은 '方'자와 같다."[15]라 하였다. 선진 시기는 '방상⌐上'과 '방하⌐下'를 사용하여 상하로 나누었을 가능성이 높고, '상경上經'・'하경下經'이나 혹은 '상편上篇'・'하편下篇'으로 명칭을 사용하지 않았음을 알 수 있다.

초죽서 ≪周易≫은 괘효사卦爻辭에 대한 이해의 폭을 넓혀 주고 있다. 그동안 甲骨

---

11) ≪子夏傳≫: "雖分上下兩篇, 未有經字, 經字爲後人所加, 不知起自誰始."
12) ≪漢書・藝文志≫: "文王重≪易≫六爻, 作上下篇."
13) 孟喜 ≪易≫: "分上下兩經."
14) <4.3 초죽서 ≪周易≫의 부호> 참고
15) ≪說文≫: "⌐, 讀若方."

文, 金文, 陶文 등에서 ≪周易≫에 관한 단편적인 자료들이 발견되었고, 또한 지하자료 백서 ≪周易≫과 부양한간 ≪周易≫이 발견되었으며, 이외에도 ≪마왕퇴한묘백서馬王堆漢墓帛書≫ 중 ≪이삼자二三子≫・≪계사繫辭≫・≪역지의易之義≫・≪요요要≫・≪무화繆和≫와 왕가대王家臺에서 출토된 진간秦簡 등도 ≪周易≫과 관련이 있다.

이러한 자료는 초죽서 ≪周易≫과 비교 연구를 통하여 각 판본의 이체자異體字 상황을 파악할 수 있는 객관적 자료가 된다. 이러한 자료는 또한 본자本字나 혹은 통가자通假字를 설명하는 중요한 근거가 되며, 이를 통하여 괘효사를 더욱 정확하게 해석할 수 있다. 각 판본들의 상호 비교를 통해 이체자에 대해서는 이미 많은 학자들이 연구한 바 있다.

현행본16)과 초죽서 ≪周易≫은 상당히 비슷하기 때문에 초죽서의 내용 중 산실된 부분이 있으며, 현행본을 참고하여 보충할 수 있다.

또한 초죽서 ≪周易≫은 모든 내용이 전부 발견된 것이 아니기 때문에, 잠시 현행본의 순서에 따라 괘의 내용을 배열하기로 한다.

≪易傳≫과 그동안 발견된 지하자료들은 역학 연구에 매우 중요한 가치를 지니고 있기 때문에, 주석을 할 때 이들의 자료를 인용하여 설명하기로 한다.

괘명에 관한 내용을 설명할 때에는 먼저 제일 앞에 괘卦의 명칭을 제시하기로 한다.

이외에도 또한 ≪초죽서와 백서, 현행본 ≪주역≫의 문자 비교표≫와 ≪초죽서 ≪주역≫의 부호≫를 제시하여 독자들에게 편의를 제공하고자 한다.

1.4 원문범례凡例17)

① 도판은 상해박물관 소장 전국 초죽서 ≪周易≫이고, 부가적으로 홍콩 중문대학이 소장하고 있는 잔간殘簡을 추가하였다. 원 도판을 컬러로 확대하여 학자들의 연구,

---

16) '현행본'은 '통행본通行本'・'전세본傳世本' 혹은 '금본今本'이라도 한다.
17) 본 '원문범례'는 복모좌濮茅左, ≪楚竹書周易硏究(上編)≫(2006), 1쪽 참고.

감상 혹은 자형을 인식하는데 도움이 되게 하였다.

② ≪楚竹書 <周易>≫은 ≪上海博物館藏戰國楚竹書·周易≫을 줄여서 말하는 것이다. 원래는 편명이 없었는데, 정리자가 추가한 것이다. 초죽서 ≪周易≫의 괘의 고석考釋 순서는 현행본의 64괘의 순서에 따른 것이다. 만약에 괘명卦名이 잔실된 경우에는 부호 〚 〛를 사용하여 표시하기로 한다. 고석 과정 중 참고자료를 인용하는 경우 직접 표기하기로 한다.

③ ≪초죽서 <주역> 연구≫의 내용을 크게 두 부분과 네 개의 장章으로 나눌 수 있다. 먼저 앞 두 장은 초죽서 ≪周易≫에 대한 소개, 연구, 고석을 주를 이루며, ≪주역≫의 시대를 참작하여 고석을 할 때, 참고문헌은 선진先秦 시기의 고고학 자료와 양한兩漢 이전의 문헌을 인용하였다. 나머지 두 장은 역대 전적의 역학易學자료와 현행본 ≪周易≫ 자료를 소개하였다. 이외에도 <전적편: 선진 양한 시기의 역학 내용>, <종합편: 초죽서 ≪주역≫ 원문>, <종합편: 초죽서와 백서, 현행본 ≪주역≫의 문자 비교표>, <색인편: 초죽서 ≪주역≫의 어휘풀이>와 <색인편: 초죽서 ≪주역≫의 문자 색인>을 추가하였다.

④ 잔간殘簡은 일률적으로 짝 맞추기를 한 후의 형태로 배열하기로 한다. 잔간은 문장의 전후 내용, 편선編線, 죽간의 양쪽 끝 모양 등을 고려하여 그 위치와 순서를 정하였다. 만약에 죽간의 순서는 판단할 수 있으나, 그 위치를 정확하게 알 수 없는 경우는 판단에 따라 그 위치를 정하기로 한다. 죽간의 전후 순서를 알 수 있도록 각각의 죽간에 번호를 표시하기로 한다. 하나의 죽간이 몇 개의 잔간으로 짝맞추기한 경우는 이를 하나의 죽간으로 간주하기로 한다.

⑤ 문자를 석문釋文할 때, 만약에 문자가 파손되었거나 잘 보이지 않거나 혹은 어떤 문자인지 판단이 어려운 경우는 부호 '□'로 표시하기로 한다. '□'로 표시한 부분은 해당되는 자가 몇 자인가를 알 수 있는 경우이다. 만약에 현행본을 참고하여 '□'에 해당되는 부분이 어떤 자인지 알 수 있는 경우는 '□' 안에 해당 문자를 써 넣어 표시하기로 한다.

⑥ 주석注釋을 할 때, 매 죽간은 확대하여 앞부분에 추가하기로 한다. 모든 죽간은

죽간의 순서와 매 구절에 따라 주석하기로 하고, 만약에 이체자와 가차자를 사용하는 경우에는 부호 '( )'를 이용하여 해당 자 옆에 추가하기로 하고, 만약에 어떤 문자인지 예정隸定할 수 없는 경우엔 원래의 형태를 복사하여 사용하기로 한다.

⑦ 컬러 확대 죽간은 해당문자를 그 옆 부분에 추가하기로 하며, 문자 원래의 형태대로 예정하고, 이체자나 가차자 등을 추가하여 써 넣지 않기로 한다. 만약에 탈자나 연문衍文이 있는 경우에도 다른 어떤 표시를 하지 않기로 한다. 그러나 만약에 중문重文 부호, 합문合文 부호나 검은 색 문장부호, 혹은 초죽서 주역에서 사용하는 특수부호 등은 석문에 써 넣기로 한다.

⑧ <초죽서 <주역> 원문>은 주석부분을 빼고 원문만 추가하여 독자들이 초죽서 ≪周易≫을 읽기에 편리하게 하고자 한다.

⑨ <초죽서와 백서와 현행본 ≪주역≫의 문자 비교표>는 현행본 ≪주역≫, 마왕퇴한묘백서 ≪주역≫과 초죽서 ≪周易≫을 비교한 것으로 독자들에게 판본에 따른 문자의 이동異同 파악에 도움이 되게 하고자 한다.

⑩ 초죽서 ≪周易≫은 전국戰國시기 지하출토자료이기 때문에 상당히 많은 새로운 단어들이 포함되어 있어 다른 기타 판본과 비교를 위하여 특별히 ≪색인편: 초죽서 ≪주역≫의 어휘풀이≫ 부분을 추가하기로 한다.

⑪ <초죽서 <周易> 문자 색인>은 ≪上博楚簡(三)·周易≫에 보이는 각 자를 색인한 것으로, 자와 단어 혹은 문장의 내용이나 효위爻位를 이해하기 위하여, '효사爻辭'와 '괘사卦辭'를 단위로 문장을 수록하기로 한다.

2

「상해박물관 소장 전국시기 초죽서」에 대하여

2.1 최근 초죽서 연구현황[18]

  초죽서 ≪주역≫은 지금까지 발견된 ≪주역≫ 중 가장 이른 시기의 것이다. 초죽서는 선진 시기 역학을 이해하고 연구하는데 필요한 실질적인 출토 자료이기 때문에 중국 역학사에 중요한 의의를 지니고 있다. 초죽서 중 일부는 산실되어 보이지 않고 있지만, 우리는 이를 통하여 중국 선진시기 ≪주역≫의 기본적인 원래의 형태를 엿볼 수 있다.

  특히 초죽서 ≪주역≫ 중에는 이미 이천여 년 전에 자취를 감추었던 각종 역학 부호들이 사용하고 있음을 발견할 수 있다. 이러한 부호는 백서본 ≪주역≫에서도 이미 사용되어지지 않는 것으로 이는 새로운 발견이다. 이 부호의 형식과 의미는 선진시기의 역학을 이해하고 연구하는데 있어, 또 하나의 새로운 영역을 제공하고 있다.

  초죽서 ≪주역≫의 발견으로 우리는 괘사卦辭나 효사爻辭를 더욱 깊이 이해할 수 있게 되었다. 그동안 역학과 관련된 지하자료는, 빠르게는 갑골문甲骨文·금문金文·도문陶文에서 발견되었고, 이외에도 그 동안 지속적으로 상당량의 지하자료가 발견되

---

18) '최근 초죽서 연구현황'은 濮茅左 著 ≪楚竹書周易研究·上≫의 <楚竹書周易導言> 참고. 1~14쪽.

었다. 예를 들어, <백서帛書 ≪주역≫>·<부양한간阜陽漢簡)≪주역≫> 등이 있고, 마왕퇴백서馬王堆帛書 중에는 <이삼자二三子>·<계사繫辭>·<역지의易之義>·<요요>·<무화繆和>·<소력昭力> 등이 포함되어 있고, 이외에도 왕가대王家臺에서 출토된 진간秦簡에도 역학과 관련된 내용이 있다. 이러한 자료와 현행본과 초죽서 ≪주역≫을 상호 비교 연구한다면 각 시대의 문자 사용현황 특색을 알 수 있을 뿐만 아니라, 이를 통하여 '본자本字'의 의미 혹은 통가자의 현황을 이해할 수 있어 괘효사卦爻辭의 뜻을 좀 더 정확하게 이해하는데 적지 않은 도움이 된다.

초죽서의 발견은 당시 상해박물관장이었던 마승원馬承源의 공로가 매우 크다.

중국 역사 이천여 년 동안, 전국戰國시기 초죽서의 네 차례의 큰 발견은 노魯나라 벽중서壁中書와 위魏나라 분묘墳墓에서 발견한 급총서汲冢書, 곽점초간郭店楚簡과 상박초간上博楚簡(호간滬簡) 등이 있다.

≪한서漢書·예문지藝文志≫는 "한나라 무제 말년에 노魯나라 공왕恭王이 궁전을 넓히려 공자의 저택을 허물 때, 고문古文 ≪상서尚書≫와 ≪예기禮記≫·≪논어論語≫·≪효경孝經≫ 등 수십 편을 발견하였다. 이 경전의 문자는 모두 古文이었다."[19]라 하였다. 또한 ≪한서漢書·노공왕전魯恭王傳≫은 "공왕은 처음에 궁실을 짓는 것을 좋아해서 孔子가 살았던 옛날 저택을 허물고 그 궁실을 넓히고자 하였다. 그런데 공자의 저택에서 종소리와 현악기 소리가 들려 감히 다시 더 이상 허물지 못했다. 그 벽 속에서 고문으로 쓰여 진 각종 경전經傳을 발견하였다."[20]라 하였다.

≪진서晉書·속석전束晳傳≫에서는 아래와 같이 설명하였다.

"서진 사마염 초년, 태강 2년에 급현汲縣에 살고 있던 부표不准(否標, Fǒu Biāo)라는 사람이 위나라 양왕의 분묘(혹은 안리왕安釐王의 무덤이라 한다.)에서 수십 수레의 죽서를 도굴하였다. 그 중에는 ≪기년≫ 13편이 포함되어 있다. ······이 중 ≪역

---

19) ≪漢書·藝文志≫: "武帝末, 魯共王壞孔子宅, 欲以廣其宮, 而得古文尚書及禮記·論語·孝經凡數十篇, 皆古字也."
20) ≪漢書·魯恭王傳≫: "恭王初好治宮室, 壞孔子舊宅以廣其宮, 聞鐘磬琴瑟之聲, 遂不敢復壞, 於其壁間得古文經傳."

경≫ 2편이 발견되었는데 ≪주역≫ 상하경과 같다. 이 중 ≪역요음양괘≫ 2편은
≪주역≫과 대략 같으나 ≪주사≫는 다르다. ≪괘하역경≫ 1편은 ≪설괘≫와 유사
하지만 다르다. ≪공손단≫ 2편은 공손단과 소척邵陟이 ≪역≫에 대하여 이야기한
내용이다. ≪국어≫ 3편은 초나라와 진나라에 관한 내용이다. ≪명≫ 3편은 ≪예기≫·
≪이아≫와 ≪논어≫ 등의 세 편과 유사하다. ≪사춘≫은 ≪좌전≫ 중의 복서卜筮
에 대한 내용을 기록하고 있으며, '사춘'이란 이 책을 지은 저자의 이름인 것으로
보인다. ≪쇄어≫ 11편은 각 나라의 점복·꿈과 요괴에 관한 내용을 기록하고 있
다. ≪양구장≫ 1편은 먼저 위나라의 세수世數에 대하여 기록하고 이어서 구장丘藏
에 대한 진귀한 이야기를 기록하고 있고, ≪격서≫ 2편은 익사弋射의 방법에 대하
여 논술하고 있으며, ≪생봉≫ 1편은 제왕 봉지封地에 관한 내용을 수록하고 있다.
≪대력≫ 2편은 추자鄒子가 천류天類를 논한 내용이다. ≪목천자전≫ 5편은 주 목왕
이 사해를 순시하다가 신선 제대帝臺와 서왕모를 만난 내용을 기록하고 있다. ≪도
시≫ 1편은 화찬畵贊에 관한 내용이다. 이외에도 잡서 19편인 ≪주식전법≫·≪주
서≫·≪논초사≫와 ≪주목왕미인성희사사≫ 등이 있다. 모두 합하여 75편이다.
이중 7편은 죽간이 파손되어 그 명제名題를 알 수 없다."21)

  역대 학자들이 이러한 내용이 있다는 것은 알고 있지만, 실제 증명할 수 있는 죽간
이 없어졌기 때문에, 이를 연구하면서도 한편으로는 그 사실 여부에 대해서도 의심을
가지고 있다. 그래서 이천여 년 동안 지속적으로 '고문古文이다'라거나 '금문今文이
다'라는 풀리지 않는 논쟁을 계속해 오고 있다.
  그런데 중국 고고학계상 누구도 예측하지 못했던 아주 대단한 기적이 일어났다. 바

---

21) ≪晉書·束晳傳≫: "初, 太康二年, 汲郡人不准盜發魏襄王墓, 或言安釐王冢, 得竹書數十車. 其≪紀年≫十三篇, ……其≪易經≫二篇, 與≪周易≫上下經同. ≪易繇陰陽卦≫二篇, 與≪周易≫略同, ≪繇辭≫則異. ≪卦下易經≫一篇, 似≪說卦≫而異. ≪公孫段≫二篇, 公孫段與邵陟論≪易≫. ≪國語≫三篇, 言楚·晉事. ≪名≫三篇, 似≪禮記≫, 又似≪爾雅≫·≪論語≫. ≪師春≫一篇, 書≪左傳≫諸卜筮, "師春"似是造書者姓名也. ≪瑣語≫十一篇, 諸國卜夢妖怪相書也. ≪梁丘藏≫一篇, 先叙魏之世數, 次言丘藏金玉事. ≪繳書≫二篇, 論弋射法. ≪生封≫一篇, 帝王所封. ≪大曆≫二篇, 鄒子談天類也. ≪穆天子傳≫五篇, 言周穆王游行四海, 見帝台·西王母. ≪圖詩≫一篇, 畵贊之屬也. 又雜書十九篇: ≪周食田法≫, ≪周書≫, ≪論楚事≫, ≪周穆王美人盛姬死事≫. 大凡七十五篇, 七篇簡書折壞, 不識名題." '繇辭' 중의 '繇'자는 혹은 '籒'로 쓰고, '辭'자는 '詞'로 쓴다. 따라서 '繇辭'는 '주사'로 읽는다.

로 초죽서의 발견이다. 1993년, 1994년, 2000년에 각각 중국에서 대량의 전국戰國시기 초楚나라 죽서가 발견되었다. 이중 대표적인 것은 곽점촌郭店村에서 발견된 초나라 죽서(1993년)와 상해박물관이 홍콩 문물시장에서 구입하여 중국으로 다시 복귀시킨 초죽서이다.(1994년, 2000년) 이들의 자료를 통하여 우리는 진시황秦始皇 분서갱유焚書坑儒 이전의 원시적 자료를 확인할 수 있으며, 이는 또한 전국戰國시기 고전적의 제 1차 기초 자료이다. 이는 매우 진귀한 지하 문물인 동시에 세계를 깜짝 놀라게 한 위대한 발견 중의 하나이다.

≪상박초간≫ 초죽서의 발견 중 특별히 붉은 색과 검은 색 부호를 사용하고 있는 초죽서 ≪주역≫, 이외에 ≪공자시론孔子詩論≫과 전국戰國 시기의 자서字書 등은 매우 중요한 역사적인 발견이다. 이는 진귀한 중국 역사 문화의 재탄생임과 동시에 역사적 문헌의 실질적인 풍부한 자료를 제공함으로써, 역사적 현안懸案을 사실상 해결할 수 있는 실마리를 제공하여 중국 고대 학술계를 크게 놀라게 하였다.

▌≪곽점초간郭店楚簡≫[22]

≪곽점초간≫은 1993년 10월에 호북성湖北省 형문시荊門市 박물관이 도굴꾼이 이미 훼손한 곽점촌郭店村 초나라 분묘 제 1호를 보호 차원에서 정리 발굴한 것이다. 묘의 위치는 호북성 사양현沙洋縣 기산진紀山鎭 곽점촌에 있는 동주東周시기 초나라 귀족 묘지 군락지이며, 이곳은 초나라 도읍지인 기남성紀南城에서 약 9킬로 떨어진 곳에 위치하고 있다. 널은 하나의 棺(널 관, guān)과 槨(외관 곽, guǒ)으로 되어 있는데 보존 상태가 비교적 양호한 상태이다. ≪예기禮記·단궁檀弓≫은 "天子의 관은 네 겹으로 만든다."[23]라 하였는데, 정현鄭玄은 "공경公卿은 세 겹으로, 제후諸侯는 두 겹으로, 대부大夫는 한 겹으로, 사士는 관에 겹을 대지 않는다."[24]라 하였다. 이로 보아

---

[22] ≪郭店楚簡≫은 원래 ≪郭店楚墓竹簡≫(荊門市博物館 編著, 文物出版社, 1998)을 가리킨다. 일반적으로 간칭하여 ≪郭店楚簡≫이라 한다.
[23] ≪禮記·檀弓≫: "天子之棺四重."
[24] "諸公三重, 諸侯再重, 大夫一重, 士不重."

≪곽점초간≫의 묘주는 사士였다. ≪곽점초간≫은 모두 800여 죽간竹簡이 발견되었는데, 이 중에 일부분은 문자가 없다. 문자가 있는 죽간은 모두 730개 죽간이다. 이들 죽간은 대부분 완전한 형태이며 문자는 모두 1만 3천여 자이다. 내용은 선진 시기의 유가와 도가 사상에 해당되는 고전적과 이미 유실되어 전해 내려오지 않은 고전적 등 모두 18종이 있다.

그 내용을 구체적으로 살펴보면 아래와 같다.

≪노자갑老子甲·을乙·병丙≫은 지금까지 발견된 ≪노자≫ 중 가장 이른 시기의 것이다. ≪노자갑老子甲≫·≪노자을老子乙≫·≪노자병老子丙≫은 죽간의 형태와 길이가 각각 다르다. 갑종과 병종은 일부 내용이 중복되는 경우도 있으며, 혹은 현행본과 내용이 다른 곳도 있다.

죽간은 모두 세 종류로 나눌 수 있다.

≪老子甲≫은 모두 39간이며, 양쪽 끝은 사다리꼴로 다듬어져 있으며, 죽간의 길이는 32.2cm이고, 두 곳에 편선編線(죽간을 묶은 곳)이 있다.

≪老子乙≫은 모두 18간이고, 양쪽 끝은 편평하게 다듬어져 있으며, 길이는 30.6cm이고, 두 곳에 편선이 있다.

≪老子丙≫은 모두 14간이고, 양쪽 끝은 편평하게 다듬어져 있으며, 길이는 26.5cm이고, 두 곳에 편선이 있다.

≪노자≫는 모두 2,046자가 있다.

≪태일생수太一生水≫는 중국 전국戰國시기에 이미 유실된 고전적이다. 제목은 정리자가 내용을 참고하여 추가한 것이다. '태일太一'이란 중국 선진시기의 이른바 '도道'를 가리킨다. '태일太一'과 '천天'·'지地'·'사시四時'와 '음양陰陽'과의 관계에 대하여 언급하고 있어, 선진시기 중국 도가사상을 이해할 수 있는 매우 중요한 저작이다. 이는 또한 자사학파子思學派의 저서 ≪예운禮運≫과 ≪역전易傳≫을 기초로 하여 직하稷下 사맹학파思孟學派의 우주생성론宇宙生成理論으로 발전해 갈 수 있는 역할을 하게 되었다. ≪太一生水≫는 모두 14 죽간으로 되어 있고, 죽간의 양끝은 편평하게 다듬어져 있으며, 길이는 26.5cm이고, 두 곳에 편선이 있다.

≪치의緇衣≫는 ≪예기禮記・치의緇衣≫와 같은 내용이지만, 판본이 다르기 때문에 내용상 약간의 차이가 있다. 죽간은 모두 47 간이고, 죽간의 양끝은 사다리꼴 모양이며, 길이는 32.5cm이고 두 곳에 편선이 있다.

≪노목공문어자사魯穆公問於子思≫는 중국 전국시기 유실된 고전적 중 하나이며, 편명篇名은 정리자가 내용을 참고하여 추가한 것이다. 노나라 목공穆公이 子思에게 '忠臣'에 대하여 묻는 내용이다. 죽간은 모두 8개 이며, 죽간의 양끝은 사다리꼴 모양이며, 길이는 26.4cm이고 두 곳에 편선이 있다.

≪궁달이시窮達以時≫는 전국시기 유실된 문헌 중에 하나이며, 편명은 정리자가 추가한 것이다. ≪순자荀子・유좌宥坐≫・≪공자가어孔子家語・재액在厄≫・≪한시외전韓詩外傳≫(第7卷)・≪설원說苑・잡언雜言≫과 ≪맹자孟子・공손추상公孫丑上≫에도 유사한 내용이 보인다. 공자가 진陳나라와 채蔡나라 사이에서 곤경에 처해 있을 때, 자로의 물음에 답한 내용이다. 죽간은 모두 15 간이며, 죽간의 양끝은 사다리꼴로 다듬어져 있으며, 두 곳에 편선이 있고, 길이는 26.4cm이다.

≪오행五行≫은 중국 전국시기에 유실된 문서이며, 편명은 정리자가 추가한 것이다. 내용은 마왕퇴한묘백서馬王堆漢墓帛書 ≪노자갑본권후고일서老子甲本卷後古佚書・오행五行≫과 비슷한 내용이다. '五行'은 '仁・義・禮・智・聖'을 가리킨다. 죽간은 모두 50 간이며, 죽간의 양 끝은 사다리꼴로 다듬어져 있고, 길이는 32.5cm이며, 두 곳에 편선이 있다.

≪당우지도唐虞之道≫는 중국 전국시기 유실된 문서 중의 하나이며, 편명은 정리자가 추가한 것이다. 내용은 요순堯舜의 선양禪讓을 찬양하거나 순舜이 '知天命'하고 수신修身하며 입덕立德하는 인품과 덕성에 대하여 언급하고 있다. 이러한 역사적 기록은 ≪사기史記・오제본기五帝本紀≫ 등에 보인다. 죽간은 모두 29 간이며, 죽간의 양 끝은 편평하게 다듬어져 있으며 길이는 28.2cm이고 두 곳에 편선이 있다.

≪충신지도忠信之道≫는 중국 전국시기의 유실된 문서이다. 편명은 정리자가 추가한 것이다. '忠'은 "충은 인의 실질적인 핵심"이며, '信'은 "신은 의의 가장 근본"이라 하였다.25) 죽간은 모두 9 간이며, 양쪽 끝이 편평하게 다듬어져 있으며 죽간의 길이

는 28.2-28.3cm이다. 두 곳에 편선이 있다.

≪성지문지成之聞之≫는 중국 전국시기의 유실된 문서이다. 편명은 정리자가 추가한 것이다. 죽간은 모두 40 간이며, 양쪽 끝이 사다리꼴로 다듬어져 있다. 죽간의 길이는 32.5cm이고, 두 곳에 편선이 있다.

≪존덕의尊德義≫는 중국 전국시기의 유실된 문서이다. 편명은 정리자가 추가한 것이다. 죽간은 모두 39 간이며, 죽간의 양끝은 사다리꼴로 다듬어져 있으며, 길이는 32.5cm이다.

≪성자명출性自命出≫은 중국 전국시기의 유실된 문서 중의 하나이다. 편명은 정리자가 추가한 것이다. 죽간은 67 간이며, 죽간의 양끝은 사다리꼴로 다듬어져 있으며 길이는 32.5cm이고, 두 곳에 편선이 있다.

≪육덕六德≫은 중국 전국시기의 유실된 문서이다. 편명은 정리자가 추가한 것이다. 죽간은 모두 49 간이며, 죽간의 양끝은 사다리꼴로 다듬어져 있으며, 죽간의 길이는 32.5cm이고, 두 곳에 편선이 있다.

≪어총일語叢一·이二·삼三·사四≫는 중국 전국시기의 유실된 문서이다. 편명은 정리자가 추가한 것이다. 일종의 격언문格言文 형식으로 되어 있다. 사람과 '인仁·의義·덕德·예禮·악樂'의 관계에 대하여 언급하고 있다. 모두 112 간이며, 죽간의 양쪽 끝은 편평하게 다듬어진 형태이고, 길이는 17.2-17.4cm이며, 세 곳에 편선이 있다.

곽점초간의 발견은 학술계에 커다란 반응을 불러 일으켰다.

상해박물관上海博物館 초죽서는 1994년 3월에 홍콩 문물시장에서 발견되었는데, 일종의 중국 고대 문자 자료를 중국이 보호해야 한다는 구조적 차원에서 구입을 하게 된 것이다. 죽간은 원래 긴 네모난 진흙 덩어리에 쌓여 있었는데, 가운데 부분은 덩어리져 있었고, 주변은 부석부석 떨어져 나가 있었다. 진흙 바깥쪽으로 노출된 죽간은 원래 진은 노란색이었으나, 자외선 광선에 노출되자 곧바로 검붉은 노란색으로 변해

---

25) "忠, 息(仁)之實也", "信, 㟴(義)之朞(期)也". 최남규 역주, ≪곽점초묘죽간≫, 학고방(2016), 347쪽.

버렸다.

당시 홍콩의 언론매체들은 이 죽간은 중국 호북성湖北省에서 발견된 것이라 하였다. 죽간을 개봉하여 검사해 보니, 수질은 중성中性이고, 묘지내의 수분이 상당히 많이 함유되어 있었다. 중국 과학원 상해 원자핵 연구소가 고高 정밀 연구 측정을 한 결과, 죽간의 연대는 전국戰國 후기에 속한다는 것을 알게 되었다. 약 3년 간의 노력 끝에 모든 죽간의 수분과 오염 물질을 제거하게 되었으며, 이러한 과학적 연구와 성과는 '국가문화재 과학기술부 일등 진보상(國家文物局科技進步一等獎)'이라는 전문가의 평가를 받게 되었다. 이는 대량의 고 수분을 함유하고 있는 죽간의 수분을 제거하고 보호하게 된 실질적인 선례가 되었다.

죽간들은 부러진 죽간은 짝 맞추기 하고, 짝 맞추기 한 죽간은 순서에 따라 배열하고, 부러진 잔간殘簡은 문장의 문맥·편선編線·양끝의 모양 등등을 고려하여 모두 제 위치에 배열하게 되었다. 이렇게 해서 약 1,200개의 죽간, 문자는 35,000여 자, 내용은 약 80여 종의 죽간을 정리해 내게 되었다. 죽간의 길이는 가장 짧은 것은 약 22.8cm이고, 가장 긴 것은 57.2cm이며, 넓이는 0.6cm이고 두께는 0.1-0.14cm이다. 편선은 두 곳 혹은 세 곳에 있다. 중국 전국시기 간독簡牘 발견 역사상 가장 많은 양이며 가장 풍부한 내용을 포함하고 있다. 내용은 역사·철학·종교·문학·음악·언어문자·군사 등을 포함하고 있으며, 이들은 대부분 이미 유실된 진귀한 전국시기 문서이다. 이 중에는 현행본 《시경詩經》·《예기禮記》의 내용과 유사한 내용이기는 하지만, 또 다른 내용을 포함하고 있기도 하다.

상해박물관장전국초죽서와 곽점초간은 그 시대와 출토시간, 출토지역이 서로 비슷하며, 문자와 내용(문헌류) 역시 유사하다. 《치의紂衣》와 《성정론性情論》은 곽점초간의 《치의緇衣》와 《성자명출性自命出》과 중복된다. 하지만 판본이 다르기 때문에 약간 차이가 있다.

《상박초간》은 손으로 직접 쓴 다량의 전국시기 묵적墨跡이다. 글씨의 풍격은 단아하고 수려하며, 행간의 성김과 빽빽함이 일정한 간격을 유지하고 있다. 이 묵적은 중국 서예 역사상 매우 중요한 자료이다.

≪상박초간≫은 중국 국가문물감정위원회의 위원이고, 저명한 청동기 학자이며 고문자 연구가인 마승원馬承源이 주편을 하여 2001년에 상해고적출판사上海古籍出版社에서 제 1권이 출판되었다. 현행본에 보이는 내용이거나 ≪곽점초간≫에 중복 출현하는 내용은 상호 비교표를 부록에 추가하여, 판본의 차이나 문자의 차이를 구체적으로 확인할 수 있게 하였다. 이외에도 매 편마다 전체적인 죽간의 모양과 매 죽간마다의 컬러 확대 도판을 수록하여 학자들에게 죽간 연구와 감상, 자형의 인식에 상당한 도움을 주고 있다. 또한 각 편마다 학자의 주석註釋이 포함되어 있다. 죽간 중 난해한 내용은 부록에 이와 상관된 내용을 추가하여 내용 이해에 도움을 주고 있다.

≪상박초간≫ 중 아래 약 20여 종에는 원래 편제篇題가 쓰여 있다.

1 ≪恒先≫	2 ≪內豊≫
3 ≪訟成氏≫	4 ≪愼子曰恭儉≫
5 ≪競建內之≫	6 ≪子羔≫
7 ≪殷言≫	8 ≪宮≫
9 ≪命≫	10 ≪公子≫
11 ≪競公虐≫	12 ≪曹沫之陳≫
13 ≪吳命≫	14 ≪中弓≫
15 ≪陰陽≫	16 ≪隰朋與包叔牙≫
17 ≪氏古聖人兼之≫	18 ≪思民毋台≫
19 ≪齊師子家≫	20 ≪靈王旣≫
21 ≪葉公子≫	22 ≪叔百≫
23 ≪臧王旣成≫	

위의 23편 이외에 편제가 원래 쓰여 있지 않은 편들은 연구가 좀 더 필요하다. 2004년까지 모두 제 4권이 출판되었다.[26]

---

26) 2012년까지 모두 제 9권이 출판되었다. 濮茅左 ≪楚竹書周易硏究≫(2006)에서는 2004년까지 출간된 ≪상박초간≫의 내용을 소개하고 있다. ≪楚竹書周易硏究≫에서는 각 편의 내용을 소개할 때 정리본의 내용 일부를 인용하는 형식을 취하고 있는데, 본고는 이해를 돕기 위하여 부족한 부분은 필요에 따라서는 전체

2001년에 출판된 제 1권은 ≪공자시론孔子詩論≫(馬承源 注釋)·≪치의緇衣≫(陳佩芬 注釋)·≪성정론性情論≫(濮茅左 注釋) 등의 내용을 포함하고 있다.

≪공자시론孔子詩論≫은 중국 전국시기 유실된 고전적이다. 모두 29간이며, 문자는 모두 약 1,006자이다. 죽간의 길이는 55.5cm이며, 죽간의 상단과 하단은 모두 타원형 형태로 다듬어져 있다. 죽간 중 비교적 완전한 형태는 오른쪽 부분에 약간 얇고 비스듬히 파인 편선의 홈(계구契口)이 있다. 모두 세 곳에 편선 자국이 있다. 어떤 홈에는 편선의 잔적이 남아있기도 하다. 문자는 균등하고 수려하며, 편선의 홈이 있는 곳에는 문자의 간격이 약간 넓다. 매 죽간마다 문자의 수는 약간 씩 차이가 있으나, 한 죽간에 문자가 처음부터 끝까지 모두 쓰여 있는 완전한 형태의 죽간은 문자가 약 53 내지는 54자가 있다.

≪孔子詩論≫은 중국 문학사상 매우 중요한 유학 경전 중의 하나이다. 이 경전은 2000여 년 전에 이미 유실된 고전적으로 ≪시경詩經≫의 편차를 재인식할 수 있고, 또한 ≪詩經≫의 본의를 이해할 수 있는 가장 직접적이고 가장 실질적인 역사적 자료이다. 이는 또한 우리가 공자의 사상과 공자의 ≪시경≫에 대한 평가, 공자가 제자에게 ≪詩經≫을 전수하는 방법 등을 이해할 수 있는 구체적인 자료이다.

≪孔子詩論≫을 정리한 마승원馬承源은 "≪孔子詩論≫은 ≪상박초간≫ 중의 ≪자고자고子羔≫, ≪노방대한魯邦大旱≫의 자형과 죽간의 길이, 양쪽 끝의 형태 등이 모두 같다. 따라서 이들을 한 편으로 간주할 수도 있을 것이고, 한 卷이 세 편 혹은 세 편 이상의 내용을 포함하고 있는 것이거나, 형태가 같은 동일한 죽간에 한 사람이 각각 다른 내용을 옮겨 쓴 것일 수도 있다."라 하였다.

또한 정리본은 ≪공자시론≫을 아래와 같이 네 종류로 나눌 수 있다하였다.

> 첫째, 첫 번째 편선編線 위와 마지막 세 번째 편선 아래에 문자가 없이 공백으로 남아있는 경우로 적게는 38자이고, 많게는 43자가 쓰여 있다. ≪詩論≫의 다른 죽간에서 문자를 공백 없이 수록하는 것과는 반대로, 이와 같이 상단과 하단에 각각

내용을 인용하기로 한다. 또한 제 5권에서 제 9권까지의 내용도 간략하게 추가 설명하기로 한다.

공백을 둔 것은 매우 특별한 경우이다.27) 따라서 이러한 종류의 죽간을 다른 죽간과 따로 분류하여 구별하기로 한다. 이 죽간은 評論하고자 하는 ≪詩經≫의 구체적 구절은 언급하지 않고, ≪訟≫·≪大夏≫·≪少夏≫와 ≪邦風≫을 각각 개론적으로 설명하고 있다.

둘째, ≪詩經≫의 각 편을 구체적으로 언급하고 그 내용을 評論한 것이다. 이 종류는 일반적으로 ≪詩經≫ 중 몇 편을 한 그룹으로 설정한 후 한 편씩 한 편씩 설명하고, 어떤 시편은 중복하여 설명하기도 한다. 공자가 언급한 ≪詩≫의 순서와 현행본 ≪毛詩正義≫(이하에서는 ≪毛詩≫로 칭함)의 순서와는 상당히 다르다. ≪訟≫은 ≪大夏≫나 ≪少夏≫ 등과 섞여 있지 않고 내용을 명확하게 구분하여 언급하고 있기 때문에 ≪訟≫에 대한 몇 개의 죽간을 단독적으로 따로 정리해 낼 수 있다.

셋째, ≪邦風≫만을 전문적으로 논술한 죽간이다.

넷째, ≪邦風≫과 ≪大夏≫, ≪邦風≫과 ≪少夏≫를 함께 논술한 죽간이다.

이상 네 가지 중 첫 번째 종류는 ≪詩經≫의 '序言'에 가깝다. 제 1간은 파손 정도가 비교적 심하고, 제 2간은 먼저 ≪訟≫을 논평한 다음, 이어서 ≪大夏≫에 대하여 논술하고 있어, 순서가 매우 확실하다. 문장 말미에 ≪少夏≫에 대해서 약간 언급한 다음, 마지막 부분에 ≪邦風≫에 대하여 논평하고 있다. 이는 공자가 ≪詩經≫을 논평하기 전부터 ≪詩經≫ 각 편의 명칭이 이미 존재하고 있었다는 것을 의미한다. ≪詩論≫의 순서는 일찍이 보지 못했던 새로운 자료로, 본 정리본도 이 죽간 순서에 따라 배열하기로 한다. 따라서 ≪詩論≫의 29간 배열순서는 ≪毛詩≫의 ≪國風≫·≪小雅≫·≪大雅≫·≪頌≫과는 달리, ≪詩論≫ '序言' 중에서 제시하고 있는 새로운 순서에 따라 정리하기로 한다. 만약에 ≪毛詩≫의 배열 방식에 따르고자 한다면, 두 번째와 세 번째 종류는 독립적으로 분류할 수 있는 부분이기 때문에 그 순서를 바꾸어도 가능하겠으나, 네 번째 종류는 그 순서를 바꿀 수 없다.

정리본은 ≪공자시론≫의 ≪시경≫의 각 편의 순서는 이전에 보지 못했던 매우 중요한 자료이며, ≪공자시론≫의 전체 29간의 내용으로 보아 ≪모시毛詩≫의 ≪국풍國風≫·≪소아小雅≫·≪대아大雅≫·≪송頌≫과는 순서와는 다르다 하였다. ≪공자

---

27) 이러한 형태의 죽간을 '유백간留白簡' 혹은 '공백간空白簡'이라고 한다. 일반적으로 죽간은 앞뒤 공백 없이 문자를 써 넣는데, 이를 '만사간滿寫簡'이라 부른다.

시론≫ 뒷부분에는 부록 ≪죽서본과 현행본의 편명 대조표≫가 있다.
≪치의紂衣≫(진패분陳佩芬 주석注釋)는 전국시기의 전래본이다. ≪紂衣≫는 모두 24간이며, 문자는 모두 987자이고, 重文은 10자, 合文은 8자이다. ≪紂衣≫ 24개 죽간 중 8개만이 완전한 형태이며, 완전한 죽간은 길이가 54.3cm이고, 넓이는 0.7cm이다. 나머지 16개는 상단이나 하단 혹은 중간 부분이 모두 약간씩 부러져 있다. 죽간의 양 끝은 사다리꼴 형태로 다듬어져 있다. 죽간에는 원래 篇名이 없었지만, 제 1간의 "好顋如好紂衣"[28]라는 구절을 참고하여 편명을 ≪紂衣≫로 정하였다. 정리본[29]은 현행본과 ≪上博楚簡·紂衣≫의 서로 다른 점에 대하여 아래와 같이 설명하였다.

> 현행본 ≪禮記·緇衣≫[30]는 ≪禮記本≫이란 칭하기도 한다. ≪禮記本≫은 '子曰'로 시작한 문장이 모두 25장으로 구성되어 있고, 문자는 모두 1,549자이다. 그 중에서 제 1장, 제 16장, 제 18장은 '子曰'로 문장을 시작하고 있지만, ≪詩≫와 ≪書≫를 인용하지 않았다. 이는 일반적인 ≪緇衣≫의 체제와 다를 뿐만 아니라, 이 내용은 초죽서에도 보이지 않는다. 또한 ≪禮記本≫의 제 7장은 죽간의 제 16장과 제 17장의 내용을 포함하고 있다. ≪上博楚簡≫과 ≪郭店楚簡≫이 모두 23장으로 되어 있고, ≪郭店楚簡≫의 제일 마지막 부분에 '二十又三'이라는 구절이 있는 것으로 보아 ≪緇衣≫는 23장으로 이루어졌음을 알 수 있다.
>
> 내용상, ≪禮記本≫과 초죽서는 상당 부분이 다르다. 먼저 장수章數가 서로 다르고, 배열순서 또한 상당히 다르다. '子曰'이라는 문장 형식 이외에, ≪禮記本≫에서 ≪詩≫와 ≪書≫를 인용하는 방식이 불규칙적이다. 예를 들어, 제 5장은 ≪詩≫·≪甫刑≫과 ≪大雅≫를 인용하고 있고, 제 10장은 ≪尹吉≫과 ≪詩≫를, 제 12장은 ≪詩≫와 ≪小雅≫를, 제 17장은 ≪詩≫와 ≪君雅≫를 인용하고 있다.
>
> ≪禮記·緇衣≫의 문장 내용은 ≪上博楚簡≫과 비교하여 상당히 다르다. 예를 들어, ≪上博楚簡≫ 제 1간의 "則民咸(咸)劵而型(刑)不屯"[31]을 ≪禮記本≫ 제 2장에서

---

28) "좋은 일을 좋아하는 것을 치의편에서 좋아하는 것 같이하라."
29) 정리본은 ≪上博楚簡(一)≫은 진패분陳佩芬이 정리 주석注釋한 것을 가리킨다. ≪상박초간≫의 ≪치의≫를 처음으로 정리 주석하여 발표한 것이기 때문에 이를 '정리본'이라 하기로 한다. 이하 ≪상박초간≫의 각 편 역시 처음으로 정리하고 주석한 것은 각 편의 '정리본'이라 부르기로 한다.
30) '현행본'을 혹은 '禮記本'·'今本'·'통행본'이나 '전래본'이라도 한다.

"卽爵不瀆而民作願, 形不試而民咸服"³²⁾으로 쓰고, ≪上博楚簡≫의 제 4간은 "臣事君, 言丌(其)所不能, 不訂(詒)其(丌)所能, 則君不裌(勞)"³³⁾로 쓰지만 ≪禮記本≫은 "臣儀行不重辭, 不援其所不及, 不煩其所不知, 則君不勞矣"³⁴⁾로 쓴다. ≪上博楚簡≫의 제 9간은 ≪詩經≫ "虩-(虩虩)巿(師)尹, 民具尒詹(瞻)"³⁵⁾을 인용한 반면, ≪禮記本≫은 이 ≪詩經≫ 구절을 제 5장에서 인용하였고, 이 5장은 또한 ≪詩經≫을 두 번 인용하고 ≪書經≫을 한차례 인용하였다. ≪禮記本≫의 제 4장은 '子曰'이라는 구절만 있고, ≪詩≫와 ≪書≫의 인용 구절이 없다. 이는 일반적인 ≪紂衣≫ 문장 형식과는 다르다. 따라서 제 5장의 ≪詩經≫ 구절을 제 4장으로 옮기는 것이 옳겠다. 이와 같이 ≪禮記本≫에는 분장分章 순서와 낱말들이 잘못 사용되고 있음을 알 수 있다.

≪禮記·緇衣≫ 제 1장, 제 16장, 제 18장 등 3장은 초죽서에 보이지 않는다. 이는 한대漢代 유학자들이 임의로 편집하였거나, 혹은 다른 판본을 참고하여 상당 부분을 이미 수정하고 보충하였기 때문으로 보이는데, 따라서 이는 戰國 시기의 ≪緇衣≫가 아님을 알 수 있다. ≪上博楚簡≫와 ≪郭店楚簡≫의 ≪緇衣≫가 원 상태일 것이다.

≪치의紂衣≫의 뒷부분에는 부록 ≪상박초간과 곽점초간의 문자 대조표≫가 있다.

≪성정론性情論≫(복모좌濮茅左 주석注釋)은 중국 전국시기의 유실된 작품 중 하나이다. 모두 40 간이고, 1,256 자이며, 그 중의 중문重文이 13자, 합문合文이 2자이다. 죽간의 길이는 약 57cm로 ≪上博楚簡≫ 중 가장 긴 죽간이다.

≪性情論≫의 정리본은 아래와 같이 서술하고 있다.

> ≪性情論≫은 고대 중국 사상가가 기록한 문서로 지금까지 전해내려 오지 않았던 문서이다. ≪性情論≫의 전체적인 내용은 하늘(天)이 명命을 부여하고 그 명命은

---

31) "백성들은 모두 복종하고 형벌은 가할 필요가 없다."
32) "벼슬을 더럽히지 않고도 백성들은 원해서 하고, 형벌을 가하지 않지만 백성들은 모두 복종한다."
33) "신하가 군주를 섬김에 있어 할 수 없으면 없다고 말하고, 할 수 있는 일은 사양하지 않아야 군주가 수고롭지 않다."
34) "신하는 군주를 본받고 말을 함부로 하지 않으며, 미치지 못하는 바를 가지고 돕지 않으며, 알지 못하는 바를 가지고 번거롭지 않아야 군주가 수고롭지 않다."
35) "혁혁하게 지위가 높은 師尹이여 백성이 모두 지켜보고 있네."

성性을 낳고, 性은 정情을 낳고, 情은 도道의 시작이라는 것과 이들 간의 관계에 대하여 설명하였다. 그 중에서도 '性'과 '情'이 가장 중요한 관건임을 강조하면서, 이와 더불어 '道'의 관념과 특징을 논하고, 피차간의 파생관계를 설명하였다.

문장의 논리는 전체적으로 매우 정연하며, 문장 형식 또한 매우 규칙적이다.

《性情論》에서 '性'이란 바로 '人之本性'[36]이며, 또한 '天命之性'[37]이며, 인간이 천성적으로 공유하고 있는 것이라 하였다. '性'의 개념은 '희喜'·'노怒'·'애哀'·'비悲'의 기질이나, '好'와 '惡', '善'과 '不善' 등을 포함한다. '性'이란 학습될 수 있는 것으로, '性'과 '학습學習'의 관계를 증명하고 人性의 가변성可變性을 밝히고 人性의 변화를 "用心各異, 敎使然也"[38]로 보고 있다. 출발점이 다르거나 혹은 학습방법이 다르기 때문에, 어떤 교육을 받았느냐에 따라서 각기 다른 人性이 만들어진다는 것이다. 그리고 人性은 오랜 습관에 의해 형성되는 것이기 때문에, "待習而後奠"[39]이라 하였다.

《性情論》은 또한 '動'·'逆'·'交'·'厲'·'出'·'養'·'長'[40] 등 일곱 가지의 性의 변화형식에 대하여 설명하고, '物'·'悅'·'古'·'宜'·'勢'·'習'·'道'[41] 등의 인과관계에 대해서도 언급하고 있다. 이외에도 사람됨의 道德적 修養과 禮敎, 樂敎의 이론과 개념에 대해서도 설명하였다.

'情'은 '人性'에서 생긴 것이다. '情'이란 군자들이 숭상해야하기 때문에, "군자는 禮의 情을 가꾸어 아름답게 하여야 하며"[42], '情'은 또한 인간 내면세계의 진실한 반영이기 때문에 "소리는 모두가 진심어린 사람의 감정에서 나오며",[43] 그래서 "기쁨이 극에 달하면 반드시 슬픔이 생겨나고, 우는 것 또한 슬픔에서 비롯된 것으로 이 기쁨과 슬픔 모두는 그 감정이 극치를 이룬 결과"[44]인 것이다. 情은 다른 사람

---

36) "인간의 본성."
37) "하늘이 부여한 性."
38) "천하 모든 이의 속성은 같으나, 心志가 서로 다름은 교육이 그렇게 만든 것이다."
39) "습관이 되고 난 후에 정해진다."
40) "사람의 천성은 감동되기도 하고, 迎合되기도 하고, 실천하기도 하고, 높아지게 하기도 하고, 나타내기도 하고, 길러지기도 하고, 증익되기도 한다."
41) "본성을 움직이는(動) 것은 物이고, 성에 순한(逆) 것은 기쁨이고, 성과 적절하게 어울리는(交) 것은 도리(古)이고, 성을 단련하는(厲, 갈 려{여}, li) 것은 義(宜)이고, 성을 발현하게(出) 하는 것은 勢이고, 성을 양성하는(養) 것은 習俗이고, 성을 增益시키는(長) 것은 道이다."
42) "君子嫩其情."(제 12 간)
43) "凡聲其出於情也信."(제 14 간)

을 기쁘게 할 수 있으며, '情'은 교화敎化의 선도先導이기 때문에 "人情을 條理있게 정리하여 발현하거나 수습할 수 있게 한 연후에 다시금 백성을 敎化한다."45)라 하였다. 본 ≪性情論≫에서는 人情의 '七愛'·'五知'·'三惡' 등의 규칙을 제시하였다. 이른바 '愛類七(七愛)'는 '敬老'·'尊齒'·'樂施'·'親賢'·'好德'·'惡食'·'謙讓'이며, 古人들은 이 '七愛'로 교화하였기 때문에 '七敎'라고도 한다. '知類五(五知)'는 '貌恭'·'言從'·'視明'·'聽聰'·'思睿'를 말하고, '惡三類(三惡)'은 '暴'·'虐'·'頗'46) 등을 가리킨다.

≪性情論≫에서의 '道'는 바로 '人道'를 말하는 것으로, 이 道는 '情'에서 시작된다. 그러므로 "'道'는 '情'에서 시작되었으며, 그 '情'은 또한 '性'에서 나왔다."47)라 했고, 이는 ≪郭店楚簡·語叢二≫에서 말하는 "'情'은 '性'에서 시작되었으며, '禮'는 情에서 나왔다."48)와 같은 맥락으로, '道始於情'과 '禮生於情'49)을 같이 논하고 있는 것으로 보아 '道'는 곧 '禮'라는 것을 알 수 있다. 순자荀子는 "禮는 인간 道理의 極致이다."50)라 하였다. 天道는 멀지만 人道는 가까이에 있는 것으로, 人道란 사람이 행하는 일을 말한다. 그런 까닭에 ≪性情論≫은 "道에는 네 가지의 經術이 있는데, 그 중에서 人道(禮樂이나 治民의 道)만이 民衆을 敎導할 수 있다."51)라고 주장하고 있다. '四術'이란 ≪詩≫·≪書≫·≪禮≫·≪樂≫ 네 가지 경술經術을 총칭한다. '術'은 도로道路라는 뜻으로, ≪詩≫·≪書≫·≪禮≫·≪樂≫은 곧 先王들의 道路이며, ≪詩≫는 '志'를 말하고, ≪書≫는 '事'를 말하고, ≪禮≫는 '行'을 말하고, ≪樂≫은 '和'를 나타낸다. ≪禮記·王制≫도 "樂官의 長은 사술을 숭상하고 四敎를 세우며, 선왕이 남긴 ≪詩≫·≪書≫·≪禮≫·≪樂≫의 가르침에 따라 선비 즉 조사(造士)52)를 양성한다."53)라 했고, 이에 대해 鄭玄은 "이 四術의 가르침에

---

44) "至樂必悲, 哭亦悲, 皆至其情也."(제 18 간)
45) "理其情而出入之, 然後復以敎."(제 10 간)
46) '頗'는 여기에서 '바르지 못하다'라는 뜻이다.
47) "道始於情, 情生於性."(제 2 간)
48) "情生於眚(性), 豊(禮)生於情."(제 1 간)
49) '도는 정정에서 시작된다.' '예를 정정에서 생겨난다.'
50) 荀子: "禮者, 人道之極也."(≪禮論≫)
51) "道四術, 唯人道爲可道也."(제 8 간)
52) '造士'란 학업에 성과를 이룬 선비를 말한다. ≪禮記·王制≫ "順先王詩·書·禮·樂以造士"에 대하여 鄭玄은 "順此四術而敎以成是士也"라 했다.
53) ≪禮記·王制≫: "樂正崇四術, 立四敎, 順先王詩書禮樂以造士."

따라야 결국에 선비가 될 수 있다."54)라 하였다. 人道란 禮가 주체가 되기 때문에 이 '四術'을 통하여 인도하여야 한다. 그렇다면 '四術'을 장악하는 방법은 어떤 것이 있는가? '인륜관계에 따라 비교고찰'55) · '그 선후 질서를 관찰'56) · '그 의리를 체득'57) · '그 情을 조리 있게 정리'58)해야 한다. 이는 '比類' · '觀察' · '體會' · '理順' 등의 방법을 이용하는 것으로, 일의 종류를 비교하여 분별해 내고, 사물의 발전과정과 성패成敗의 관건 혹은 내부적인 규칙을 관찰하며, 人情의 습속習俗을 체득하여 객관적인 상황에 맞으며 조리 있게 정리해 내야 한다. 구체적으로 말하자면, 각각 人倫 관계를 비교 고찰하여 論議하고 조합하며, 그 先後 질서를 심도 있게 관찰하여 그 발전과 연변을 알아내고, 적절한 人情에 따라 그 의리를 체득하여 그 규칙을 제정하며, 그 人情을 條理있게 정리하여 대처하여야 한다. 이와 같이 '比(比類)' · '觀(觀察)' · '體(體會)' · '理(理順)'의 과정은 고인들이 사물을 이해하고 인식하고 받아들이고 대처하는 과정이기도 하다.

《性情論》의 내용은 '古樂'과 밀접한 관계가 있다. '樂敎'를 강조하고 있으며, '樂本' · '樂言' · '樂化' · '樂象' · '樂禮' · '樂情' 등에 대해서도 언급하고 있다. 즉 사람의 의식과 감정은 음악 소리와 밀접한 관계가 있고, 禮樂은 사람의 감정에 직접적인 영향을 미치기 때문에, 이러한 禮樂은 사람의 감정에 변화를 일으키기도 한다. 음악 소리가 사람을 감동시키고 마음이 변하면 소리 또한 변한다는 '聲心樂本樂化說'과 같은 음악의 본질적 문제와 내재 규율에 대하여 비교적 심도 있게 논의하고 있다. 《性情論》은 음악의 탄생과 발전, 사회와의 관계 혹은 음악에 내재된 도덕적 가치 등을 논하고 있는 중요한 중국 고대 음악이론 자료 중의 하나이다.

이상은 《상박초간》의 제 1권의 내용이다. 다음으로 《상박초간》의 제 2권에 대하여 살펴보기로 한다. 제 2권은 《민지부모民之父母》(濮茅左 注釋) · 《자고子羔》(馬承源 注釋) · 《노방대한魯邦大旱》(馬承源 注釋) · 《종정갑從政甲 · 을乙》(張光裕 注

---

54) "順此四術, 而致以成是士也."
55) "比其類."
56) "觀其先後."
57) "體其宜."
58) "理其情."

釋)・≪석자군노석자군노昔者君老≫(陳佩芬 注釋)과 ≪용성씨용성씨容成氏≫(李零 注釋) 등 모두 여섯 편의 내용을 포함하고 있다.

≪민지부모民之父母≫는 지금까지 전해 내려오는 현행본 전국시기의 고전적이다. ≪民之父母≫는 모두 14개의 죽간으로 되어 있어 있으며, 문자는 총 397자이다. 그 중 重文이 3자이고,[59] 合文이 6자다. 죽간은 길이가 45.8cm이고, 세 곳에 편선이 있다. 편명은 내용을 참고하여 추가한 것이다. 이 내용은 또한 현행본 ≪예기禮記・공자한거孔子閒居≫(제29권)와 ≪공자가어孔子家語・논례論禮≫(제27권)에도 보인다. ≪民之父母≫ 정리본은 그 내용에 대하여 아래와 같이 설명하고 있다.

> 현행본과 비교해 볼 때, 빠진 내용이 거의 없고 죽간의 상태 또한 상당히 양호한 편이다. 열 네 개의 죽간은 출토 될 당시 진흙 덩어리로 덮여 있었는데, 실험실에서 진흙을 벗겨 내었다. 진흙 윗부분과 곁 부분을 벗겨내는 과정에서 죽간의 윗부분이 약간 파손되었다. 이 중 두 개의 죽간은 반절 가량이 파손되기는 했으나. 열 네 개의 죽간을 내용에 따라 배열하는 데는 기본적으로 문제가 없었다. 문자가 파손된 경우는 현행본 등을 참고하여 보충할 수 있다. ……
>
> 자하子夏가 공자에게 '民之父母'와 관련된 다섯 가지 항목에 대하여 물어보고 있다.
>
> 먼저 첫 번째는 자하가 문을 열고 산을 보다가, ≪詩經・大雅・泂酌≫편의 "幾(凱)俤君子, 民之父母"[60]를 인용하여, 어떤 것이 '民之父母'인가에 대하여 물었다. 이 물음이 본 편의 핵심 내용이다. 이 내용을 공자가 대답하면 다시 이와 관련된 질문을 하고 답하는 형식을 취하고 있다.
>
> 두 번째와 세 번째는 자하가 '오지五至'와 '삼무三無'가 무엇인가에 대해 답을 구하는 내용이다.
>
> 네 번째는 자하가 문학을 좋아하고 ≪詩經≫에 많은 관심을 가지고 있기 때문에, 어떤 詩가 '三無'와 관계가 있는지 물어 보고 있다.

---

59) ≪民之父母≫에서 중문은 '尸=(遲遲)'가 두 번과 '異=(翼翼)'이 한 번 등 모두 세 차례다. ≪楚竹書周易研究≫는 모두 네 차례 중문이 보인다하였는데 이는 잘못된 것이다. 6쪽 참고.
60) "점잖으신 군자는 백성들의 부모시네."

다섯 번째 물음은 네 번째 답변 후에 아직도 완전히 이해하지 못하는 부분이 있어 공자에게 다시 가르침을 받는 내용이다. ……

≪民之父母≫와 현행본 ≪禮記·孔子閒居≫, ≪孔子家語·論禮≫와 몇 가지 다른 점이 있다.

첫째, 포함된 내용이 서로 다르다. ≪民之父母≫는 단독적으로 한 편을 이루고 있으나, ≪禮記·孔子閒居≫는 '民之父母'와 '三王之德' 두 내용을 포함하고 있다. 모두 자하와 공자가 서로 문답하는 내용이다. ≪孔子家語·論禮≫는 ≪禮記·仲尼燕居≫ 중 공자가 子張·子貢·言游 등과 대화를 나누는 내용과 ≪禮記·孔子閒居≫ 중 공자가 자하와 '民之父母'·'三無私' 등에 관하여 대화를 나누는 내용을 포함하고 있다. 그러나 실질적으로는 ≪孔子家語≫의 내용은 ≪禮記≫의 내용보다 비교적 간단하다.

둘째, '五起'에 대한 내용은 ≪民之父母≫와 ≪禮記·孔子閒居≫와 기본적으로 같지만, 전후 순서가 서로 다르다. 楚竹書의 출현으로 진秦나라 '焚書' 이전 공자가 말한 '五起'의 원래 순서를 알 수 있게 되었다. ≪民之父母≫는 內(族內)에서 外(族外)와 같이 범위를 작은 것에서 큰 것으로 넓혀 나가고 있는 것이 원칙이다. '內虡(恕)型(孔)悲'→'屯(純)旻(德)同(孔)明'→'爲民父母'→'施及四國'→'以畜萬邦'의 전개와 같이 '近親'에서 '外族'으로, '民父母'로, '四國'으로, 다시 '萬邦'으로 그 덕망을 실행하는 범위를 점점 확대해 나가고 있다. ≪民之父母≫는 논리정연하게 그 범위를 전개하고 있으나, ≪禮記·孔子閒居≫는 ≪民之父母≫보다 논리적이거나 일사불란하지 못하다.

셋째, '五起'의 내용이 ≪民之父母≫와 ≪孔子家語·論禮≫와 서로 다르다. 또한 ≪孔子家語·論禮≫의 "無聲之樂, 氣志不違. 無體之禮, 威儀遲遲. 無服之喪, 內恕孔悲."[61]·"無聲之樂, 所願必從, 無體之禮, 上下和同, 無服之喪, 施及萬邦."[62]과 "三無私."[63] 즉 "天無私覆, 地無私載, 日月無私照."[64] 내용은 ≪禮記·孔子閒居≫와 서로 다르다.

---

61) "소리가 없는 음악은 기분과 의지가 서로 이르는 대로 하여 어김이 없고, 형체가 없는 예는 위엄 있고 의표가 매우 유연하고 느긋하며, 상복이 없는 초상은 속마음이 몹시 슬프게 되는 법이다."
62) "이를 더 확대해서 설명하자면, 소리 없는 음악은 소원이 제대로 이루어지며, 형체 없는 예는 위와 아래가 화목하게 되며, 복이 없는 초상은 덕화가 만방에 퍼지게 된다."
63) "세 가지 사사로운 마음이 없다."
64) "하늘은 만물을 덮어 주는데 사사로움이 없으며, 땅은 만물을 실어 주는데 사사로움이 없고, 일월은 만물을 비춰 주는데 사사로움이 없다."

넷째, 사용하고 있는 문자와 단어가 서로 다르다. 문자가 다른 경우의 예는 아래와 같다.

竹書	룡	幾俤	亓	體	奚	見	昃	旣	亡	晝	又	述	相	敗	聿	同	異	燹	禾	迡
현행본	夏	豈弟(愷悌)	此	體	傾	視	得	氣	無	其(基)	宥	就	將	美	盡	孔	翼	氣	和	近

사용하는 단어가 다른 경우는 아래와 같다.

竹書	四海	문=	塞于	它迡孫	塞於四海	爲民父母	以畜
현행본	天地	逮逮	日聞	氣志旣起	施及四海	施於孫子	施及

이외에도 ≪民之父母≫ 자체 내에서 동일한 자를 다르게 읽는 경우(동자이독同字異讀)가 있다. 예를 들어, "子룡(夏)曰: 五至旣䎽(聞)之矣, 敢䎽(問)可(何)胃(謂)三亡(無)?"(제 5 간)65)와 같이 '䎽'자가 앞에서는 '聞'의 의미로 사용되나, 뒤에서는 '問'의 의미로 사용되고 있다. 또한 "不可昃(得)而見也"(제 6-7 간)66)와 "屯(純)昃(德)同孔明."(제 12 간)67)과 같이 '昃'자가 '得'과 '德'의 의미로 사용된다. 이외에도 문자를 잘못 쓴 경우도 있다. 예를 들어, 제 11간은 '亡服'을 '亡體(體)'로 쓴다.

다섯 번째, ≪民之父母≫에 있는 중요한 내용 문구가 현행본에는 보이지 않는 경우가 있다. 예를 들어, "君子以正"(제 5 간)68) · "君子以此皇於天下"(제 2 간)69) · "善才(哉), 商也, 牂(將)可孝(敎)時(詩)矣, 城(成)王不敢康"70)(제 8 간) 등의 문구가 보이지 않는다. 이외에도 문자나 낱말 등에서 서로 차이가 있기도 하다.……

---

65) "자하가 물었다. 五至(다섯 가지 지극함)에 대해서는 이미 들었습니다. 그렇다면 三無(세 가지 없음)란 무엇을 말하는 것입니까?"
66) "눈을 크게 뜨고 보아도 볼 수 없는 것이다."
67) "순수한 덕이 널리 밝아진다."
68) "군자가 이것으로 바르게 하는 것이다."
69) "천하에 널리 펼 수 있다."
70) "훌륭하도다! 자하여! 이제부터 너에게 ≪시경≫을 가르칠 수 있겠구나. 성왕은 편히 쉬지 않았다."

초죽서 ≪民之父母≫는 그 동안 전해 내려오는 판본과 그 변화 등에 대한 상황들을 이해할 수 있는 매우 가치 있는 역사적 자료이다. 이러한 자료는 ≪禮記≫의 권수卷數와 합본合卷에 대한 문제와도 밀접한 관계가 있다. 내용 상, 초죽서 ≪民之父母≫에는 보이나 현행본에는 이미 보이지 않는 내용을 통하여, 문맥의 이해는 물론 공자의 사상, 유가의 도덕관과 인생관을 전면적으로 이해할 수 있다는 중요한 의의를 지니고 있다. 또한 현행본과의 비교를 통하여 초楚나라 문자를 이해하는데 중요한 근간이 된다.

≪자고子羔≫(馬承源 注釋)는 중국 전국시기 유실된 문헌 중의 하나이다. 모두 14개의 죽간으로 되어 있으며, 문자는 모두 395자이다. 합문合文이 6자가 있고, 중문重文이 1자 있다. 죽간 양 끝은 타원형으로 정교하게 잘 다듬어져 있다. 제 5간 뒷면에 ≪子羔≫라는 편명篇名 2자가 있다. 정리본 ≪자고≫의 내용에 대하여 아래와 같이 설명하고 있다.

내용은 요堯·순夋(俊·舜)·우禹·설窩(契)와 후직后稷에 대하여 자고子羔가 묻자, 공자가 답하는 내용이다. 내용은 전체적으로 크게 둘로 나눌 수 있다. 첫째 단락은 요堯와 夋(俊·舜)에 관한 내용이고, 둘째는 우禹·설窩(契)와 후직后稷 등 삼왕三王에 관한 내용이다. 첫째 단락과 둘째 단락 사이에 서로 연결되는 내용이 있을 듯하나, 죽간이 파손되어 보이지 않는다. 문자의 필체는 한 사람이 처음부터 끝까지 쓴 것으로 ≪魯邦大旱≫·≪孔子詩論≫의 필체와 같다. ……요순의 성덕盛德과 선양禪讓에 관한 신화는 전국시대의 제자諸子 전적典籍에 사례와 평술評述들이 많이 수록되어 있지만 비교적 분산되어 있다. ≪大戴禮記·五帝德≫에는 재아宰我가 공자에게 황제·전욱顓頊·요순과 우에 대하여 묻는 내용이 기록되어 있는데, 이는 ≪史記·五帝本紀≫의 내용을 다소 수정한 것이다. ≪자고≫에서 공자가 요·순과 삼왕參王 등 다섯 명의 상고 제왕에 관해 언급한 내용은 동주東周 시기의 典籍에서는 보이지 않는다.

≪노방대한魯邦大旱≫(馬承源 注釋)은 중국 전국시기에 이미 유실된 경전 중에 하나

이다. ≪魯邦大旱≫은 모두 6간이며, 문자는 208자이다. 죽간은 약간씩 차이는 있으나 완전한 형태는 양끝이 타원형으로 다듬어져 있으며, 전체 길이는 55cm이고, 세 곳에 편선이 있다. 정리본은 ≪노방대한≫에 대하여 아래와 같이 설명하였다.

> 노魯 나라 애공哀公 15년에 심한 가뭄이 있자, 애공이 공자에게 가뭄을 극복할 수 있는 방법을 물었다. 형법과 덕치德治를 강화해야지 산과 땅의 신령께 규벽圭璧과 폐백幣帛을 매장하는 제사를 지낼 필요가 없다고 한다. 그 후 공자는 또한 제자 자공子贛과 가뭄을 극복하는 방법을 분석하고 토의하였다. 이는 공자가 천재天災에 어떻게 대응하고 있는가를 알 수 있는 중요한 내용이다.

≪魯邦大旱≫은 시간의 전후 순서에 따라 서술하였다.

≪종정갑從政甲・을乙≫(張光裕 注釋)은 중국 전국시기에 이미 유실된 고전적이다. ≪종정從政≫은 ≪갑편甲篇≫과 ≪을편乙篇≫으로 되어 있다. ≪甲篇≫은 완전한 형태의 죽간과 파손된 죽간을 합하여 모두 19 간이다. 그 중 제 6간과 제 7간은 한 죽간으로 짝 맞추기를 할 수 있기 때문에 사실상 모두 18간이라고 할 수 있다. ≪乙篇≫은 모두 6간이다. 문자는 ≪甲篇≫과 ≪乙篇≫을 모두 합쳐 619자이며, 길이는 약 42.5cm이다. 정리본은 ≪從政≫에 대하여 아래와 같이 설명하였다.

> ≪甲・乙篇≫은 어떻게 하면 '從政'할 수 있는가와 道德적 수양과 행동거지에 대하여 강조하였다. 예를 들어, ≪甲篇≫은 "정치는 우선 五德을 돈독하게 해야 하고, 삼서三誓를 확고하게 해야 하며, 십원十怨을 없애야 한다."(제5간)[71]・"정치에는 일곱 가지 '관건(기機)'이 있다."(제8간)[72]・"정치는 이른바 힘써야 할 세 가지가 있다."(제10간)[73]라 했다. ≪乙篇≫은 "정치란 잘 통치하지 못하면 곧 혼란하게 된다고 들었다."(제3간)[74]라고 하여 "나라를 중흥시키고, 정치와 교육을 해야 한다."(제1

---

[71] "從正(政), 章(敦)五德, 臣(固)三折(誓), 除十悁(怨)."(제 5 간)
[72] "從正(政)又(有)七幾(機)."(제 8 간)
[73] "從正(政)所矛(務)三."(제 10 간)
[74] "酉(聞)之日: 從正(政)不綛(治)則嬰(亂)."(제 3 간)

간75)라는 중요성을 강조하였다. 편명을 ≪從政≫이라고 한 원인이기도 하다. ……
'五德'이란 말(단어)은 고전적 중에 보이지 않고, ≪從政≫의 '五德' 즉 "一日愯(寬), 二日共(恭), 三日惠, 四日息(仁), 五日敬"(제 5 간)은 ≪論語≫에서 언급하는 "溫良恭儉讓."76)이나 "恭寬信敏惠."77)와는 다르다. ≪從政≫만이 다른 고전적과는 달리 儒家의 최고 덕목인 '仁'을 '五德'의 한 항목으로 보았다. 이외에도 ≪從政≫은 '五德'의 중요성에 대하여 "군자가 관용이 없으면 백성을 포용할 수 없고, 공손하지 않으면 치욕恥辱을 없앨 수 없으며, 사랑이 없으면 백성들이 모이지 않으며, 인덕을 갖추고 있지 않으면 정치를 할 수 없으며, 공경하지 않으면 일은 이룰 수 없다."78)라 하였다. 비록 간단한 내용이지만, 종정자從政者가 심사숙고해야 할 중요한 덕목일 뿐만 아니라, 오늘날 선진 유학의 덕목德目을 이해하는 중요한 내용이기도 하다. 제 11간은 "聞(聞)之曰: 可言而不可行, 君子不言, 可行而不可言, 君子不行."79)이라 했다. 이 내용을 ≪上博楚簡(一)·치의紂衣≫와 ≪郭店楚簡·緇衣≫는 "子曰: 可言不可行, 君子弗言也, 可行不可言, 君子弗行."80)으로 쓰고, 현행본 ≪禮記·緇衣≫는 "可言也, 不可行, 君子弗言也, 可行也, 不可言, 君子弗行也."로 쓴다. 문자와 문장의 형식, 어법이 약간 다르지만 상호간의 내용을 이해하는데 중요한 참고자료가 된다. 본 죽간이 "聞(聞)之曰"로 쓰는데 반해, ≪上博楚簡(一)·紂衣≫와 ≪郭店楚簡·緇衣≫는 "子曰"로 쓴다. "聞(聞)之曰"은 '들은 공자의 말씀' 중 일부의 내용이고, "子曰"은 공자가 '당일에 들려 준 내용'이기 때문에 이와 같은 형식을 취한 것이 아닐까한다. ≪從政≫은 '政敎'와 '法治'에 관한 내용 이외에 공손恭遜과 충경忠敬의 덕목에 대해서도 언급하였다. 즉 '온량溫良'과 '충경忠敬'은 '息(仁)'의 근본이라는81) 내용은 유가의 仁學

---

75) "興邦家, 治政敎."(제 1 간)
76) "온순함·어짐·공손함·검소함·겸양." "子禽問於子貢曰: "夫子至於是邦也, 必聞其政, 求之與? 抑與之與?" 子貢曰: "夫子溫·良·恭·儉, 讓以得之. 夫子之求之也, 其諸異乎人之求之與?"(≪論語·學而≫ 1.10)
77) "공손함·관대함·미더움·민첩함·은혜로움." "子張問仁於孔子. 孔子曰: "能行五者於天下爲仁矣." "請問之." 曰: "恭, 寬, 信, 敏, 惠. 恭則不侮, 寬則得衆, 信則人任焉, 敏則有功, 惠則足以使人."(≪論語·陽貨≫ 17.06)
78) "君子不愯(寬), 則亡(無)以頌(容)百姓, 不共(恭)則亡(無)以敓(除)辱, 不惠則亡(無)以聚民, 不息(仁)則亡(無)以行正(政), 不敬則事亡(無)城(成)."(제 6 간)
79) "공자가 말하였다. 말만하고 행동으로 옮기지 못할 것을 군자는 말하지 않으며, 행동만 하고 말하지 못할 것 또한 군자는 행하지 않는다."
80) "공자가 말하였다. 말만하고 행동으로 옮기지 못할 것을 군자는 말하지 않으며, 행동만 하고 말하지 못할 것 또한 군자는 행하지 않는다."
81) "恩(溫)良而忠敬, 息(仁)之宗也."(제 4 간)

과 밀접한 관계가 있다. 한편, 《從政》의 《甲》과 《乙》의 내용은 현행본 《論語》와 《禮記》 등의 유가 고전적과 《睡虎地秦墓竹簡·爲吏之道》 등과 서로 비교할 수 있다. 따라서 본 죽간이 선진 유가의 정치사상을 연구하는데 있어서, 매우 중요한 자료임을 알 수 있다.

《석자군노昔者君老》(陳佩芬 注釋)는 유실되었던 중국 전국시기 경전 중의 하나이다. 원래는 편명이 없었으나, 제 1간의 "君子曰: 昔者君老, 太子朝君."[82]이라는 구절 중의 '昔者君老'를 취하여 편명으로 삼았다. 본편은 모두 4 죽간으로 되어 있는데, 그 중에서 3 죽간은 완전한 형태이고 나머지 1 죽간은 파손되었다. 문자는 모두 158자이다. 그 중에 중문은 8 자이고 합문이 1 자이다. 죽간은 상하단上下端 부분이 모두 편평한 모양으로 다듬어져 있으며, 파손되지 않은 완전한 죽간은 44.2cm이다. 정리본은 내용에 대하여 아래와 같이 설명하였다.

죽간은 내용상 서로 연결되지 않는다. 제 1간에는 처음 시작하는 말(起首語)이 있고, 마지막 제 4간에는 마치는 말(結語)이 있다.

제 2간과 제 3간은 내용에서 상호 관련되는 죽간이 없기 때문에, 단지 문장의 전후 상황을 고려하여 안배하였다. 죽간과 죽간 사이에 몇 자가 누락되었는지 현재로썬 알 수가 없다.

나라의 군주가 연로하여 죽음에 이르기까지의 내용과 太子가 조견할 때 행하는 행위 규범 등에 관한 것이다. 군주의 동생은 태자가 입궁入宮하는 것을 돕고, 태자는 아침 문안부터 저녁까지 몇 차례의 자문을 구하면서 입궁하며, 태자가 입궁을 하면 군주의 동생은 퇴각한다. 태자는 궁궐에서 돌아온 후 군주동생과 함께 입궁할 수 있도록 재삼 요구하고, 태자가 다시 군주의 동생과 함께 입궐하여 군주의 명령을 듣게 된다.

애석하게도 군주가 명령하는 앞부분 내용이 파손되어 알 수 없으나, 뒷부분에서는 "各共尒事, 發命不夜."[83]라 했다.

---

82) "군자는 '옛날에 군주가 연로하게 되면 태자가 군주를 조현朝見하였다'라 했다."
83) "너희 각자는 자기가 맡은 임무를 성실히 이행하며, 불철주야 성실히 발포하고 명령을 내리도록 하라."

군주가 세상을 뜨자, 태자는 정사에 관하여 듣지도 묻지도 않고 오직 진심으로 애도하였다.

본 ≪昔者君老≫는 중국 선진시기 조현朝見과 거상居喪의 예식을 이해할 수 있는 중요한 자료이다.

≪용성씨容城(成)氏≫(李零 注釋)는 유실되었던 중국 전국시기 경전 중의 하나이다. 죽간은 완전한 것과 파손된 것을 합하여 모두 53간이고, 문자는 모두 2,065자이다. 이중 합문이 2자, 중문이 3자이다. 본 내용에 대하여 정리본은 아래와 같이 설명하였다.

≪容成氏≫는 중국 上古時代 제왕의 전설에 관한 내용이다.……편명(題目)은 제53간 뒷면(背面)에 '訟成氏'라고 쓰여 있다. 제일 앞 죽간의 가장 먼저에 출현하는 제왕의 이름을 편명으로 취한 것으로 보인다. '訟成氏'는 ≪莊子·胠篋≫에서 언급하고 있는 중국 상고 제왕 중의 한 명인 용성씨容成氏이다. 하지만 아쉽게도 제 1간 앞부분이 파손되었다.

내용은 모두 일곱 부분으로 나눌 수 있다.

첫 번째는 容成氏를 비롯해 가장 이른 시기의 帝王(약 21名)에 대하여 언급하였다.

두 번째는 요제堯帝 이전의 고대 제왕에 대하여 언급하였다. 하지만 이 부분 역시 유실遺失되어 그 이름이 언급되어 있지 않으나, 제곡帝嚳 고신씨高辛氏가 아닌가 한다.(첫 번째와 두 번째 사이에 전욱顓頊 등과 같은 고대 제왕들이 언급되어 있었을 것이다.)

세 번째는 요제, 네 번째는 순제, 다섯 번째는 하우夏禹, 여섯 번째는 상탕商湯, 일곱 번째는 주周 문왕文王과 주周 무왕武王에 관한 내용이다.

마지막 제 53간의 내용이 아직 완전히 끝나지 않은 것으로 보아 다른 죽간이 더 있는 것으로 보인다. 하지만 제 53간 뒷면에 제목이 있다. 따라서 한 두 개 정도가 더 있었던 것으로 추정된다. 제일 마지막 부분은 아마도 武王이 商나라를 정벌한 내용일 것이다.

위의 일곱 부분 중 三代(堯舜禹) 이전은 제위를 아들이 아닌 賢者에게 禪讓하여 나라가 태평하게 다스려 졌고, 三代 이후 啓는 益을, 湯은 桀을, 文武는 商을 멸하여 선양제도가 폐지되었으며 혁명정권이 들어서게 되었다. 三代의 현자에게의 선양과 그 후의 혁명을 통한 정권이양은 서로 대조가 된다.

≪容成氏≫에서 언급된 내용 가운데 많은 부분이 古代 典籍에 없다.

첫째, 禹가 분리한 九州 즉 '夾(克)'·'浨(徐)'·'競(青)'·'膚(莒)'·'𡿖(<幷>)'·'䎽(荊)'·'鴅(揚)'·'䢼'와 '虘(虘)'는 ≪書經·禹貢≫에서 언급한 지명과 차이가 있다. '夾(克州)'·'浨(徐州)'·'競(青州)'과 '膚(莒州)'는 동쪽 지방이고, '𡿖(幷州)'는 북쪽 지방이고, '䎽(荊州)'와 '鴅(揚州)'는 남쪽 지방이고, '虘(虘州)'는 서쪽 지방이다.

둘째, 文王이 평정한 아홉 나라의 명칭이 이전 고전적에 보이지 않는다. 비록 ≪禮記·文王世子≫에 이 일에 관한 내용이 언급되어 있으나, 그동안 아홉 나라가 어떤 나라인지는 전혀 언급이 없었기 때문에, 漢代 유학자들도 이에 대하여 상세하게 설명할 수 없었다. 이 죽간의 자료를 통하여 '풍豊'과 '호鎬' 등의 나라를 알 수 있게 되었다.(문왕과 무왕이 수도를 豊과 鎬 등으로 천도한 것도 이와 관련이 있다.)

≪容成氏≫는 그동안의 역사적 자료를 보충할 수 있는 중요한 자료이다.

≪상박초간上博楚簡≫ 제 3권은 ≪주역周易≫(濮茅左 注釋)·≪중궁仲弓≫(李朝遠 注釋)·≪항선恒先≫(李零 注釋)과 ≪팽조彭祖≫(李零 注釋) 등이 수록되어 있다.

≪주역周易≫은 현재까지 우리가 볼 수 있는 ≪주역≫ 중 가장 이른 판본이다. ≪周易≫은 모두 58 간이며, 현재 홍콩 中文大學에 소장하고 있는 한 개의 잔간殘簡을 합하여 모두 34개 卦의 내용을 포함하고 있다. 문자 총수는 모두 1,806여 자이고, 이 중 합문이 3자, 중문이 8자이다. 또한 25개의 괘상卦象(괘화卦畫)이 있다. 죽간 중 완전한 형태는 양쪽 끝이 편평하게 다듬어진 있으며, 길이는 44cm이고 세 곳에 편선이 있다.

≪周易≫ 정리본은 아래와 같이 설명하고 있다.

초죽서 ≪周易≫은 현재까지 발견된 ≪周易≫ 중 가장 이른 시기의 것이다.
초죽서 ≪周易≫은 고대 선진시대의 역학을 연구하고 이해하는데 매우 중요한 역사적 자료이다. 초죽서 ≪周易≫ 중의 일부는 비록 산실되었지만, 현재 남아있는 자료들을 통하여 선진 시기의 기본적인 ≪周易≫의 원래의 모습을 이해할 수 있을 뿐만 아니라, 약 2천 년 전 부터 이미 사용되지 않는 각종 符號는 선진시기의 역학 연구에 하나의 새로운 과제를 제시해 주고 있다. 이 부호들은 馬王堆漢墓帛書[84]에 서 이미 사용되지 않고 있다. 각각마다 특별한 의미를 지니고 있는 이러한 부호들은 역학사易學史에 매우 중요한 의의를 지니고 있다.

초죽서 ≪周易≫의 형식은 '괘화卦畫'·'文字'와 '부호符號' 등 세 부분으로 되어 있다.

1 괘상卦象(괘화卦畫): 두 개의 독립적인 경괘經卦가 합쳐져서 하나의 개별적인 괘를 이루고 있다. '▬'는 양효陽爻를 표시하고, '⁄\'는 음효陰爻를 표시한다. 백서帛書≪周易≫과 부양한간阜陽漢簡 등 또한 이러한 괘사卦辭 형식을 취하고 있다. 그러나 괘화의 형태는 왕가대진간王家臺秦簡이나 현행본과 다르다.

2 文字: '卦名'·'卦辭'·'爻位(혹은 '爻名'·'爻題'라고도 한다)'와 '효사爻辭' 등으로 이루어져 있다. 문자와 단어 혹은 구절 등은 백서나 현행본과 다른 경우가 있는데, <부록ⅲ>을 참고할 수 있다.

3 符號: 초죽서 ≪周易≫ 중의 부호는 다른 지하자료에서 보이지 않을 뿐만 아니라, 현행본에도 보이지 않는다. 부호는 '■'·'■'와 '▭' 등을 단독적으로 사용하거나, 혹은 홍색紅色과 흑색黑色의 부호를 서로 조합하여 쓰기도 한다.

부호는 모두 '■'·'▣'·'■'·'▣'·'■'와 '▭' 등 6 종류가 있다. 이러한 부호는 卦의 앞부분과 뒤 부분에서 출현하고 있다. 편의상 앞부분에 출현하는 부호를 '수부首符'라고 칭하고, 뒤 부분의 부호를 '미부尾符'라고 칭하기로 한다. 이러한 부호에 관한 자세한 설명은 <3.1.3 초죽서 ≪주역≫에서 사용하는 부호>를 참고할 수 있다. ……모든 卦는 '괘화卦畫'·'괘명卦名'·'수부首符'·'괘사卦辭'·'효사爻辭'와 '미부尾符'의 순서로 이루어져 있다. '미부' 다음은 공백으로 남겨 두어 다음 괘의 내용을 이어 쓰지 않아 매 괘마다 독립성 형태를 이루고 있다. '수부' 앞은 '괘화'와 '괘명'에 관한 내용이고, '미부' 앞은 '괘사'와 '효사'의 내용이다. '미부' 다음에 다음 괘의 내용을 바로 기록하지 않고 공백으로 남겨 놓아 매 괘의 내용마다 하나의 독립적 형태를 취하고 있다. 초죽서 ≪周易≫에는 ≪易傳≫에 관한 내용이

---

84) 이하에서는 백서帛書 ≪周易≫이라 칭하기로 한다.

없다. ……초죽서 ≪周易≫은 그 동안 역학에서 논란이 되어왔던 문제들을 해결할 실마리를 제공해 주고 있다. 역학 연구는 그동안, '九六論爭' 즉 '九六'명칭에 관한 논란이 계속 되어왔는데, 이 '九六'의 지칭은 한漢 나라 사람들이 추가한 것으로 선진 시기에는 없는 것으로 이해하기도 하였다. 그러나 초죽서 ≪周易≫이 발견된 후, 이 논쟁에 관하여 마침내 마침표를 찍게 되었다. 초죽서의 효위爻位는 모두 음과 양으로 구별되어지며, '六'은 '음효陰爻'를 나타내고, '九'는 '양효陽爻'를 표시한다. ……이러한 자료는 초죽서 ≪周易≫과 비교 연구를 통하여 각 판본의 이체자異體字 상황을 파악할 수 있는 객관적 자료가 된다. 이러한 자료는 또한 본자本字나 혹은 통가자通假字를 설명하는 중요한 근거가 되며, 이를 통하여 괘효사卦爻辭를 더욱 정확하게 해석할 수 있다. ……이외에도 또한 <부록iii: 초죽서와 백서와 현행본 주역의 문자비교표>와 <3.1.3 초죽서 ≪주역≫에서 사용하는 부호>를 제시하여 독자들에게 편의를 제공하고자 한다.

≪중궁仲弓≫은 유실되었던 중국 고대 전국 시기 경서 중의 하나이다. 모두 28 죽간으로 되어 있으며, 부가附加 죽간이 하나있다. 완전한 죽간의 총 길이는 47cm이고, 자는 34자 내지 37자 정도이다. 편선編線(죽간과 죽간을 묶는 선)은 상중하 세 곳에 있다. 정리본은 ≪仲弓≫에 대하여 아래와 같이 설명하였다.

> 제 16간의 뒷면에 ≪中弓≫이란 제목이 있다. '中弓'은 '중궁仲弓'(기원전 522년 -?)으로, 노魯나라 사람이다. 성은 염冉이고, 이름은 옹雍이며, 자는 仲弓이다. 중궁은 공자 제자의 한 사람이며, 공자보다 29살이 어리다.[85] 공자는 "천한 부모에게서 태어난 훌륭한 자식."[86]이라 했고, "옹雍은 관직을 맡게 할 수 있다."라고 추앙하였

---

85) ≪사기색은史記索隱・중니제자열전仲尼弟子列傳≫은 ≪史記≫의 "염옹자중궁冉雍字仲弓" 구절에 대하여 ≪孔子家語≫를 인용하여 "伯牛之宗族, 少孔子二十九歲(백우의 종족으로 공자보다 29살이 어리다."라 하였다. 하지만 ≪孔子家語・七十二弟子解≫는 "冉求, 字子有, 仲弓之宗族. 少孔子二十九歲, 有才藝, 以政事著名, 仕爲季氏宰(염구는 자가 자유이고 중궁의 종족이다. 공자보다 29살 어리며 재주가 있고 정치를 잘하기로 이름이 났다. 계씨의 가신이 되었다."라 하였다. ≪孔子家語≫에서 공자보다 29살이 어리다는 사람은 중궁仲弓이 아니라, 염유冉有(자유子有)이다. 중궁仲弓은 형뇌 염경冉耕(백우伯牛)과 동생 염구冉求(자유子有)와 함께 '일문삼현一門三賢'이라 부른다.
86) "犁牛之子."

다.87) 공자는 그를 '德行'이 있는 제자 중 한 사람으로 평가했다88). 仲弓이 공자에게 정치에 대하여 자문하는 내용이 ≪論語≫·≪史記≫와 ≪孔子家語≫에 보인다. 하지만 본 죽간의 내용은 현행본에서 거의 보이지 않는다.

≪중궁≫은 문답형식으로 되어 있는데, 내용 중에는 "型(刑)正(政)不繆(緩), 惪(德)孝(敎)不悆((惓))."89)라 하여 형법과 도덕적 교화를 함께 병행하여 나라를 다스려야한다는 주장하였고, '덕德'을 근본으로 하여 백성을 편하게 하고 나라를 잘 다스리며, "민중을 인도하여 도덕을 진흥시켜야 한다."90)거나 "노인을 공경하고 어린이를 보살펴야 한다."91)와 같은 좋은 풍습을 양성해야 한다고 주장하였다. 이외에도 또한 "현명한 인재를 추천하여 임용하여야한다."92)거나 "자신이 아는 인재를 추천한다면, 자신이 모르는 인재를 남들이 어찌 그냥 내버려 두겠느냐?"93)라 하여 '인재를 알아보고, 인재를 등용하고, 인재를 적재적소에 사용할 수 있는' 인재 등용론에 대하여 언급하였다. 또한 집정자는 자신의 인격을 수양하고 백성을 널리 사랑해야 하며, "작은 과실은 용서하고 죄는 바로 잡아야 한다."94)는 형벌정책을 주장하였다.

≪항선恒先≫은 중국 전국시기 유실된 도가道家 문헌 중의 한 편이다. 원래 제 3간의 뒷면에 '亙先'이란 두 자가 쓰여 있으며, 모두 13 죽간으로 되어 있고, 죽간은 대부분 보존 상태가 양호하다. 죽간의 길이는 약 39.4cm이며, 세 곳에 편선이 있다. 정리본이 ≪항선≫에 대하여 아래와 같이 설명하였다.

> '恒先'은 처음부터 끝까지 완전하게 갖추어진 한편의 道家 문헌이다. …… 모두 13간으로 되어 있고, 죽간은 대부분 보존 상태가 양호하다. 죽간의 길이는 약

---

87) ≪論語·雍也≫: "雍也可使南面."
88) "德行: 顔淵·閔子騫·冉伯牛·仲弓."(德行은 '顔淵'·'閔子騫'·'冉伯牛'와 '仲弓' 등이 있다.)(≪論語·先進≫)
89) "형법과 정령을 느슨하게 실행하면 안 되고, 도덕적 교화를 게을리 해서는 안 된다."
90) "道民興惪(德)."(제 11 간)
91) "老=(老老)慈幼."(제 8 간)
92) "䀉(擧)䝨(賢)才."(제 7 간)
93) "䀉(擧)而(爾)所晉(知), 而(爾)所不晉(知), 人丌(其)燹(舍)之者."(제 10 간)
94) "惑(赦)仝(過)䀉(擧)辠(罪)."(제 10 간)

39.4cm이다.

제 3간의 뒷면에 '亘先'이란 두 자가 쓰여 있으며, 이를 근거로 편명篇名을 붙였다.

'恒先'은 '道'의 별칭이다. ≪老子≫의 제 25장은 "혼연히 이루어진 물건이 있으니 천지보다 먼저 생겨났다. 조용하고 고요하구나. 홀로 우뚝 서서 바뀜이 없다. 두루 운행하지만 위태롭지 않으니 천하의 어미가 될 수 있다. 나는 그의 이름을 알지 못하기에 道라고 명명하였고, 억지로 大라고 부르기로 한다."[95]라 하였다. '恒先'은 하늘과 땅보다도 앞서 생겨났으며, 홀로 존재하면서도 변하지 않으며, 모든 것에 두루 행해지면서도 태만하지 않고, 영원한 창조력을 갖추고 있는 道를 가리킨다. ≪항선≫은 천하의 만물은 모두 모순된 개념으로써 선후가 있다고 생각했다. 예를 들어, 가운데(中)는 '外先(밖의 처음)'이고, 작은 것(小)은 '大先(큰 것의 처음)'이고, 부드러운 것(柔)은 '剛先(강함의 처음)'이고, 둥근 것(圓)은 '方先(네모난 것의 처음)'이며, 어둠(晦)은 '明先(밝음의 처음)', 짧은 것(短)은 '長先(긴 것의 처음)'이 있다고 하였다. 하지만 그 근본을 따져보면 마지막 극도의 '先'은 '恒先'이다.

≪팽조彭祖≫는 중국 전국시기 유실된 도가 문헌 중의 하나이다. 모두 8개로 되어 있으며, 완전한 형태의 죽간의 길이는 약 53cm이다. 제목은 원래 없었기 때문에 내용을 근거로 하여 정한 것이다. 정리본은 ≪彭祖≫에 대하여 아래와 같이 설명하였다.

팽조彭祖는 성이 팽彭이고, 이름은 전갱錢鏗이며, 팽갱彭鏗이라고도 부른다. ≪國語·鄭語≫와 ≪世本≫ 등에서 '祝融八姓'[96]을 언급하는 내용이 있는데, 이 중에 彭氏가 있다. 팽씨의 가문은 원래 팽성彭城(지금의 江蘇省 徐州)에 거주하며, 전갱錢鏗을 조상으로 모셨다. 그래서 '彭祖'라고 칭한다. 팽조는 장수를 한 대표적인 인물이기 때문에 신선가들이 자주 언급하였다.[97]

……이전에 ≪彭祖經≫이라는 책이 있었는데, 이는 상왕商王을 의탁하여 쓴 책으

---

95) ≪老子≫: "有物混成, 先天地生, 寂兮寥兮. 獨立而不改. 周行而不殆, 可以爲天下母. 吾不知其名, 字之曰道. 强爲之名曰大."(제 25 장)
96) 祝融의 후예인 八姓, '己'·'董'·'彭'·'妘'·'曹'·'斟'·'芈'.
97) ≪列仙傳≫ 卷上, ≪神仙傳≫ 卷1, ≪彭祖傳≫ 참고.

로, 채녀采女를 팽조에게 보내 도를 묻고, 팽조가 설명한 신선의 술수를 기록한 내용이다. 이는 ≪房中七經≫ 중 하나이다. 이 책은 동한東漢 시기 완성됐으며, 위진魏晉과 수당隋唐 시기에 유행하였다.98) 하지만 그 출처는 매우 오래 되었다. 예를 들어, 장가산한간張家山漢簡 ≪引書≫의 첫 머리 부분에는 "봄에는 양기가 발생하고, 여름에는 양기가 홍성하며, 가을에는 양기가 거두어지고, 겨울에는 양기가 저장되어지는 것이다. 이것이 팽조의 양생의 도이다."99)라 하였고, 마왕퇴의서馬王堆醫書 ≪十問≫에는 '王子巧父問於彭祖'章 모두 팽조의 술수術數에 관한 내용이다. 그 기원은 서한西漢 때이다.100) 전체 내용은 팽조와 구노耇老가 대화하는 내용이다.

≪彭祖≫와 관련이 있는 고대 문헌 자료는 정리본에서 언급하고 자료 이외에도 ≪논어論語≫·≪대대례기大戴禮記≫·≪장자莊子≫·≪초사楚辭≫·≪한시외전韓詩外傳≫·≪사기史記≫ 등이 있다. 팽조는 전욱顓頊의 현손玄孫(高孫, 손자의 손자)인 육종씨陸終氏의 셋째 아들인 팽갱彭鏗이라고 전하며, 일설에는 팽조는 성이 전籛이고 이름이 갱鏗이라고도 한다. 혹은 팽이 성씨이고, 이름은 '箭('錢'자의 고문)'이고, 이름이 鏗이고, 요제堯帝가 팽성彭城에 봉을 했다고도 한다. ≪장자莊子·각의刻意≫는 팽조에 대하여 기록하고 있다.

깊은 호흡을 하면서 낡은 기운은 토해 내고 신선한 기운을 빨아들이며, 곰이 나무에 매달리고 새가 날면서 발을 뻗히는 것 같은 체조를 하는 것은 오래 살려는 것일 따름이다. 이것은 기운을 끌어들이는 선비와 몸을 보양하는 사람들과 팽조같이 오래 살려는 사람들이 좋아하는 것이다. 그런데 뜻을 굳게 갖지 않고도 고상해지고, 어짊과 의로움이 없이도 몸이 닦여지고, 공로와 명성 없이도 다스려지고, 강과 바다에 노닐지 않고도 한가로워지고, 기운을 끌어들이지 않고도 오래 사는 사람은, 잊지 않는 것도 없고 갖추고 있지 않은 것도 없는 사람이다. 담담히 마음을 끝가는 데가 없지만 모든 미덕은 그에게로 모이게 되는 것이다. 이것이 하늘과 땅의

---

98) ≪醫心方≫ 권 28에서 ≪彭祖經≫을 인용한 부분 참고.
99) 張家山漢簡:「春産·夏長·秋收·冬藏, 此彭祖之道也.」
100) ≪漢書·藝文志·方技略≫의 房中類 중에 ≪湯盤庚陰道≫가 있는데, 이는 아마도 팽조와 관련이 있는 듯하다.

도이며 성인의 덕이다.101)

팽조는 우하虞夏에서 상商 나라까지 약 7백년을 살았고, 혹은 죽지 않고 신선이 되었다고도 한다. ≪팽조양성경彭祖養性經≫(一卷)은 팽조의 사적을 기록하고 있으며, 팽조의 道를 그 시조로 삼기 때문에 彭祖라 하였다. 초죽서의 팽조에 대한 기록은 현행본들과 달리 괴이한 이야기의 전기傳奇적인 색채가 없다. "천天·지地와 사람의 관계가 마치 겉과 위, 안과 밖의 관계와 같은 것이다."102)라 하여 사람과 자연의 긴밀한 관계에 대하여 심도 있게 다루었고, "오기五紀가 조화를 이루어져야 비록 가난하다하여도 좋은 결과를 얻을 수 있다."103)라 하여 '五紀가 조화를 이루지 못하면 복이 어떻게 내려지겠는가라는 도리를 설명하였다. 이와 같은 개념은 팽조가 사람은 자연의 규칙을 준수하여야 하고 객관적인 사실을 중시한 사상으로, 인간이 중심이 된 순수한 유물론적 사관에 입각한 것이다.

≪上博楚簡≫ 제 4권은 ≪채풍곡목采風曲目≫(馬承源 注釋)·≪일시일시逸詩≫(馬承源 注釋)·≪소왕훼실昭王毀室·소왕여공지수昭王與龔之脽≫104)(陳佩芬 注釋)·≪간대왕박한柬大王泊旱≫(濮茅左 注釋)·≪내례內豊≫105)(李朝遠 注釋≫·≪상방지도相邦之道≫(張光裕 注釋)·≪조말지진曹沫之陳≫(李零 注釋) 등이 수록되어 있다.

≪채풍곡목采風曲目≫은 유실된 전국시기 문헌 중의 하나이며, 원래 편명이 없었으나, 내용을 근거로 하여 추가한 것이다. 남아있는 죽간 중 가장 긴간이 56.1cm이기

---

101) ≪莊子·刻意≫: "吹呴呼吸, 吐故納新, 熊經鳥申, 爲壽而已矣. 此導引之士, 養形之人, 彭祖壽考者之所好也, 若夫不刻意而高, 無仁義而修, 無功名而治, 無江海而閑, 不導引而壽, 無不忘也, 無不有也, 澹然無極, 而衆美從之. 此天地之道, 聖人之德也." ≪장자≫의 우리말 해석은 주로 김학주 옮김 ≪장자(上)(下)≫(을유문화사, 2001)를 참고하기로 한다.
102) "天地與人, 若經與緯, 若繩(表)與裏."(제1간)
103) "五紀(紀)必(畢)周, 唯(雖)貧必攸(修)."(제5간)의 구절은 "五倫에 있어서는 화목해야 하고, 비록 가난하다하여도 좋은 결과를 얻도록 하여야 한다."로 해석하기도 한다. '五紀'는 즉 '天紀'를 말하는 것으로 ≪洪範≫에서 말하는 '歲(세월)'·'日(해)'·'月(달)'·'星辰(별)'·'曆數(절기)' 등을 가리킨다.
104) ≪鄂君啓節≫에 "大功尹脽"라는 인명이 있기 때문에 '脽'자를 '脽(꽁무니 수, zhōu)'자로 읽기로 한다. ≪上海博物館藏戰國楚竹書(四)≫, 187쪽.
105) '內豊'은 즉 '內禮'이다. ≪上海博物館藏戰國楚竹書(四)≫, 221쪽.

때문에 완전한 형태의 죽간은 이보다 약간 길 것이다. 내용은 오성五聲 중 '宮'·'商'·'徵(徵)'·'羽' 등 4개의 각 성명聲名에 속하는 악곡의 편목이다. 각음角音의 성명聲名은 발견되지 않았다. 정리본은 아래와 같이 설명하였다.

> 이러한 노래의 편목은 《碩人》이 《詩經·衛風》 중에 보이는 것 이외에는 다른 기타 문헌기록에서는 찾아 볼 수 없다. 성명聲名에 붙어있는 접두사나 접미사 역시 선진의 문헌에서 그 기록을 찾을 수 없다. 《曾侯乙編鐘》 명문銘文 중에 聲名의 접두사와 접미사가 있는 내용이 있지만 본편과 글자 구성이 다르다. ……본편은 초楚나라의 악관들이 수립된 시기를 정리한 목록의 잔본일 가능성이 높다. 《詩》는 동주東周시대에 상류 사회에서 보편적으로 추앙을 받았고, 《左傳》과 《國語》에 특히 이에 대한 기록이 많다.
>
> 본 죽간에 남아 있는 39편 곡목 중 《碩人》이 《詩經·衛風·碩人》의 편명과 동일하다. 《詩》 300편은 악기에 맞춰 노래를 부를 수 있었을 것이고, 《詩經·碩人》 역시 당연히 연주될 수 있는 상응하는 곡조가 있었을 것이다. 초죽서 중의 《碩人》 앞에 '궁목宮穆'이라는 두 글자가 있는데 《詩經》의 《碩人》과 《采風曲目》의 《碩人》은 동일한 것일 가능성이 있다. ……본 편은 각 분류명 뒤에 한 편목 또는 여러 편목이 있다. 특별한 것을 제외하고 대다수는 고적에서 보이지 않는다. 그 중에 宮穆 곡조로 《碩人》과 《又文又𢻰》 2곡이 있다. '碩人'은 《詩經·衛風·碩人》 중 "碩人其頎, 衣錦褧衣"106)·"碩人敖敖, 說於農郊"107)구절에 보인다. 또한 《衛風·考槃》篇에 "考槃在澗, 碩人之寬"·"考槃在阿, 碩人之薖"·"考槃在陸, 碩人之軸"108) 구절에 '碩人'이 보인다. 이외에도 《邶風·簡兮》篇 "碩人俁俁, 公庭萬舞"109)부분에서 '碩人'을 인용하고 있다. 그래서 이 죽간의 《碩人》은 당연히 《詩經》편 <碩人>의 악곡명이다. 다른 편 曲目들도 당연히 수집된 노래에서 나왔을 것이다. 《鄭風》편에는 《野有蔓草》가 있는데 이 曲目으로 《埜又朱》이 있고,

---

106) "훤칠한 우리 님 비단옷 입으셨네."
107) "의젓하신 우리 님 근교에서 묵으셨네."
108) "考槃在澗, 碩人之寬."(산 너머 개울가에 작은 움막집, 어진 이의 넉넉한 보금자리라), "考槃在阿, 碩人之薖."(언덕 너머 자리 잡은 작은 토담집, 어진 이의 넉넉한 안식처라오), "考槃在陸, 碩人之軸."(산기슭에 자리 잡은 작은 오두막, 어진 이의 편안한 터전이라오).
109) 《邶風·簡兮》: "碩人俁俁, 公庭萬舞."(큰 사람이 크고 크니 공의 뜰에서 만무를 추도다).

≪詩經・周南≫편에 ≪樛木≫이 있는데 이 曲目으로 ≪高木≫이 있다. 기타 ≪子奴思我≫, ≪喪之末≫, ≪出門以東≫, ≪北埜人≫, ≪城上生之葦≫, ≪良人亡不宜也≫, ≪奚言不從≫, ≪豊有酒≫, ≪思之≫ 등의 曲目이 있는데, 구체적인 가사가 없다.

≪采風曲目≫ 중의 곡목은 초楚 나라 수도 영도郢都에서 유행했던 시곡詩曲의 악곡명이다. 영도는 선진시기 초나라 음악 문화의 중심 도시였으며, 초나라에서 유행하였던 음악은 당시 상당히 유행하였기 때문에 고대 시인들은 이를 두고 '郢曲'이라 하였다. 이는 채풍악곡采風樂曲이 탄생한 시대적 배경과 밀접한 관련이 있다. 고대 음악 전문가인 진응시陳應時 교수는 ≪采風曲目≫은 중국 고대 음악사에 있어 매우 중요한 발견이라 하였다.

≪일시逸詩≫는 모두 네 간이고, 원래 편명은 없었으나, 시가의 첫 장 내용을 근거로 하여 추가한 것이다. 정리본은 아래와 같이 설명하였다.

> ≪교교명오交交鳴鶯≫110)는 '군자'의 품성은 "옥 같고, 꽃 같고"111), 위엄은 "호랑이 같고, 표범 같으며,"112) 서로의 사귐은 "모두 꽃 같고, 함께 꽃잎 같이 잘 어울리네."113) 등과 같다하였다.
> ≪다신多薪≫은 두 형제간의 극히 친밀한 관계를 노래하고 있으나, 애석하게도 많은 부분이 이미 없어져 장구章句가 완전하지 않다. 현존하는 것은 전체 시 가운데 2장의 일부 시구만이 남아있다.

≪소왕훼실昭王毀室・소왕여공지수昭王與龔之脽≫는 중국 전국시기 유실된 경서 중의 하나이다. 편명은 내용을 참고하여 정리자가 추가한 것이다. 죽간은 모두 10 간이고, ≪소왕훼실昭王毀室≫과 ≪소왕여공지수昭王與龔之脽≫ 두 편의 문장으로 이루어져 있다. 완전한 형태는 길이가 43.7 내지는 44.2cm로 서로 같지 않으며, 세 곳에 편

---

110) '鶯'자는 소리부가 '於'로 '鳥'자의 고문이다. ≪上海博物館藏戰國楚竹書(四)≫, 175쪽.
111) "若玉若英."
112) "若虎若豹."
113) "偕華偕英."

선이 있다. 두 편은 모두 388자이고, 이 중 ≪昭王毀室≫은 196자이며, ≪昭王與龔之脽≫는 192자이다. ≪昭王毀室≫의 내용은 소왕昭王이 새 궁전을 일반백성의 장지葬地에 지어 백성이 제사를 지낼 수 없게 되자, 이를 알고 소왕이 일반 백성이 부모님에게 제사를 지낼 수 있도록 궁전을 허물었다는 내용이다. ≪昭王與龔之脽≫는 소왕이 요보珧寶의 일로 공지수龔之脽를 오해하게 되었는데, 후에 내막을 알게 된 후 오해가 풀렸다는 내용이다.

≪간대왕박한柬大王泊旱≫은 본래 제목이 없었다. 제목은 첫 구절을 참고하여 정리자가 추가한 것이다. 모두 23개의 죽간이며 글자 모두 601자이다. 죽간은 발굴될 당시 출토지의 진흙에 쌓여 있었으나, 후에 상해박물관 실험실에서 진흙을 제거하고 탈수 과정을 거쳐, 죽간의 상태는 매우 좋다. 죽간의 양 끝은 가지런하게 다듬어져 있으며, 길이는 24cm, 넓이는 0.6cm, 두께는 0.12cm 정도이며, 두 곳에 편선 자국이 있다. 죽간은 모두 비어있는 곳이 없이 글자가 죽간 가득 쓰여 있는데, 죽간 하나에 쓰인 글자 수는 24자에서 27자 정도이다. 글자체는 널찍하고 정교하게 쓰여져 있으며, 글자간의 간격은 좁다. 정리본은 ≪간대왕박한柬大王泊旱≫에 대하여 아래와 같이 설명하였다.

> 본편은 전국 초기 초나라 간대왕柬大王에 관한 두 가지 일화를 기재하였다. 柬大王이 痎(학질 개, jiē)에 걸린 일과 초나라의 큰 가뭄에 관한 내용이다. ……초나라 柬(簡)王은 기원전 431년부터 408년 까지 재위하여, 24년간 집정하였는데, 역사서에는 이 사적에 관련한 기록이 매우 간략하게 나와 있어, ≪史記·楚世家≫에 "柬王 원년에 북방의 거莒나라를 정벌하였다."114)와 "24년에 柬王은 생을 마감했다."115)라는 단지 십여 자 만이 있을 뿐이다. ≪中子化盤≫의 명문銘文에 "中子化는 초나라 왕을 보좌하고, 거莒나라를 정벌했다."116)라고 하였는데, 이 사건 역시 같은 내용이다. 또한 ≪水經·丹水注≫는 ≪紀年≫을 인용하여 "진晉 열공烈公 3년에 초나라 사

---

114) ≪史記·楚世家≫: "簡王元年, 北伐滅莒."
115) "二十四年, 簡王卒."
116) ≪中子化盤≫: "中子化用保楚王, 用正(征)栢(莒). 用擇其吉金, 自乍(作)盥盤."(≪殷周金文集成≫ '10137')

람이 우리 남비南鄙로부터 상락上洛까지 정벌하였다."117)라 하는 등 초나라가 토벌한 내용이 포함되어 있다. 본편의 발견으로 초나라 역사를 보충할 수 있으며, 동시에 초나라가 왕의 병과 국가의 큰 가뭄과 같은 큰 재난에 직면하게 되었을 때, 나라의 전통과 풍속으로 인하여 柬王과 그 동료들이 어찌할 수 없는 상황에 처하게 된 사실을 이해할 수 있는 문장이다. 본 편은 군사, 관제官制, 의학, 기상, 종교 등 방면의 내용도 언급하고 있다.

≪내례內豊≫는 원래 편명이 쓰여 있다. 죽간은 완전하거나 파손된 것을 포함하여 모두 10간이고, 그 중에 완전한 것은 모두 4간이 있으며 길이는 44.2cm이다. 내용 중, 전반 부분은 군자는 '사랑(愛)'과 '실행(用)'을 기본 원칙으로 하는 효도를 하여야 하며, 군자가 가장 소중하게 여겨야 할 것은 '예절(禮)이다'라 하였다. 또한 군자가 부모를 섬길 때에는 '개인적인 즐거움을 없애고(無私樂)', '개인적인 근심걱정을 없애는(無私憂)'는 '中道'로 하여야 한다하였다. 후반에서는 군자가 부모를 모시는 효도의 적극적인 방책에 대하여 언급하고 있으며, 소극적으로 '먹지 않는(不食)' 방법이 아니라, 적극적이고 효과적인 방법인 '재지才智'를 발휘하여야 한다하였다. 이는 ≪대대례기大戴禮記≫의 ≪증자입효曾子立孝≫편의 내용과 관련이 있다.

≪상방지도相邦之道≫는 본래 제목이 없었으나, 마지막 죽간 중에 공자와 자공子貢이 서로 '相邦之道'에 대해 언급하고 있기 때문에 ≪相邦之道≫라는 편명을 취한 것이다. ≪相邦之道≫는 파손되어 4 간만 있으며, 문자는 총 107자이고, 그 중 合文이 5자, 重文이 1자이다. 세 곳에 편선이 있다. 정리본은 아래와 같이 설명하였다.

본 편은 비록 많은 부분이 손상되어 있으나, 당시의 군주의 애국 애민하는 마음과 인과 덕을 구비해야한다는 사상을 표현하고 있어 유가가 왕도관념을 중시하고 있음을 보여주고 있다. ≪上博楚簡·從政≫편과 기본적인 관념이 같다.

≪조말지진曹沫之陳≫은 중국 전국시기 유실된 병서兵書 중의 하나이다. 원래 편명

---

117) ≪紀年≫: "晉烈公三年, 楚人伐我南鄙, 至於上洛."

이 있고, 내용은 上下 두 편으로 나눌 수 있다. 죽간은 모두 65간이며, 길이는 완전한 형태는 47.5cm이고, 세 곳에 편선이 있다. 조말曹沫은 즉 조귀曹劌이다. 내용 중 전반부는 조말曹沫이 노魯나라 장공莊公에게 "거대한 종을 만들지 말 것"이며, "나라와 백성을 잘 다스리고", "검약을 하면 얻을 수 있으나 교만하면 반드시 잃게 된다."라는 논리로 나라를 다스리는 방책을 언급하였다.118) 후반부에서는 曹沫과 魯 莊公이 서로 '兵事'에 대하여 의견을 교환함과 동시에 "죄가 있는 자는 형벌로 다스리고 논공논상論功論賞은 덕德으로 할 것이며, 귀천을 구별하지 말 것이며", 또한 "병사는 상사가 있어야 하고 三軍은 장수가 있듯이 나라에는 군주가 있어야한다"119)고 莊公에게 상기시키고 있다. ≪曹沫之陳≫은 중국 고대 군사학에 중요한 자료 중의 하나이다.

이외에도 2012년까지 모두 제 9권이 상해고적출판사上海古籍出版社에서 출간되었다. 제 5권부터 제 9권까지 간략하게 편명을 나열하면 아래와 같다.

≪上海博物館藏戰國楚竹書(五)≫ (2005.12)
8篇:
≪競內建之≫(陳佩芬 정리, 共10簡)
≪鮑叔牙與隰朋之諫≫(陳佩芬 정리, 共9簡)
≪季庚子問於孔子≫(濮茅左 정리, 共23簡)
≪姑成家父≫(李朝遠 정리, 共10簡)
≪君子爲禮≫(張光裕 정리, 共16簡)
≪弟子問≫(張光裕 정리, 共25簡)
≪三德≫(李零 정리, 共22簡)
≪鬼神之明·融師有成氏≫(曹錦炎 정리, 共8簡)

---

118) "毀鍾型"・"修政善民"・"儉以得之, 而驕大以失之".
119) "刑罰有罪, 賞爵有德, 貴賤同待"・"卒有長, 三軍有帥, 邦有君".

≪上海博物館藏戰國楚竹書(六)≫(2007.7)

8篇:

≪競公瘧≫(濮茅左 정리, 共 13簡)

≪孔子見季桓子≫(濮茅左 정리, 共27簡)

≪莊王既成・申公臣靈王≫(陳佩芬 정리, 共9簡)

≪平王問鄭壽≫(陳佩芬 정리, 共7簡)

≪平王與王子木≫(陳佩芬 정리, 共5簡)

≪愼子曰恭儉≫(李朝遠 정리, 共6簡)

≪用曰≫(張光裕 정리, 共20簡)

≪天子建州≫(甲・乙)(曹錦炎 정리. 甲本 共13簡, 乙本 共11簡)

≪上海博物館藏戰國楚竹書(七)≫(2008.12)

5篇:

≪武王踐阼≫(陳佩芬 정리, 共 15簡)

≪鄭子家喪≫(陳佩芬 정리, 甲本 7簡, 乙本 7簡)

≪君人者何必安哉≫(濮茅左, 甲本 9簡, 乙本 9簡)

≪凡物流形≫(曹錦炎 정리, 甲本 30簡, 乙本 22簡)

≪吳命≫(曹錦炎 정리, 共九簡)

≪上海博物館藏戰國楚竹書(八)≫(2009.12)

10篇:

≪子道餓≫(濮茅左 정리, 共6簡)

≪顔淵問於孔子≫(濮茅左 정리, 共14簡)

≪成王既邦≫(濮茅左 정리, 共16簡)

≪命≫(陳佩芬 정리, 共11簡)

≪王居≫(陳佩芬 정리, 共7簡)

≪志書乃言≫(陳佩芬 정리, 共8簡)

≪李頌≫(曹錦炎 정리, 共3簡)

≪蘭賦≫(曹錦炎 정리, 共5簡)

≪有皇將起≫(曹錦炎 정리, 共6簡)

≪鶹鷅≫(曹錦炎 정리, 共2簡)

≪上海博物館藏戰國楚竹書(九)≫(2012.12)

7篇:

≪成王爲城濮之行≫(陳佩芬 정리, 共9簡. 甲本 共5簡・乙本 共4簡)

≪靈王遂申≫(陳佩芬 정리, 共5簡)

≪陳公治兵≫(陳佩芬 정리, 共20簡)

≪擧治王天下(五篇)≫(陳佩芬 정리, 共35簡)

≪邦人不稱≫(濮茅左 정리, 共13簡)

≪史蒥問於夫子≫(濮茅左 정리, 共12簡)

≪卜書≫(李零 정리, 共10簡)

   2000년에 상해박물관 소장의 전국 초죽서는 국내외로 대단한 관심을 받게 되자, 홍콩 상인은 자발적으로 새로 얻은 죽간을 상해박물관에 보내왔다. 이 중에는 전국 시기의 초楚나라 자서字書가 포함되어 있다. 이 자서는 그 분량이 상당한 양을 차지하고, 지금까지 발견된 자서 중 가장 이른 시기의 것이다. 현재 이미 기술적인 처리 과정을 걸쳐 초보적인 정리를 마친 상태이다. 이 중에는 몇 편의 다른 내용들도 포함되어 있다. 상해박물관이 이전에 두 차례에 걸쳐 소장하게 된 전국 초죽서는 모두 1,200여 매이고 3,500여 자가 되는데, 이중에는 2000년에 소장하게 된 죽간은 포함되어 있지 않다.

   그동안 ≪上博楚簡≫에 대하여 국내외적으로 상당히 주목을 받고 활발하게 연구가 진행되었는데, 그 연구 방향은 대략 아래와 같이 몇 가지로 나눌 수 있다.

   1. 문자에 대한 고석(文字考釋).
   2. 죽간의 순서 배열(編聯).
   3. 단어와 문장의 의미 분석(語義).
   4. 죽간의 체재體裁, 작자와 학파學派의 귀속.

5. 초죽간과 현행본의 비교 연구.
6. 죽간 자체에 대한 연구(죽간의 과학적 처리방법이나 짝 맞추기).
7. 역사 문헌과의 관련, 역사 문헌의 내용 보충.

이러한 연구는 다른 기타 지하 출토문헌 연구에 중요한 환경 조건을 제공하게 되었고 충분한 기초 자료가 되었다. 또한 ≪郭店楚簡≫과 ≪上博楚簡≫ 혹은 현행본과의 비교 연구를 통하여 초나라의 문자에 대하여 새로운 인식을 하게 되었고, 통가자通假字의 사용 실례를 통하여 초나라 방언을 좀 더 이해할 수 있는 계기가 되었다. 이후 학자들의 공통적인 노력과 지속적인 연구로 갈수록 훌륭하고 성숙한 성과가 이루어질 것이라는 것을 의심치 않는다.

작금 간독簡牘 연구는 이미 세계적으로 중요한 학문이 되었으며, 학술계에서 가장 주목을 받는 학문 분야 중의 하나가 되었다.

중국 전역의 과학원(科院)과 대학, 문물연구소文物研究所와 박물관, 혹은 국제간백연구國際簡帛研究 센터 등 수백 곳에 달하는 기관이 이 연구에 참여하고 있다. 어떤 대학교에서는 이미 ≪上博楚簡≫을 주 내용으로 하는 과목을 개설하여 이를 연구하는 전문 석·박사 학생을 양성하는 등 이전 없었던 성황을 이루고 있다.

전문적으로 간독을 연구하는 연구 기관은 상당히 많다. 예를 들어, 清華大學思想文化研究所, 北京大學, 中國社會科學院, 中國文物研究所, 上海大學古代文明研究센터, 四川大學, 吉林大學, 安徽大學, 山東大學易學中國古代哲學研究센터, 南京大學, 홍콩中文大學, 臺灣中央研究院史語所, 臺灣大學 등이 있다. 이외에도 각 지방에 文物考古研究所, 博物館, 古籍整理 연구소 등 수백 곳에 달한다. 국외적으로는 일본, 미국, 영국, 독일, 캐나다, 프랑스, 이태리, 폴란드, 네덜란드, 덴마크, 스위스, 룩셈부르크, 체코, 이스라엘, 한국, 싱가폴, 필리핀, 태국, 말레이시아, 인도네시아, 브라질 등의 각 대학이나 연구소에서 이 연구에 동참하고 있다.

현재 주요 간백 연구 센터로는 中國社會科學院簡帛研究센터, 國際儒聯國際簡帛研究센터, 甘肅省文物考古研究所簡牘研究室, 西北師範大學歷史學科簡牘研究室, 臺灣中央研究院史

語所簡牘整理팀, 臺灣中國文化大學簡牘研究센터, 臺灣簡牘學會, 日本와세다(早稻田)大學簡牘研究會, 바이카(梅花)女子大學戰國楚簡研究會, 시마네(島根)大學戰國楚簡研究會 등이 있다. 또한 簡帛연구 전문학술지나 총서叢書로는 ≪淸華簡帛硏究≫·≪簡牘硏究叢書≫·≪簡帛硏究≫·≪國際簡帛硏究通訊≫·≪簡帛硏究彙刊≫·≪簡牘學報≫(臺灣)·≪國際簡牘學會會刊≫ 등이 있으며, 이외에도 ≪道家文化硏究≫·≪中國哲學≫에서도 전문 간독 연구에 관한 학술지를 발간한 적이 있다. 또한 ≪文物≫·≪江漢考古≫·≪古籍整理研究學刊≫·≪學術學刊≫·≪中國哲學史≫·≪孔子研究≫·≪文藝研究≫·≪周易研究≫≪齊魯學刊≫ 등 학술지에도 초죽서 연구에 관한 부분이 따로 마련되어 있다.

총서叢書로는 ≪新出簡帛研究叢書≫가 있다. 현재 출판 예정 중인 전문 연구서는 ≪簡帛言語文字研究≫가 있다.

간백 연구 목록으로는 ≪百年來我國(臺灣과 홍콩 포함)簡帛中文著作要目≫·≪本世紀以來出土簡帛概述≫(著者와 論文目錄 포함)과 ≪上博館藏戰國楚竹書研究論文目錄≫ 등이 있는데, 이들 저작은 상당히 상세하게 기록되어 있어 간백 연구에 적지 않은 도움이 된다.

이외에도 각 대학과 연구 기관이 다양한 형태의 연구모임이나 강독모임을 개설하고 있다. 예를 들어, 淸華大學 思想文化硏究所는 '간백강독반(簡帛講讀班)'을 몇 차례 가졌으며, 南京大學은 '簡牘曁出土文獻研討會'를 만들어 매달에 한 번씩 연구회를 가지며, 또한 연구 성과에 따라 전문적인 발표회를 갖고 있다. 이러한 전반적인 사실은 간백 연구의 뜨거운 열기를 잘 반영하고 있다. 더불어 각종 학술지의 수준 높은 연구논문 발표는 새로 출토된 초간楚簡과 유학儒學 연구에 적지 않은 중요한 역할을 하고 있다.

≪上博楚簡≫의 전문 연구논문 책으로는, 上海大學古代文明研究센터와 淸華大學思想文化研究센터가 주편한 ≪上博館藏戰國楚竹書研究≫[120], 張光裕 주편한 ≪第四屆國際中國古文字學研討會論文集≫[121], 上海大學古代文明研究센터와 淸華大學思想文化研究센터가 주편한 ≪上博館藏戰國楚竹書研究續集≫[122], 上海大學古代文明研究센터가 주편한 ≪新出土

---

120) 上海書店出版社, 2001.03.
121) 홍콩 中文大學 中國語言과 文學系, 2003.10.

文獻與古代文明≫123) 등이 있다.

상박초간의 발견은 중국학술 사상 대단히 큰 사건임과 동시에 미래의 중국 학술의 발전에 대단히 큰 영향을 미칠 것이다. 진섭군陳燮君은 ≪上海博物館藏戰國楚竹書(一)≫의 <序文>에서 "전국 시기 초나라 죽간을 발견 보존하고 연구하는 작업은 이와 관련이 있는 분야에도 중요한 가치가 있다. 따라서 이러한 초죽서 작업은 다양한 문화적 의미와 총체적인 학술적 의미를 지니고 있다. 초죽서의 방대한 양과 내용, 다양한 영역과의 관련성, 다른 판본보다 이른 시기의 판본이라는 점 등은 이미 많은 사람의 입에 오르내리는 미담이 되었다."라 하였고, 마승원馬承源은 "죽간의 발견은 박물관을 하나 새로 건설하는 것과 맞먹는 의의를 가지고 있다."라 하였다. 요종이饒宗頤는 대량의 초죽서의 발견과 연구는 21세기 중국에게 하나의 "새로운 문예부흥 운동을 불러일으켰으며, 이는 20세기에 서양에서 큰 바람을 일으켰던 신문화운동과 같은 것이다."라 하였다.

상해박물관 소장 전국시기 초죽서는 각 분야에 중대한 영향을 끼쳤다. 문학·음운학·고문자학·역사학·민속학·철학·미학·고고학·고문헌학·간독학·의학·천문·지리·역법曆法·군사·정치·종교·법률 등의 연구는 물론 현대물리학·화학·전자·컴퓨터 영역 등에도 커다란 영향을 미치게 되었다. 새로 발견된 지하 출토 자료는 역사적 사건을 새롭게 입증할 수 있는 실질적 자료이기 때문에, 이를 통하여 역사적 공백을 메꿀 수 있을 뿐만 아니라, 그동안 잘못 알고 있던 역사적 사건을 재확인 할 수 있게 되었다. 그럼으로써 중국의 오래된 문명과 역사에 새로운 찬란한 빛을 내게 하였다. 중국 선진 전반에 걸친 문화 영역에 중대한 영향을 미쳤고, 중화민족 문명에 새로운 하나의 장을 마련하게 되었으며, 21세기 중국과 세계의 동방 문화 연구 학술계에 새로운 지평을 열게 하였다.

대량의 전국 초죽서의 발견은 ≪주역≫ 내용이나 문자 연구에도 실질적인 자료를 제공해 주었다.

---

122) 上海書店出版社, 2004.07.
123) 上海大學出版社, 2003.12.

수천 년에 걸친 중국 문명은 긴 세월 동안 ≪주역≫과 함께 하였고, ≪주역≫은 세인들에게 특별한 관심의 대상이었고, 또한 중국 경전 중 제일로 뽑혔다. 그래서 "주역의 도道는 포함되지 않은 것이 없어, 가까이는 천문·지리·악률樂律·병법·운학韻學·산술과 멀리는 모든 학술 사상이 포함하고 있는 내용을 설명할 수 있다."·"주역은 천도天道로써 사람의 일을 밝혀내고 있다."라 하였다.124) ≪주역≫은 또한 "주역의 도道는 심오하여 세 분의 성인(복희伏羲·周文王·孔子)의 손을 걸쳤고, 삼고三古(上古·中古·下古)의 세월을 걸쳐 내려왔다."125)라 하였다.

≪수서隋書·경적지經籍志≫는 "진시황의 분서갱유 때, ≪주역≫은 점복서로서 유일하게 세상에 남게 되었다."126)라 하였지만, 우리는 그동안 선진 시기의 ≪주역≫의 원래의 모습을 눈으로 확인할 수가 없었다. ≪곽점초간郭店楚簡·어총일語叢一≫에서 당시의 세인들은 ≪周易≫을 "천도와 인도를 합한 것이다."127)라고 정의를 내리고 있어, 그동안 전국시기의 ≪주역≫을 발견할 수 있기를 기대하고 있었다.

오늘날 우리는 완전한 형태의 전국시기 ≪주역≫, 즉 초죽서 ≪주역≫을 볼 수 있게 되었다. 초죽서 ≪주역≫의 출현은 중국 ≪주역≫사상 매우 큰 의의를 지니고 있다.

---

124) ≪四庫全書總目經部總敍≫.
125) ≪漢書·藝文志≫: "易道深矣. 人更三聖, 世歷三古."
126) ≪隋書·經籍志≫: "秦焚書, 周易獨以卜筮得存"
127) ≪郭店楚簡·語叢一≫: "≪易≫所以會天道·人道也"

2.2 ≪상해박물관장전국초죽서≫란128)

≪상해박물관장전국초죽서上海博物館藏戰國楚竹書≫가 발견된 후, 이를 보존하고 정리 연구하는 작업은 중국문헌학이나 고고학을 비롯한 여러 학술계의 큰 관심거리였다. 수많은 전문가들은 이 전국戰國 초죽서가 정리되어 발표되기를 학수고대하였다.

≪上博爲兩千年'水蝕朽竹'强筋健骨, 一千二百支戰國竹簡容光煥發≫129)·≪解讀戰國楚簡≫130)이나 ≪上海戰國楚簡解密≫131)과 같은 뉴스 보도는 이 문헌에 대해 더 큰 기대감을 갖게 하였다.

2000년 가을, 북경대학에서 열린 '新出簡帛國際學術硏討會'에 참석한 전문가들은 이 전국 초죽서의 학술적 문학적 가치에 대하여 지대한 관심을 보였다. 특히 ≪공자시론孔子詩論≫에 보이는 '孔子'라는 글자를 '복자卜子'로 볼 것인가 아니면 '자상子上'으로 볼 것인가 하는 해독의 문제는 초죽서 연구가 앞으로 더 많은 관심을 끌기에 충분하였다.

2001년 5월, 미국 하버드대학 방문 당시, 국제적으로 유명한 몇몇 학자들을 만났는데, 그들 모두 이 초죽서가 그들의 연구 분야와 밀접한 관계가 있음을 강조하면서, 비록 부분적이나마 하루빨리 정리되어 세상에 발표되기를 진심으로 바라고 있었다.

마승원馬承源 선생이 주편한 上海古籍出版社의 ≪上海博物館藏戰國楚竹書≫는 이 초죽서에 대한 연구 성과인 동시에 이러한 대중적 희망에 부응한 것이기도 했다.

이 초간을 정리하기 위하여 상해박물관의 직원들은 지혜를 모아 꾸준히 노력하였

---

128) 본 문장은 ≪上海博物館藏戰國楚竹書(一)≫(2001)의 앞부분에 수록된 진군섭陳君燮의 ≪序文≫이다. 상해박물관 소장 전국 초죽서의 구입 및 처리 과정들을 이해할 수 있고, 전반적인 ≪상박초간≫의 정황을 이해할 수 있는 내용이기 때문에 추가하기로 한다. 다음 '전국 상해박물관 소장 초죽서의 발견·보존·정리'는 ≪상해박물관장전국초죽서·전언前言≫의 마승원馬承源의 문장이다.
129) "물에 부식된 후 2천년 동안을 강건히 버텨온 戰國시기 1천2백여 개의 죽간이 상해박물관에 의해 빛을 보게 되었다."
130) "전국 시기 초죽서의 해독."
131) "상해 초죽서의 비밀 해독."

다. 초죽서를 정리하면서 부딪치는 어려운 문제를 해결해 나가면서 이들은 더욱더 성숙할 수 있었다.

죽간 소장에 있어 가장 어려운 문제는 죽간의 '습기 제거'와 '보존'이었다. 이에 상해박물관문물보존처上海博物館文物保護處와 고고과학실험실考古科學實驗室의 연구원들이 최근 3년 동안 노력을 기울인 끝에 "일정한 습기를 함유한 죽간의 특성과 진공냉동건조眞空冷凍乾燥"에 관한 문제를 원만하게 해결할 수 있었다. 습기를 제거하되 본연의 상태를 유지할 수 있도록 메탄알코올을 사용하고 진공냉동건조법을 응용하여, 부식상태가 심각한 1,200여 개 죽간의 습기를 제거하였다. 그 결과 죽간의 오염 물질 제거와 동시에 더욱 높은 강도를 가지며, 자연스러운 본래의 색깔을 유지할 수 있게 되었다.

이는 지하에서 대량의 습기가 함유된 죽간을 출토하여 처리하고 보존한 첫 번째 사례가 되었으며, 또한 습기로 인해 부식 상태가 심각한 많은 죽간을 효과적으로 처리할 수 있는 방법의 모델이 되었다.

그밖에 이를 연구하는 학자들에게는 두 가지 난제가 있었는데, 그 중 하나가 '죽간문의 해독' 문제이다.

연대 측정 결과, 이 죽간은 중국 전국 말기에 묻혔다. 간문의 내용은 초楚나라 역사와 밀접한 관련이 있고, 여기에는 초나라 문학작품도 포함되어 있으며, 또한 그 문자가 초나라 문자이기 때문에, 해독하는 것이 결코 쉽지 않다. 초나라 문자는 중국 육국六國 문자 중 하나인 전국시기의 동토문자東土文字 계통에 속한다. 진나라가 중국을 통일하고 난 후에 진나라 문자와 같지 않은 다른 나라 문자는 폐지되었다. 때문에 한漢나라와 진晉나라 때에 이미 초나라 문자의 해독은 쉽지 않았으며, 지금은 더욱더 어려운 일이 되었다. 간문을 해독하는 과정에서 발생하는 어려운 문제들을 하나하나 해결해 나가는 것만이 전국시기의 초죽간楚竹簡을 연구하고 정리하는 지름길이다.

두 번째는 '죽간의 배열(依序排簡)'이다.

초죽간은 모두 1200여 매에 달한다. 이 죽간은 원래 도굴 당했던 것이기 때문에,

이미 없어지거나 파손된 것도 있어 죽간의 순서를 알맞게 배열하는 것은 결코 쉬운 일이 아니다. 죽간을 구입할 당시 이미 상당 부분이 분산되어 있어, 몇 차례에 걸쳐 조금씩 상해 박물관으로 옮겼다. 이와 같이 도굴되거나 유산流散된 죽간을 재배열하는 작업은 매우 어려운 일이었다. 그럼에도 불구하고, 전문 학자들의 끊임없는 노력이 점차 좋은 결과를 얻을 수 있게 하여 초죽서의 전반적인 연구가 순리적으로 진행될 수 있는 계기를 만들어 주었다.

초죽서를 발견하고 보존 정리하는 과정에서 전문가와 친구들로부터 많은 관심과 도움을 받았으며, 특히 죽간을 발견하고 이를 구입할 때는 홍콩에 있는 친구의 도움을 많이 받았다.

죽간의 연대를 측정할 때는 중국과학원 상해원자핵 연구소로부터 도움을 받았고, 죽간에 사용된 대나무와 화목과禾木科에 속하는 목질에 대한 측정·검사는 중국 임업과학연구원의 목재공업 연구소의 도움을 받았다.

죽간을 배열하고 석문, 정리할 때는 박물관 소속 연구원 이외에 초청된 외부 전문가들이 참여하였다. 소속 연구원과 외부 전문가들의 협력 연구는 전반적인 연구 진행에 큰 도움이 되었다. 외부 전문가와 과학연구원의 적극적인 지원과 전문적인 연구에 대하여 이 자리를 빌려 진심으로 감사를 드린다.

전국 시기 초나라 죽간을 발견 보존하고 연구하는 작업은 이와 관련이 있는 분야에도 중요한 가치가 있다. 따라서 이러한 초죽간 작업은 다양한 문화적 의미와 총체적인 학술적 의미를 지니고 있다.

초죽간의 방대한 양과 내용, 다양한 영역과의 관련성, 다른 판본보다 이른 시기의 판본이라는 점 등은 이미 많은 사람의 입에 오르내리는 미담이 되었다. 이 초죽간은 약 1,200여 매이고, 문자는 모두 3,500여 자에 달한다. 양적인 면에서 볼 때, 이미 출토된 다른 초죽간 보다 훨씬 많다. 여기에다 철학, 문학, 역사, 종교, 군사, 교육, 정론, 음악, 문자학 등과 관련된 내용이 포함되어 있다.

이 초죽서는 당시 초나라가 영도郢都로 도읍을 옮기기 전에 묻혔던 귀족의 무덤 안의 수장물품으로, 진시황의 '분서갱유焚書坑儒' 이전의 것이다. 유가와 관련된 내용이 주를 이루며, 도가, 병가, 음양가 등과도 관련이 있다.

이 간문은 또한 서예학의 관점에서 볼 때도 매우 중요한 문화유산이다. 이 초죽서는 편명篇名이 중복되는 몇 편을 포함해서 대략 백여 편 되는데, 이중 지금까지 전해 내려오는 선진고적 판본은 약 십여 편도 되지 않는다.

전국戰國 초죽서는 다른 판본보다 앞선 시기(早期)의 것들이며, ≪주역≫은 현재 판본 중 가장 이른 시기의 판본이다. ≪주역≫의 길이는 44cm로, 세 개의 편선編線으로 묶여져 있으며, 죽간 하나에 약 44개의 문자가 기록되어 있다. 서체가 매우 정연하고 자간의 거리 또한 일정하다. 죽간은 모두 58개인데, 여기에 35개의 괘卦의 내용이 포함되어 있고, 문자는 약 1800여 자이다.

죽간에는 빨간색과 검은색으로 쓰여 진 여섯 가지 부호가 있는데, 이는 그동안 다른 문헌에서 볼 수 없었던 현상이다. 이 부호들은 음양괘의 순환이나 인과를 나타내는 역학 이론을 표현한다.

죽간 ≪항선恒先≫은 흔하지 않은 도가 문헌으로 결손 된 내용 없이 완전한데, 이는 보기 드문 경우이다. 죽간은 모두 13개로 뒷면에 편제篇題가 쓰여 있으며, 문자는 479자이며 길이는 39.5cm이다. 이 죽간은 세 개의 편선으로 묶여 있는데, 글자체가 ≪주역≫과 같은 것으로 보아 같은 사람이 쓴 것으로 보인다. 세 번째 죽간 뒷면에 '恒先'이란 두 글자의 편제가 있다. 이 ≪항선≫은 도가 학술 연구에 있어서 매우 중요한 자료이다.

초죽서는 선진시기 음악의 비밀을 해결할 수 있는 중요한 자료이기도 하다. 마승원馬承源은 ≪戰國 竹簡의 詩樂≫이라는 논문에서 초죽서가 선진시기 음악과 관련이 있다는 점을 언급한 적이 있다. 예를 들어, ≪공자시론孔子詩論≫·≪시악詩樂≫과 ≪시경詩經≫에 수록되어 있지 않은 몇몇의 시편이 바로 음악과 관련이 있다는 것이다. 마승원은 시詩는 음악을 구성하는 성분이며, 시구詩句는 음악의 가사(歌詞, 樂曲)라고 설명하였다.

초죽서 ≪시악詩樂≫의 잔권殘卷인 죽간은 모두 일곱 개로, 죽간에는 각종 시 편명

과 곡을 연주하거나 노래 부를 때 사용되는 음조가 기록되어 있다. 그중 ≪석인碩人≫
은 ≪시경詩經・위풍衛風≫에 이미 있는 편명이다. 그러나 고대 시가 중에는 편명은
같지만 내용이 다른 경우가 종종 있기 때문에, 죽간의 ≪碩人≫이 바로 ≪시경≫ 가
운데 ≪碩人≫이라는 결론을 내릴 수는 없다. 그래도 편명이 같은 것만은 사실이다.
그 외 약 40편은 ≪시경≫의 내용과 풍격이 비슷하여, 모두 ≪시경≫ 305편 이외의
편명인 것으로 보인다. 이는 지난 약 이천 여 년 동안 알려지지 않았던 내용들이다.
특히 한 편이나 혹은 여러 편을 한 편으로 묶은 편명 앞에 적혀있는 특정한 음名은
지금 우리가 이야기하는 음악의 고조를 나타내는데 사용하는 음정이다.

이 음정은 두 글자로 되어 있으며, 하나는 다섯 개의 음 계명을 나타내는 '성명聲名'
으로, 궁상치우宮商徵羽 등 네 개의 성명聲名 혹은 계명階名이다. 또 다른 하나는 변화
음의 명칭으로, '목穆'・'화和'・'訐(들추어낼 알, jié)' 등 아홉 개의 음이 있다. 이 중
목穆과 화和의 변화 음은 초왕楚王 청동기인 ≪증후을편종曾侯乙編鐘≫에서는 '목상穆
商'으로 쓴다. 이 아홉 개의 음명이 모두 초나라 음명과 관련이 있는지 아직 잘 모르
겠지만, 어쨌든 이것이 초나라 영도郢都에서 유행했던 시가의 곡조인 것만은 분명하
다. 왜냐하면 시가의 곡조는 그 고장에 원래 있었던 것이기도 하지만, 외부에서 전해
들어오는 경우도 있기 때문이다.

초죽서에 보이는 이러한 음조 명칭은 이전에는 알지 못했던 사실을 밝힐 수 있는
중요한 근거 자료가 된다. 이런 자료를 통하여 우리는 각 시가에는 자신만의 독특한
음정이 있었으며, 아무 음에나 맞추어 마음대로 노래 부르지 않았다는 사실을 알 수
있다. 또한 ≪시경≫에서부터 이미 성숙한 음악과 규범화된 곡조가 있었다는 사실도
알 수 있다.

전국시기 초죽서의 발견과 정리는 문자학의 관점에서도 중요한 의의가 있다. ≪郭
店楚簡≫과 비교하고 현행본과도 비교해 보면, 전국시기 문자들의 통용과 약정속성約
定俗成의 상황을 이해할 수 있고, 문자가 역사적으로 변형되어 가는 과정에서 발생하
게 된 현행본과의 통가通假 현황을 알 수 있다. 이는 우리가 전국 시대의 문헌을 이해
하는데 직접적인 도움이 된다. 이 외에도 초죽간은 육국六國 문자와 초나라 방언을

연구하는 데에도 중요한 자료를 제공한다.

초죽서는 또한 현행본과의 차이를 비교할 수 있는 중요한 문헌이다.

≪시경≫은 중국 역사상 최초의 시가 총집이다. 현행본 ≪시경≫은 ≪국풍國風≫·≪소아小雅≫·≪대아大雅≫·≪송頌≫의 순서로 편집되어 있다. 그러나 초죽서의 ≪공자시론孔子詩論≫은 이와는 반대로 ≪송訟(頌)≫·≪대하大夏≫132)·≪소하小夏≫·≪방풍邦風≫133)의 순서로 되어 있다. ≪시론詩論·서서序≫에서 논한 순서 또한 현행본 ≪시경詩經·대서大序≫의 순서와 다르며, 詩句의 문자 또한 현행본 ≪시경≫과 다르다. 초죽서 ≪孔子詩論≫에는 현행본 ≪소서小序≫에 보이는 '풍자(刺)'와 '찬미(美)'의 내용이 없다.

전국 초죽간 중 가장 짧은 죽간의 길이는 23.8cm이고, 가장 긴 죽간의 길이는 57.2cm이다. 전국 초죽간은 길이가 각기 다른 많은 판본들을 포함하고 있다. 매 죽간의 넓이는 대략 0.6cm 쯤 되고, 두께는 약 0.14cm 쯤 된다.

죽간에는 줄(편승編繩)을 사용하여 묶은 편선編線이 두 곳 또는 세 곳이 있다. 비교적 긴 죽간에는 편선이 세 곳 있으며, 묶은 편선의 재료는 실(絲)이다. 편선은 대나무가 흙에 매몰되어 약해지거나 지층에 눌려 있을 때, 대나무를 파고 들어갔다.

오른쪽 자리에는 편선을 묶는 홈이 파여 있으며, 이 홈에 실을 고정시켰다. 모든 죽간들은 편선을 홈에다 동여매 쉽게 감거나 펼칠 수 있게 하였다.

죽간의 길이와 죽간이 제조되었던 과정을 통해 우리는 전국 죽간의 제재制裁를 이해할 수 있고, 중국 도서圖書의 역사를 연구할 수 있다.

≪上博楚簡≫을 발견하고 보존하며 정리하고 연구하는 작업은 전반적인 선진시기 문화 연구에 중대한 영향을 미치고 있다.

향후 전국 초죽서에 대한 정리 작업이 계속되고 연구 성과가 지속적으로 발표된다면 그 영향력은 더욱 더 커질 것이다.

---

132) '夏'자는 '雅'자와 통한다.
133) 漢代 사람들은 劉邦의 이름을 피휘하기 위하여 '邦'자 대신 '國'자를 썼다.

2.3 전국 상해박물관 소장 초죽서의 발견·보존과 정리[134]

    1994년 봄, 홍콩 골동품 시장에 죽간竹簡들이 계속해서 그 모습을 드러냈다. 전국戰國 시기의 죽간 문자 편찬에 많은 관심을 가지고 있었던 장광유張光裕가 이 사실을 나에게 전해 주었고, 몇 개의 죽간을 모사한 모본摹本을 팩스로 보내 주었다.

    이 모본 중 몇 개는 ≪주역≫에 관한 것이었고, 나머지 몇 개는 편명을 알 수는 없었지만 문왕文王과 주공周公에 관한 내용이었다. 나는 장광유張光裕 교수에게 좀 더 많은 모본을 보내 줄 것을 요청하였다. 그 후 팩스로 보내온 모본을 통하여 이 죽간들은 지금 현재 우리가 볼 수 없는 선진 시대의 고전적이고, 여기에 쓰여 진 문자들은 이미 출토된 전국시대 초나라 문자라는 것을 알 수 있었다. 시간이 지나면 산실될 가능성이 있었지만, 내가 당시 다른 일정 때문에 곧바로 홍콩으로 건너가 실물을 확인할 수 없었기에, 장 교수에게 이 죽간을 살 수 있는 방법을 모색해 보고 이를 파는 상인과 적정한 구매 날짜를 타진해 볼 것을 부탁하였다.

    당시 홍콩으로 가려면 약 2-3개월의 수속 기간이 걸렸다. 그러므로 홍콩에 도착했을 때 이미 그 죽간이 어디로 사라질지도 모르는 일이었다. 실물을 제대로 보지 못했기에 이 골동품을 확보하기 위해서 나는 더 많은 모본을 요구하고 이를 참고하기로 하였다. 이후 약 30여 쪽 분량의 모본을 확인하고, 그것이 가짜가 아닌 진짜라는 판단을 내릴 수 있었고 그 내용이 모두 선진 시기의 고적이라는 것을 확신할 수 있었다. ≪주역≫ 이외에는 대다수가 그 출처를 알 수 없는 것들이었다.

    이런 초보적인 감정 결과를 장광유 교수에게 알려주고, 장교수에게 죽간의 보존 상태, 햇빛에 노출된 후의 색깔 변화, 습기가 증발된 후의 변화 등등에 관하여 관심을 가지고 살펴보도록 하였다. 특히 글자의 먹 색깔과 필획의 형태를 주의 깊게 살펴보도록 하였다. 죽간의 상황들을 파악하고, 감정과 판단에 확신이 서자, 우리는 박물관 동료들과 상의하여 이 죽간을 즉시 구매하기로 결정하였다.

---

[134] 본 문장은 ≪上海博物館藏戰國楚竹書(一)≫(2001)의 앞부분에 수록된 마승원의 '前言' 부분이다.

1994년 5월, 이 죽간이 상해 박물관에 도착하였다. 일부 잔간殘簡(부러진 죽간)은 부석부석 떨어져 나갔으며, 대부분의 죽간은 진흙 덩어리에 쌓여 있었다. 자외선 광선에 노출되자 갈색이었던 죽간이 곧바로 검붉은 색으로 변해버렸고, 습기가 적은 죽간도 바로 변형되어 버렸다. 그 다음 해, 모두 1,200여 매 죽간을 확보하였다.

따라서 죽간을 어떻게 보존하느냐가 급선무였다. 먼저 상해박물관문물보존처上海博物館文物保護處와 고고과학실험실考古科學實驗室에 이를 넘겨주고, 진원생陳元生 연구원을 책임자로 한 전문연구팀을 구성하였다. 이 연구팀에서는 전문적으로 습기를 제거하고 오염 물질을 없애 보존하는 연구를 전담하였다.

1994년 가을과 겨울, 한 무더기의 죽간을 또 발견하였는데, 우리는 이것이 처음 우리가 발견한 죽간과 관련이 있음을 알았다. 그러나 연말이어서 박물관은 이 죽간을 살 만한 여력이 없었다. 다행히, 상해박물관과 인맥이 닿았던 주창언朱昌言, 동모절董慕節, 고소곤顧小坤, 육종린陸宗麟, 섭창오葉昌午 선생님들이 돈을 모아 홍콩으로 부터 이 죽간들을 구입하여, 이것을 기꺼이 상해박물관에 기부하였다. 이 죽간들은 이전에 구입한 죽간과 특징이나 상태가 같았기 때문에 서로 짝 맞추기를 할 수 있었다. 죽간은 모두 497매였다. 그러나 사실상 이 죽간도 이미 유실된 부분이 있었다. 후에 요종이饒宗頤 선생이 발표한 ≪치의紂衣≫의 죽간은 본 박물관이 소장한 죽간의 유실된 부분과 관련이 있었으며 서로 짝 맞추기를 할 수 있는 잔간殘簡이기도 하였다. 즉 본 박물관이 소장하고 있는 죽간 중의 유실된 일부분이었던 ≪주역周易・규睽≫ 또한 같은 경우이지만, 유실된 전체적인 상황에 대해서는 아직 잘 모른다.

이 죽간들은 원래 도굴되었던 것이기 때문에 출토된 시기와 장소들을 정확히 알 수 없지만, 소문에 의하면 호북湖北 지방에서 출토된 것이라고 한다.

1998년에 ≪郭店楚墓竹簡≫이 출판되었는데, 이중 ≪치의緇衣≫와 ≪성자명출性自命出≫은 본 상해박물관 죽간에 있는 내용이다.

≪郭店楚墓竹簡≫의 보고에 따르면, 이 죽간은 1993년 겨울에 발굴되었는데, 이 묘지에서 이미 도굴되어 유실되었던 죽간은 1994년에 봄에 발견되었다고 한다. 발굴한 때와 유실된 죽간이 발견된 때는 거의 비슷하다. 이러한 상황은 산서山西 곡옥曲沃

지방에서 발견된 진국晉國의 묘지의 경우와 매우 비슷하다. 진후晉侯 묘지 중 일부분도 고고연구소에서 학술적 용도로 발굴하였고, 다른 한 부분은 도굴꾼에게 도굴 당하여 문물들이 유실되었다. 유실된 문물들은 후에 발견되어 보충할 수 있었다.

그러나 상해박물관의 죽간은 발굴한 문물이 아니기 때문에 출토된 지역을 정확히 알 수 없다. 곽점묘지에서 출토되었다는 추측은 앞의 상황을 미루어 짐작한 것이지 이에 관한 실질적인 증거는 없다.

죽간에는 역사와 관련된 내용이 있는데, 이는 대부분 초나라와 관련이 있고, 문자는 우리가 자주 보아왔던 초나라 문자이다.

≪上海博物館樣品的測量證明≫135)과 중국과학원 상해원자핵연구소 하전荷電(electric charge)입자가속장치 물질분량측정 실험실(SMCAMS: Shanghai Mini-cyclotron Mass Spectrometer)에서 측정한 연대 보고서에 의하면, 이 죽간의 시기는 戰國 말기에 해당된다고 한다.(이와 관련된 보고서는 상해박물관문물보존처와 고고과학실험실에서 장차 발표할 예정이다)

이 중 부賦를 기록한 잔간殘簡 두 편은 아직까지 다른 고적에서 보지 못했던 초나라 문학 작품이다. 현재 전해 내려오고 있는 부賦는 대부분 전국 말기의 작품이며, 순자의 부賦와 굴원屈原의 부 역시 이 시기의 것이다. 본 죽간의 부 역시 동일 시기의 문학작품이다.

여러 정황을 고려해 보고 ≪곽점초간≫과 비교해 보았을 때, 상해박물관 죽간은 영도郢都로 수도를 이전하기 이전 초나라에 묻힌 귀족 무덤의 수장물임을 알 수 있다.

상해박물관이 이 죽간을 구매할 당시 마침 박물관은 새로운 건물을 지어 개관을 준비하고 있었고, 나 또한 한 부서의 책임자였기 때문에 매일 잡일에 매달려야 했다. 다른 연구원 역시 전적으로 죽간을 정리하는 일에만 몰두할 수 없었다. 그러나 사진을 찍고, 진공냉동기로 건조시키는 일은 계속해서 진행하였다.

사진 찍는 일을 대략적으로 마치고 난 다음, 1995년 북경대학 이령李零 교수를 초

---

135) <상해박물관죽간 양품樣品에 대한 증명>

청하여 죽간을 초보적으로 분류하고 석문釋文한 다음에 또 다시 석문하고 배열하고 짝 맞추는 작업을 계속하였다. 그러나 습기 제거 작업이 완결되지 않아 전문적으로 죽간을 정리하는 작업을 시작하지는 못했다.

1997년, 박물관은 드디어 모든 죽간의 습기와 오염 물질을 제거하였다. 습기와 오염물질을 전문적으로 제거하는 일에 종사했던 훌륭한 연구원들 덕분에, 삼년에 걸쳐 모두 1,200여 개의 죽간과 잔간들의 습기와 오염 물질은 제거되었다. 새로 개관한 서예진열관 전등 아래, 내용이 다른 죽간 열 개를 진열하였는데 삼년동안 모양이나 색깔 변화가 전혀 없었다.

1999년 10월, 우리는 국내 전문가를 초청하여 ≪嚴重朽蝕飽水竹簡的眞空冷凍乾燥硏究≫[136]라는 감정회를 개최하고, 이 내용을 ≪文物保護與考古科學≫(1999년 第一期) 학술지에 발표하였다. 또한 이 연구는 '국가문화재 과학기술부 일등 진보상'[137]과 '2000년도 국가과학기술 이등 진보상'[138]을 받기도 하였다.

이와 같이 죽간을 자연 상태에서 정리하고 인공 광선에서 진열할 수 있도록 연구하고 적절하게 보존할 수 있게 된 것은 대단히 성공적인 일이 아닐 수 없다.

글자의 크기는 매우 작은데, 어떤 것은 반듯반듯하게 쓰여 있고, 어떤 것은 휘갈겨 쓰여 있는 것으로 보아 이 죽간은 약 십여 명이 나누어 집필한 것 같다.

박물관은 식별하기 어려운 글자의 필획을 정확하게 인식하기 위하여 고밀도 아날로그 전자현미경을 구입하여 모든 글자를 최대한 크게 확대하여 관찰하였다. 편리하게 사용할 수 있는 전자 현미경은 글자를 인식하고 예정(隸定: 고문자 자형을 해서 형태로 쓰는 것)하는데 큰 도움이 되었다. 눈으로는 확인할 수 없었던 문자와 초죽서를 교정할 때 보충해 써 넣은 작은 글자도 확인할 수 있었다. 하지만 아직은 어떤 글자인지 알 수 없어 예정隸定할 수 없는 자들은 크게 확대하여, 전문가들의 연구 자료

---

136) "물에 심하게 부식된 죽간의 진공냉동 건조 연구."
137) '國家文物局科技進步一等獎'
138) '國家科學技術進步二等獎'

로 제공하고자 한다.

　1997년 여름, 죽간을 각각 나누어 정리하고 주석注釋하기 위하여 간독簡牘 전문가를 초청하여 회의를 열었다. 내부와 외부 인사들이 모두 참여하는 것을 원칙으로 하여, 박물관 일부 연구원과 외부에서 초빙된 전문가가 작업을 분담하기로 하였다. 이렇게 하여 죽간 문장의 내용, 주석注釋, 죽간의 재배열과 연구가 정식으로 시작되었다.

　완전한 모양의 죽간과 잔간은 모두 1,200여 매로 여기에는 철학, 문학, 역사, 정론 등등의 내용이 풍부하게 담겨져 있다. 문자는 모두 3만여 자로 선진 고적古籍이 이처럼 대량으로 발견된 것은 매우 드문 일이다.

　내용은 이미 다른 판본에 있는 몇 편을 포함하여 모두 100여 편에 달한다. 아직 완전히 정리되지 않아서 정확한 편수를 확실히 알 수는 없다. 모두 정리되어 발표된 후에 합해지거나 나누어 질 수도 있다. 이 100여 편 중, 현재 전해 내려오는 현행본과 대조하여 교석校釋할 수 있는 것은 10편도 되지 않는다.

　죽간을 정리할 때, 함께 붙어 있는 죽간은 순서에 따라 번호를 매겼으나, 이는 정리하는데 그다지 도움이 되지 않았고 큰 의미도 없다는 것을 후에 알게 되었다. 특히 유실된 죽간이 많은 편篇들은 죽간의 순서를 알기가 더욱 어려웠다. 사실상 전래본(정본定本)이 없기 때문에 주석 전문가들은 합리적인 해결 방법을 독자적으로 모색하여야만 했다.

　2000년 10월, 북경대학에서 개최된 '신출 간백 국제학연토회'[139]에 참석한 많은 전문가들은 이 죽간의 중요성을 인식하고 이 죽간을 하루라도 빨리 정리하여 세상에 발표해 주기를 희망하였다. 그러나 내용이 너무 방대하기 때문에 하나씩 지속적으로 발표해 나갔으면 하는 의견을 준 일부 학자도 있었다. 실제 정황으로 볼 때, 후자의 의견이 보다 합리적이라고 판단되어, 분량이 비교적 많은 편목篇目부터 시작하여 차례대로 발표하기로 하였다. 문자는 칼라 사진으로 확대본을 제시하여 독자들이 문자

---

139) '新出簡帛國際學術研討會'

를 고석考釋하거나 예정隸定하는데 크게 도움이 되도록 하였다.

  본 책은 고문자를 연구하는 전문가뿐만 아니라, 서예 애호가들에게도 좋은 문자자료이다. 죽간의 서체는 서체 발전에 있어서도 중요한 역사적 의의가 있기 때문이다.

  편목篇目은 이후에 다시 종합적으로 정리할 필요가 있는데, 이는 죽간 정리가 모두 끝난 다음 마지막에 다시 정리하기로 했다.

  ≪자고子羔≫·≪항서恒先≫을 비롯하여 약 20여 편은 죽간 뒷면에 편명이 기록되어 있으나, 편제가 없는 죽간들 역시 고대 전적이다. 진晉 나라 사람들이 위魏나라 묘에서 발견한 사서史書들을 후에 ≪죽서기년竹書紀年≫이라 부른 것을 참작하여, 상해박물관이 소장하고 있는 죽서竹書를 ≪초죽서楚竹書≫라고 칭하기로 한다.

3

주역 도판

3.1 《주역》 전체도판

전체도판 ①

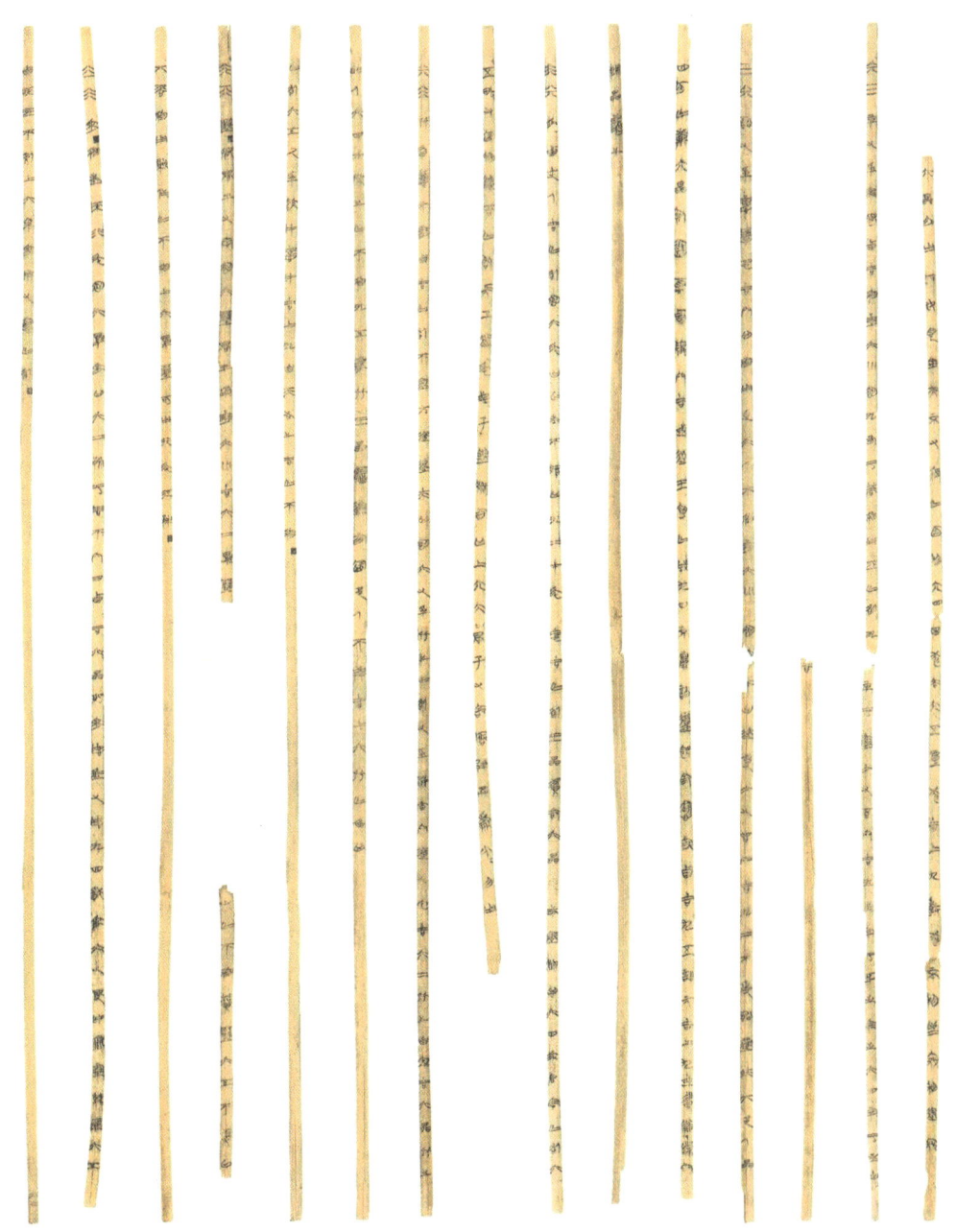

제 15 간 → 제 1 간

전체도판 ②

제 30 간 → 제 16 간

전체도판 ③

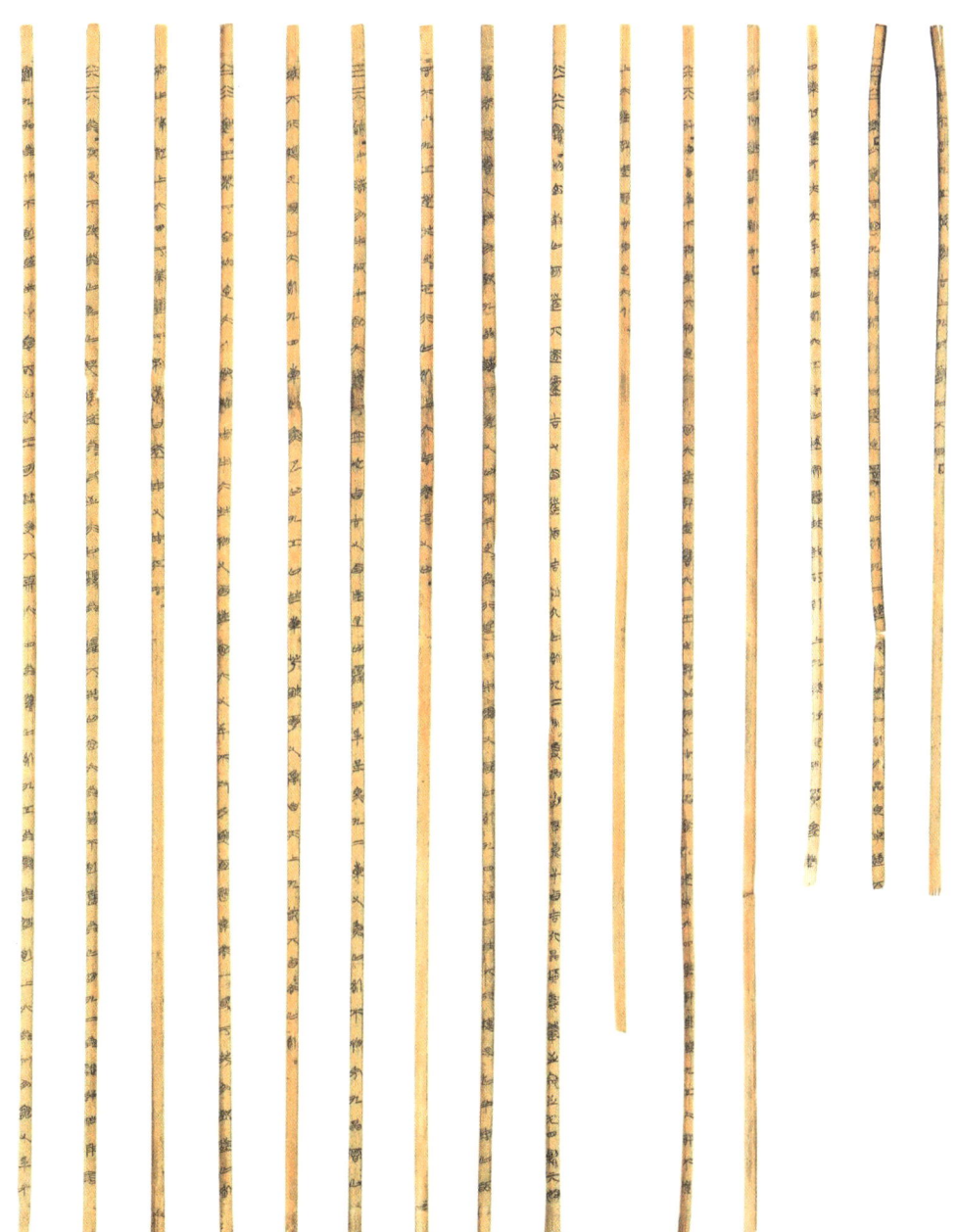

제 45 간 → 제 31 간

전체도판 ④

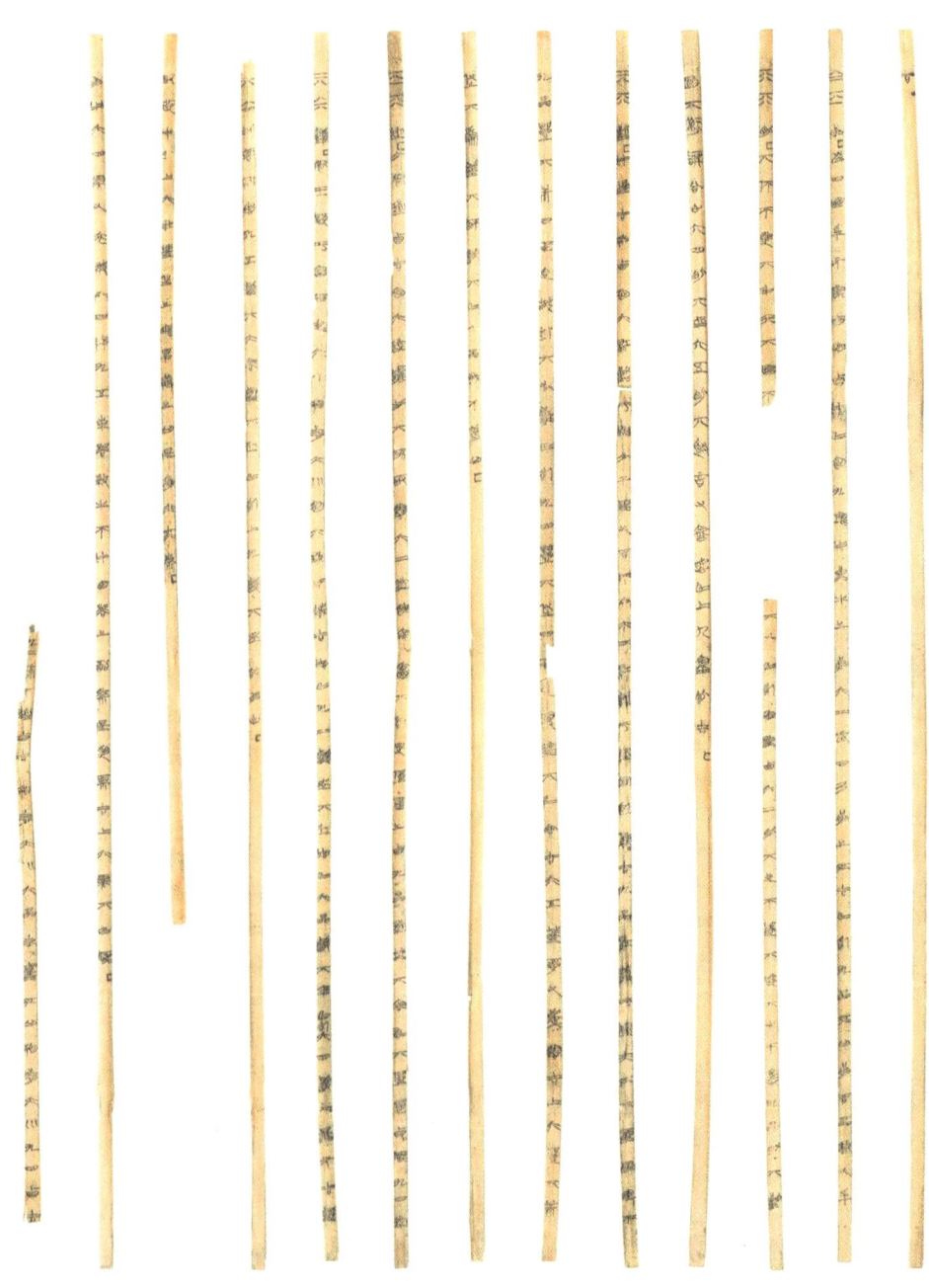

제 58 간 → 제 46 간

3.2 《주역》 죽간 도판

《주역》 제 1 간

六品勿用取女見金夫不又躬亡卤利六四困龙吝六五僮龙吉上九骰龙不利爲寇利迎寇

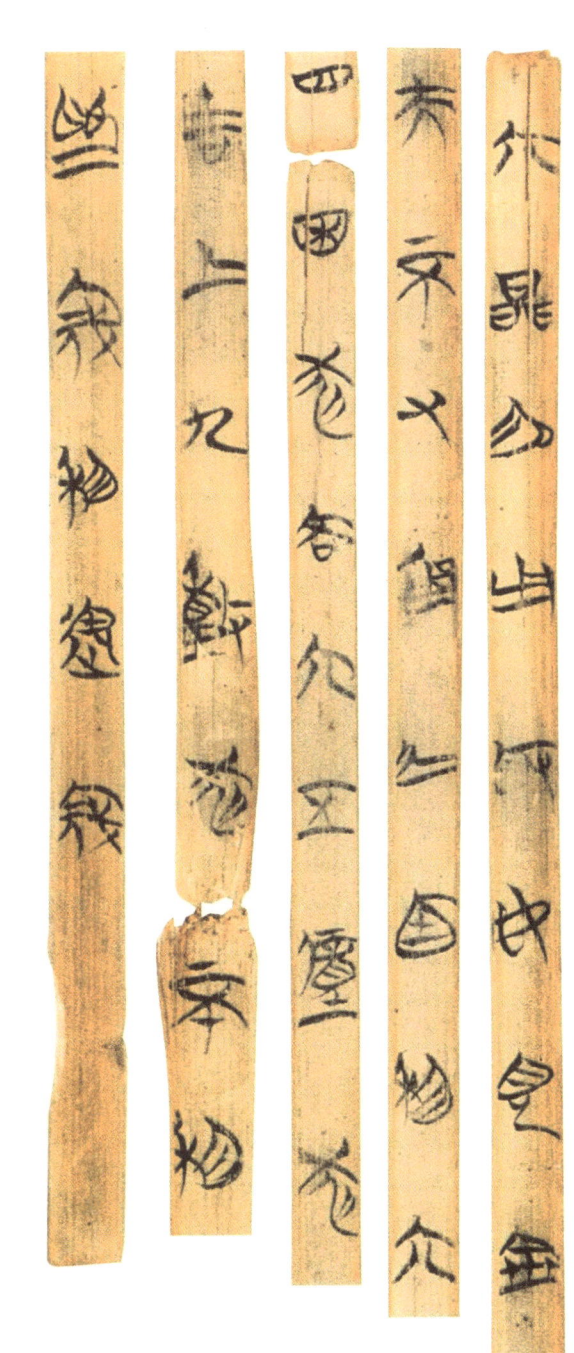

≪주역≫ 제 2 간

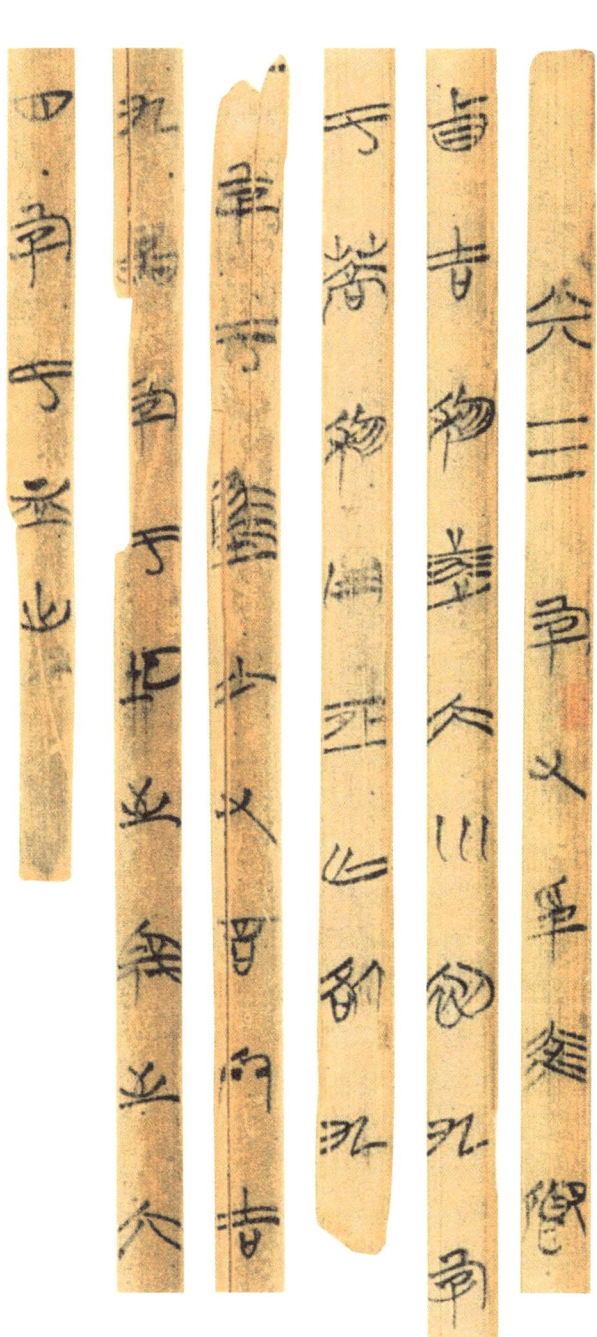

《주역》 제 3 간

吉

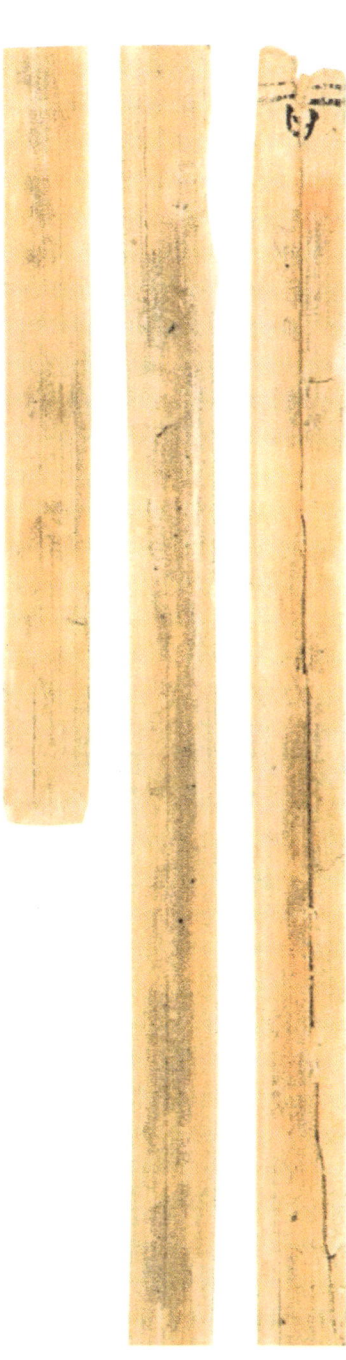

≪주역≫ 제 4 간

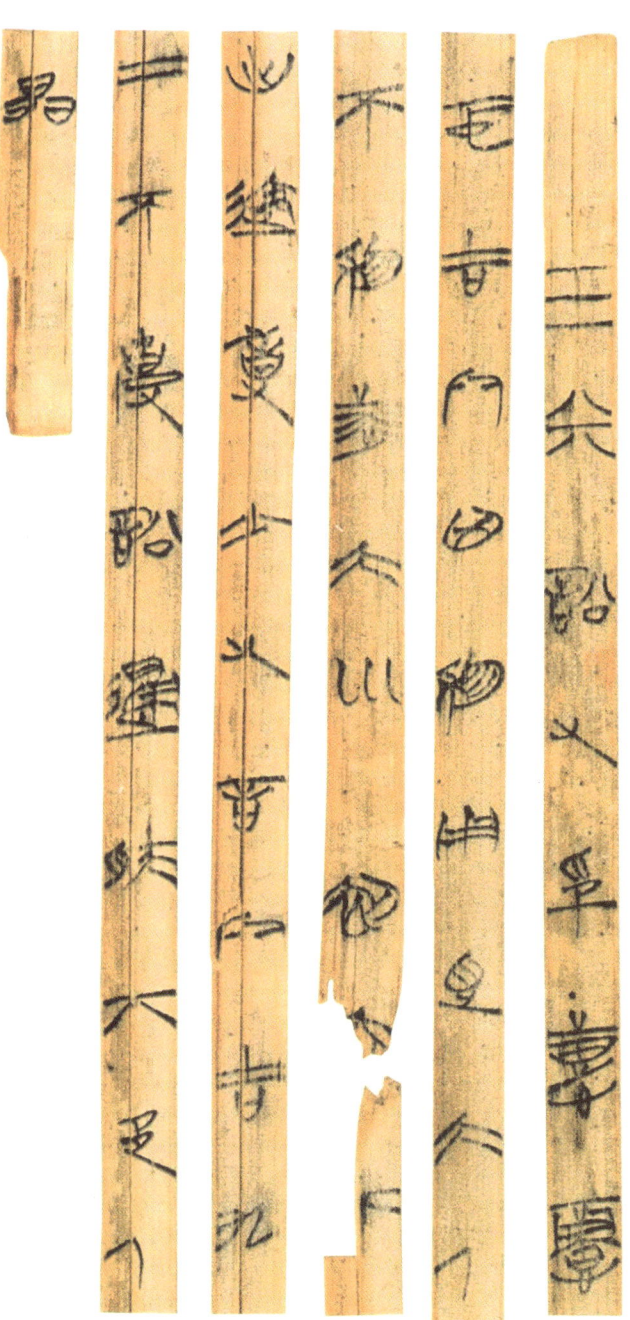

☰☵訟▪又孚懥恎中吉冬凶利用見大人不利涉大川初六不出迎事少又言冬吉九二不克訟遑肤丌邑人晶

≪주역≫ 제 5 간

四户亡禧六品飤舊悳貞礪冬吉或從王事亡成九四不克訟逡即命愈安貞吉九五訟元吉上九或賜䋁繻繻冬

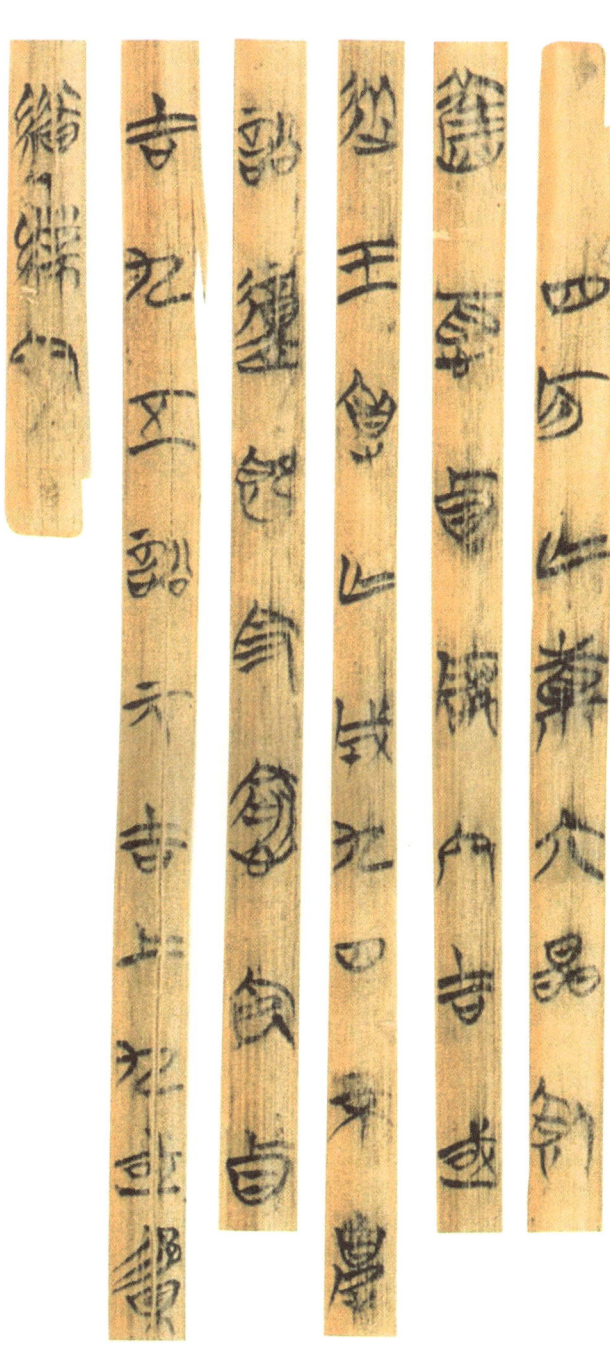

≪주역≫ 제6간

朝品襄之

≪주역≫ 제 7 간

炎兯巿▆貞丈人吉亡咎初六巿出以聿不賠凶九二才巿牢吉亡咎王晶賜命六晶巿或璺瘝凶六四巿左宋亡咎六

≪주역≫ 제 8 간

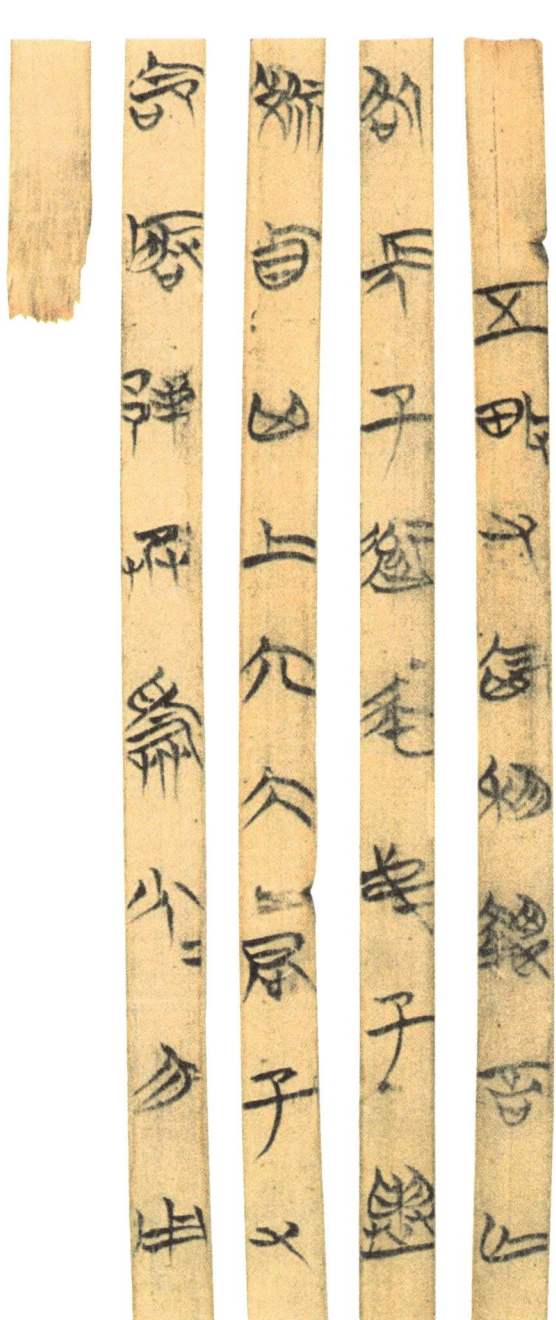

五敗又窗利埶言亡咎長子衝帀弟子輿殈貞凶上六大君子又命啓邦丞豢尖=勿用

≪주역≫ 제 9 간

六爻比█备筮元羕貞吉亡咎不宓方逨逐夫凶初六又孚比之亡咎又孚洢缶冬逨又它吉六二比之自内
吉六晶比之

≪주역≫ 제 10 간

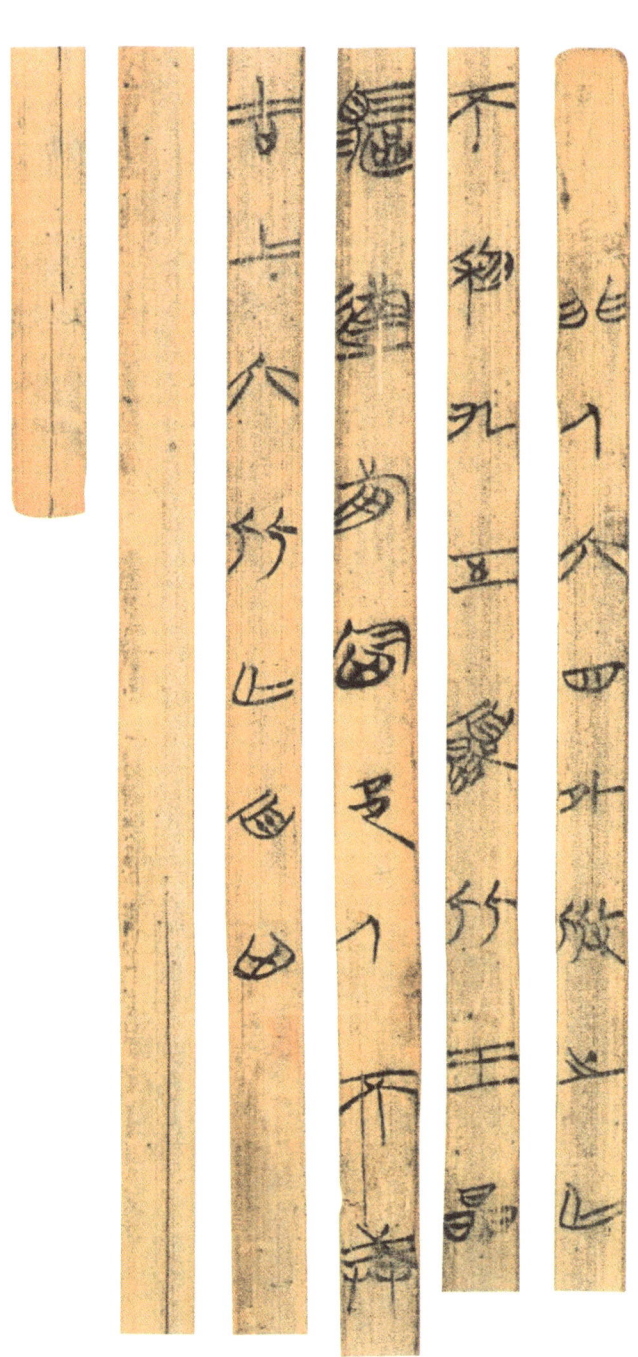

非人六四外妣之亡不利九五顯比王晶驅遊前盦邑人不戒吉上六比亡首凶

≪주역≫ 제 11 간

亡咎六五㫒孚洨女悹女吉上九自天右之吉亡不利 ∎

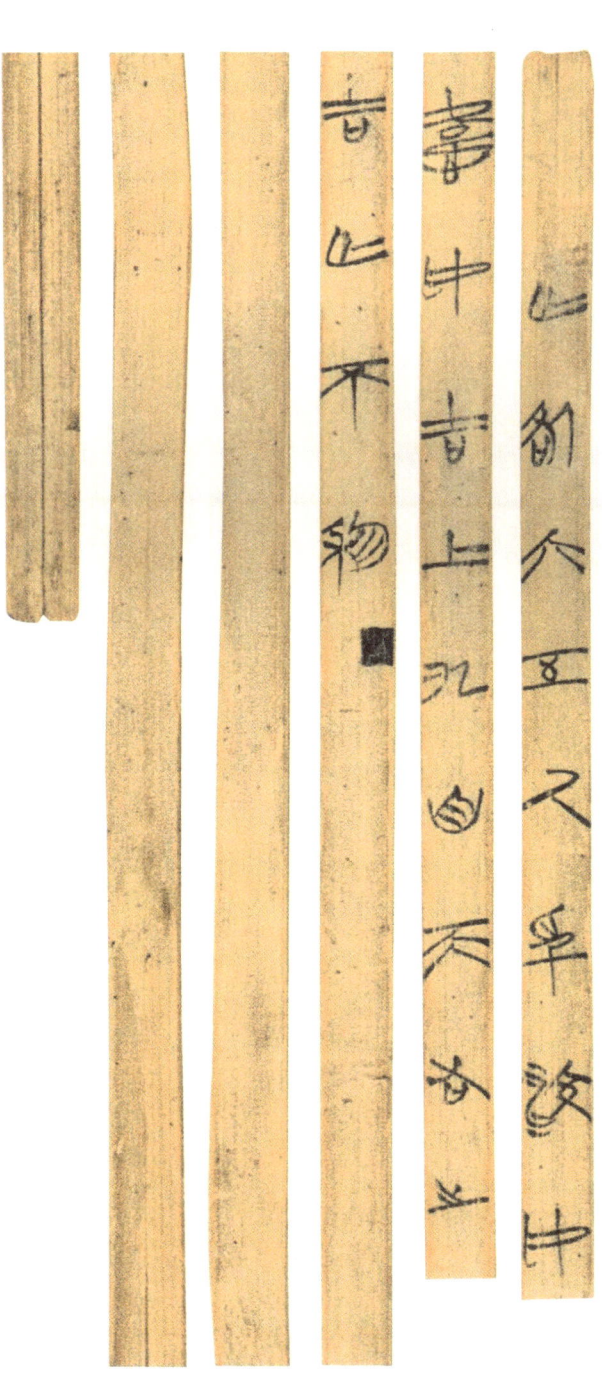

≪주역≫ 제 12 간

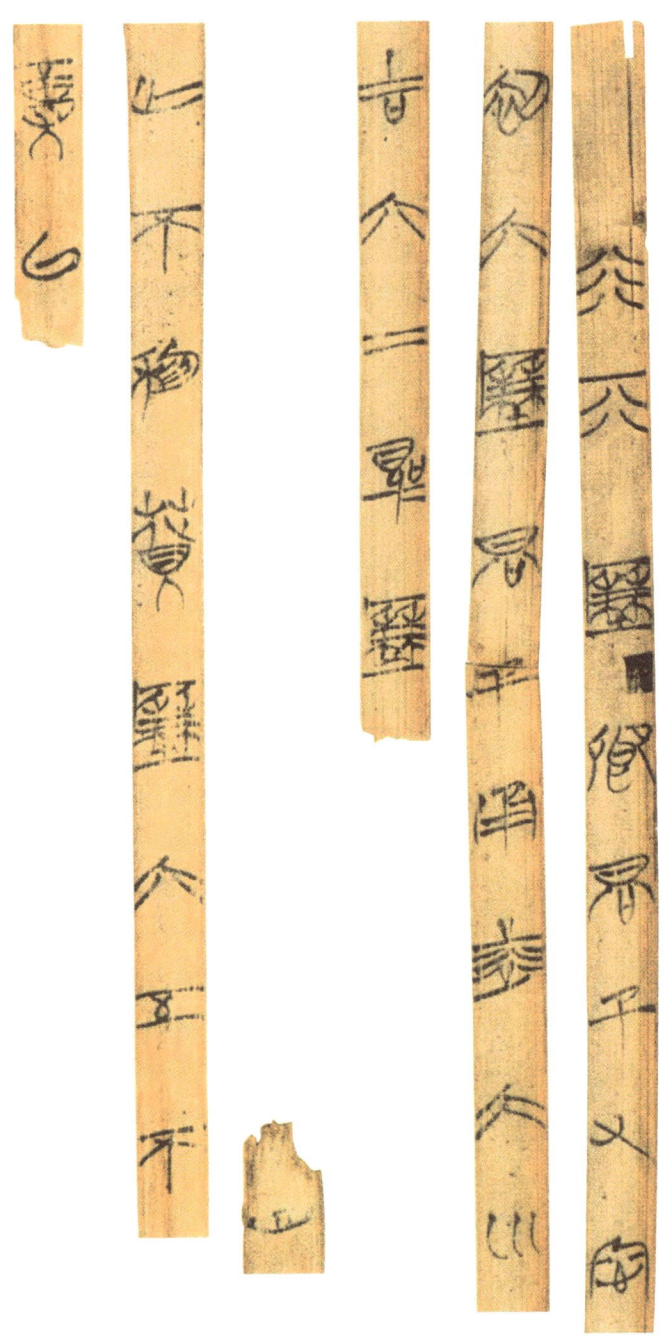

≪주역≫ 제 13 간

丌咎利用戠伐亡不利上六鳴䂪可用行帀征邦∎

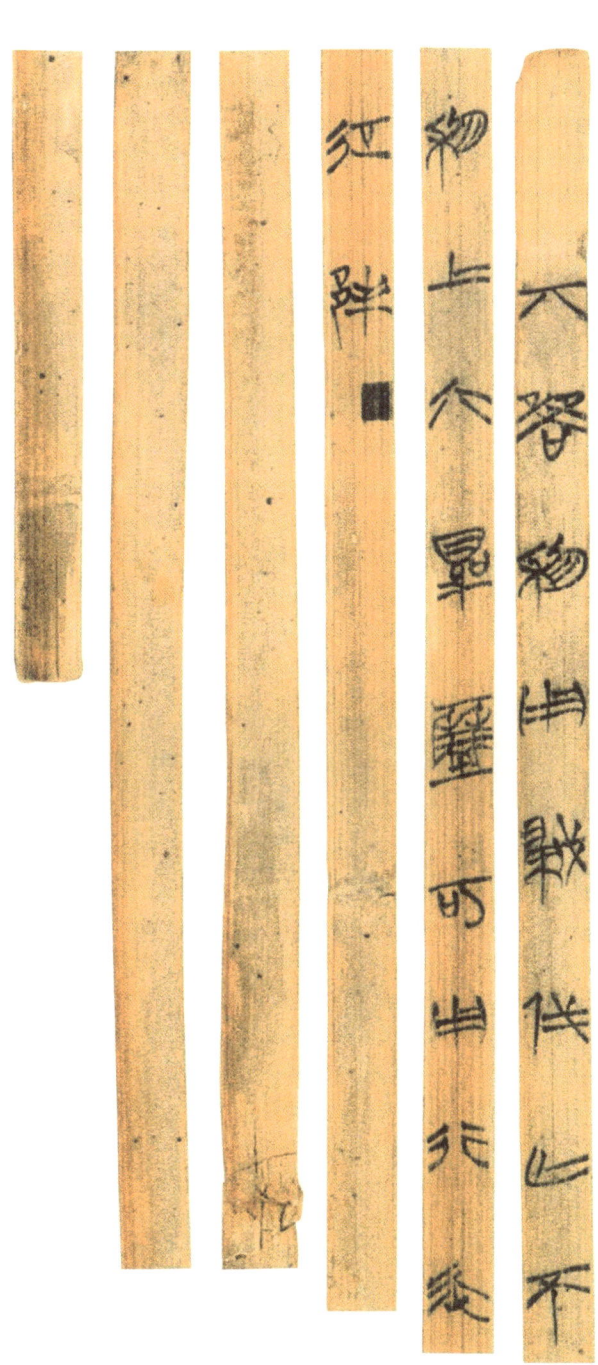

≪주역≫ 제 14 간

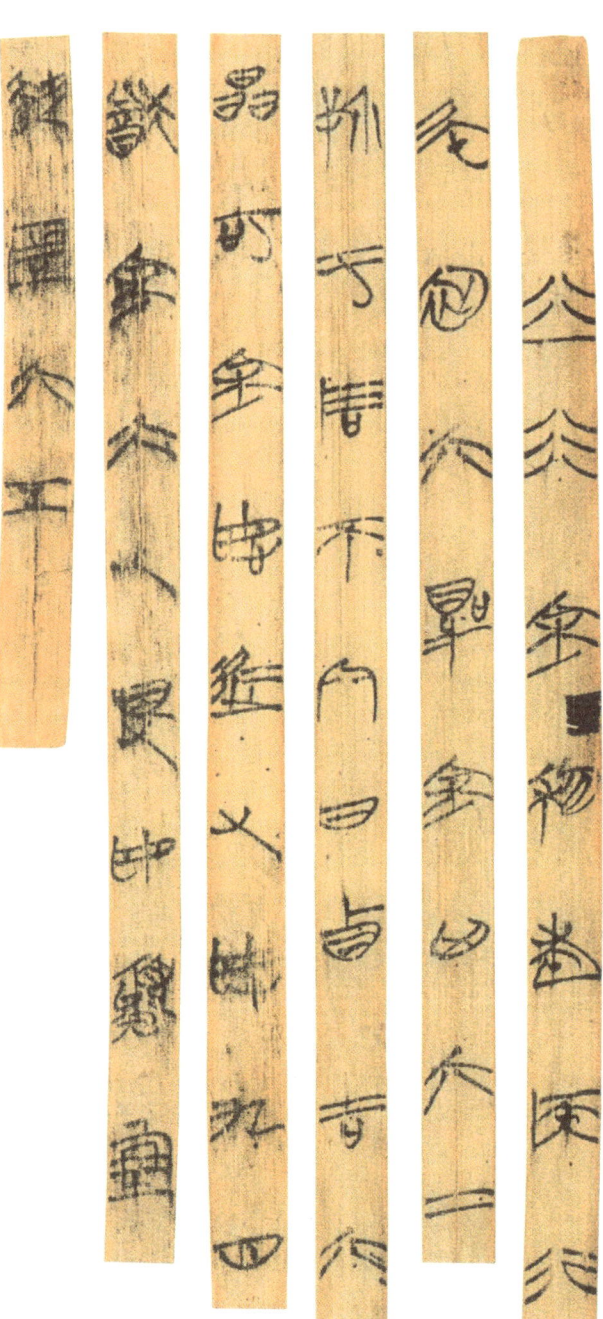

公?谷余?■利建医行市初六鳴余凶六二舿于石不冬日貞吉六晶可余愁迡又愁九四獣余大又昃母頷壑欲盬六五

≪주역≫ 제 15 간

貞疾外不死上六杲僉成又愈亡咎▪

《주역》 제 16 간

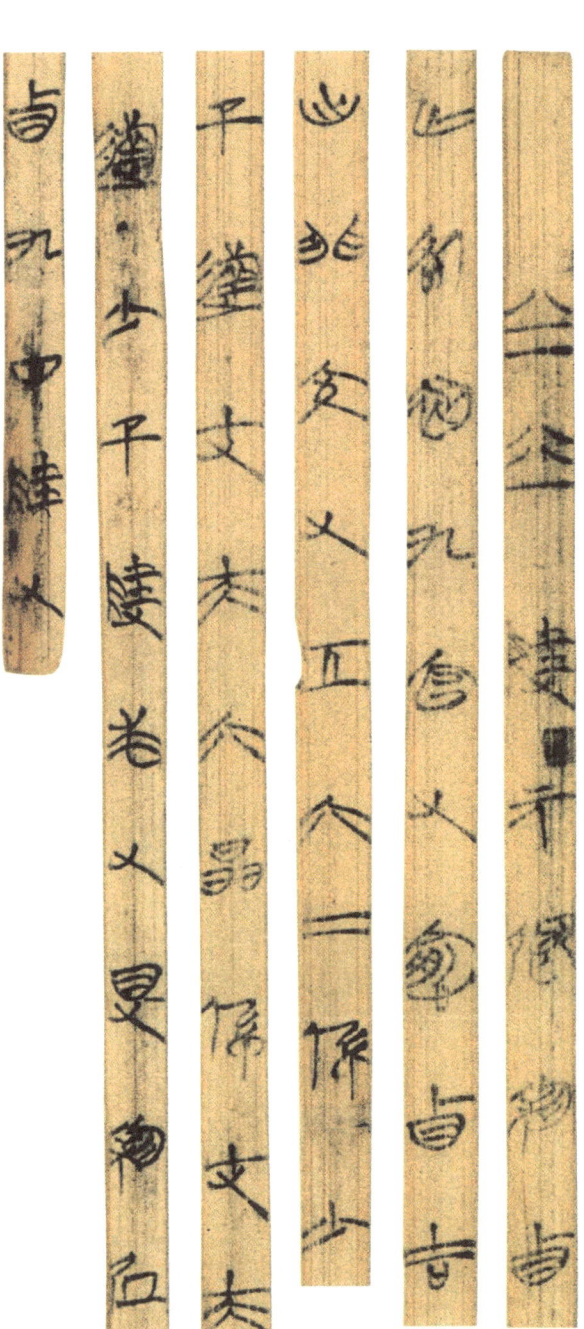

公=陸■元卿利貞亡咎初九官又愈貞吉出門交又工六二係少子遴丈夫六品係丈夫遴少子陵求又
旻利尻貞九四陸又

≪주역≫ 제 17 간

憂貞工又孚才道已明可咎九五孚于嘉吉上六係而敏之從乃曬之王用音于西山∎

≪주역≫ 제 18 간

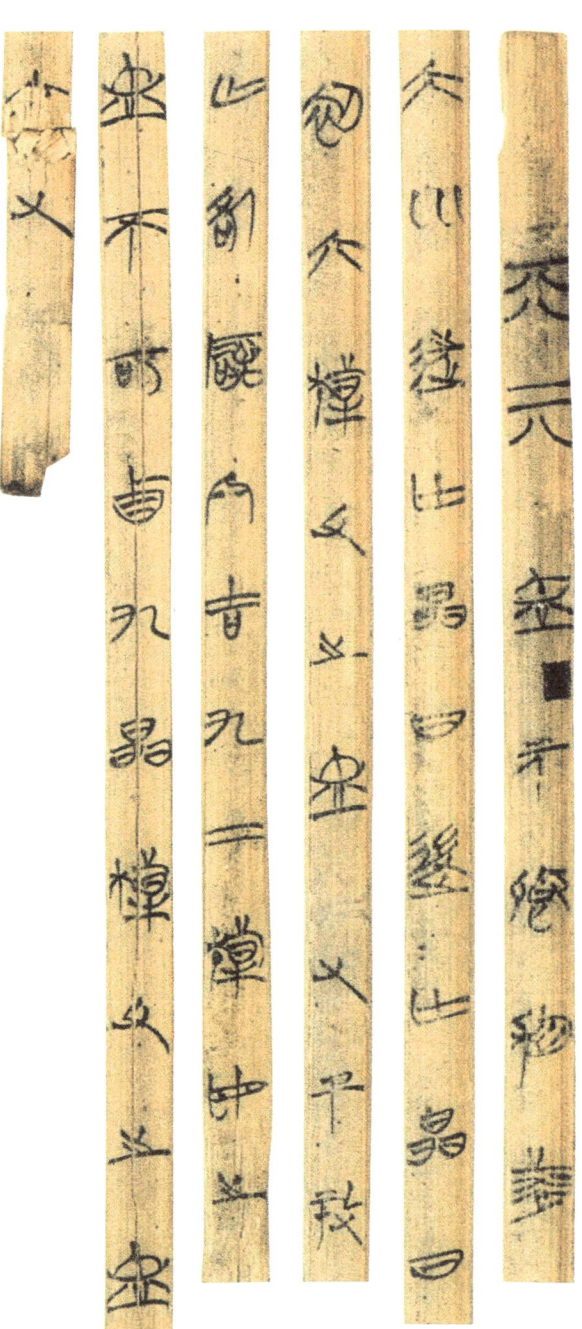

亖亖蛊▃元卿利涉大川选甲晶日遂甲晶日初六櫏父之蛊又子攷亡咎礪冬吉九二櫏母之蛊不可貞
九晶櫏父之蛊少又

《주역》 제 19 간

亡遽亡哭上六迷

≪주역≫ 제 20 간

☷☰ 亡忘 元卿利貞丌非遱又眚不利又卣迲初九亡忘吉六二不靜而穫不畜之

≪주역≫ 제 21 간

人之艮邑人之炎九四可貞亡咎九五亡忘又疾勿藥又菜上九亡忘行又眚亡卣利∎

≪주역≫ 제 22 간

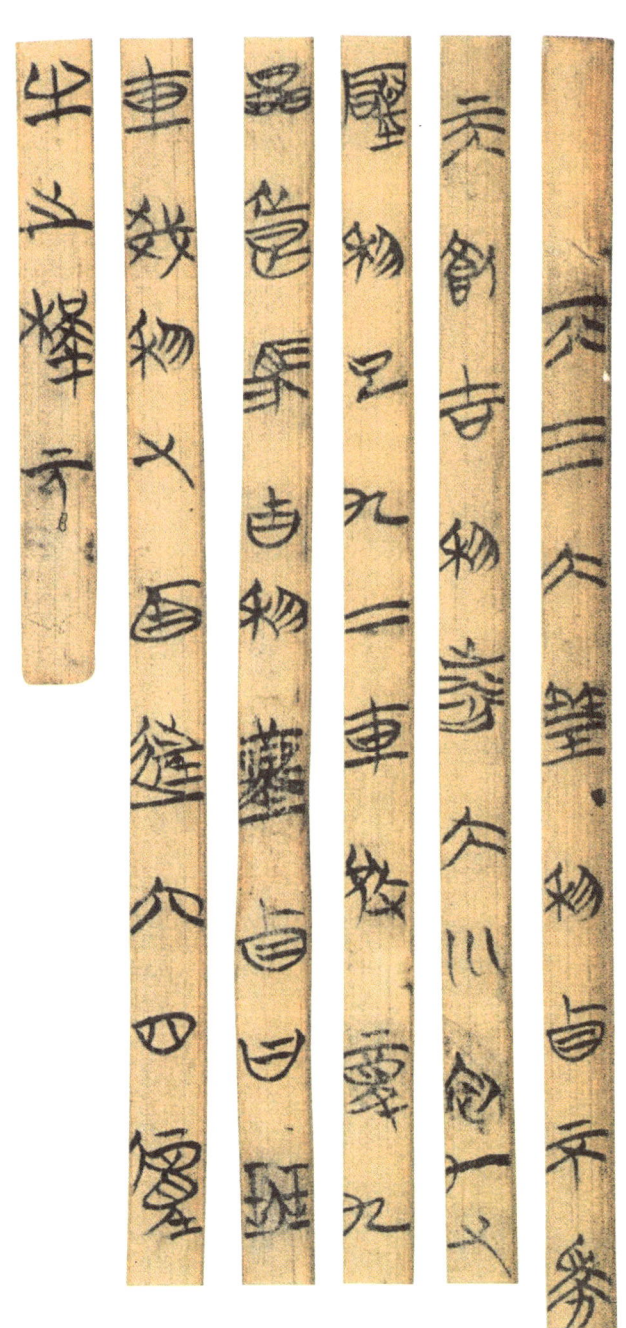

𦅫䷚大嗌▉利貞不豪而猷吉利涉大川初九又礶利巳九二車敓复九晶良馬由利堇貞曰班車敓利又卤迖六四僮牛之樺元

《주역》 제 23 간

吉六五芬豕之骼吉上九恦天之呆卿∟

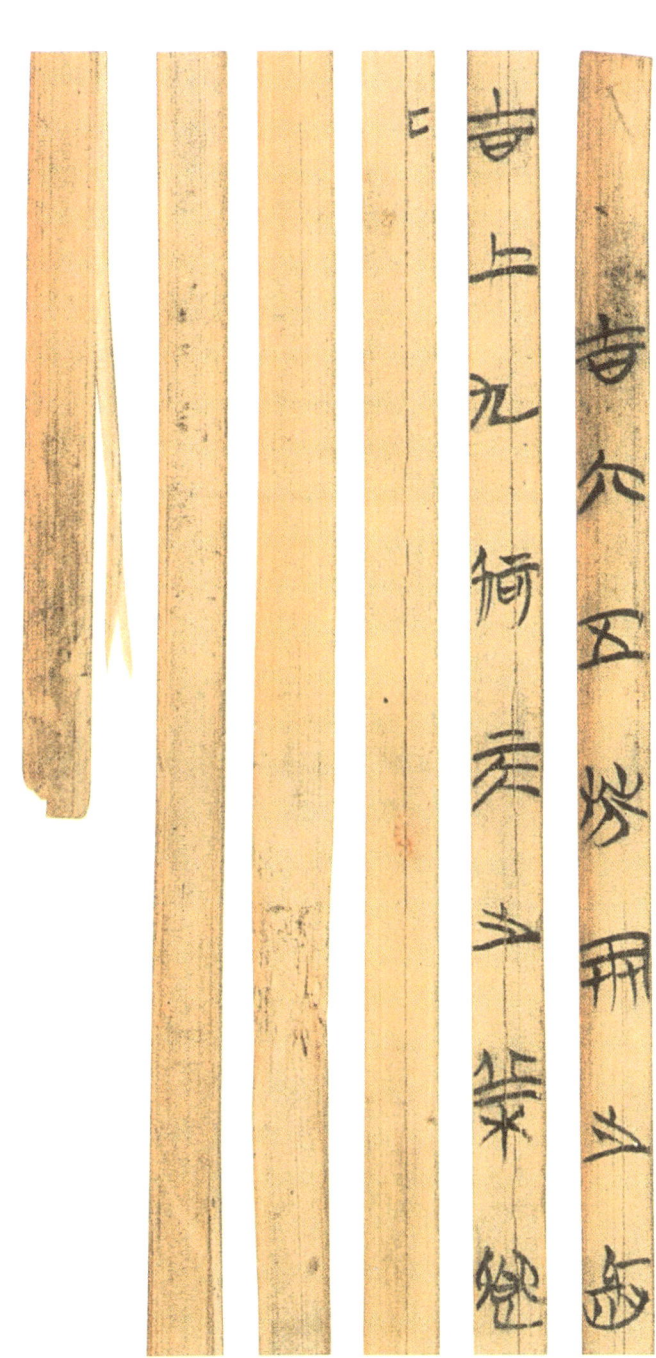

3. 《주역》 도판

≪주역≫ 제 24 간

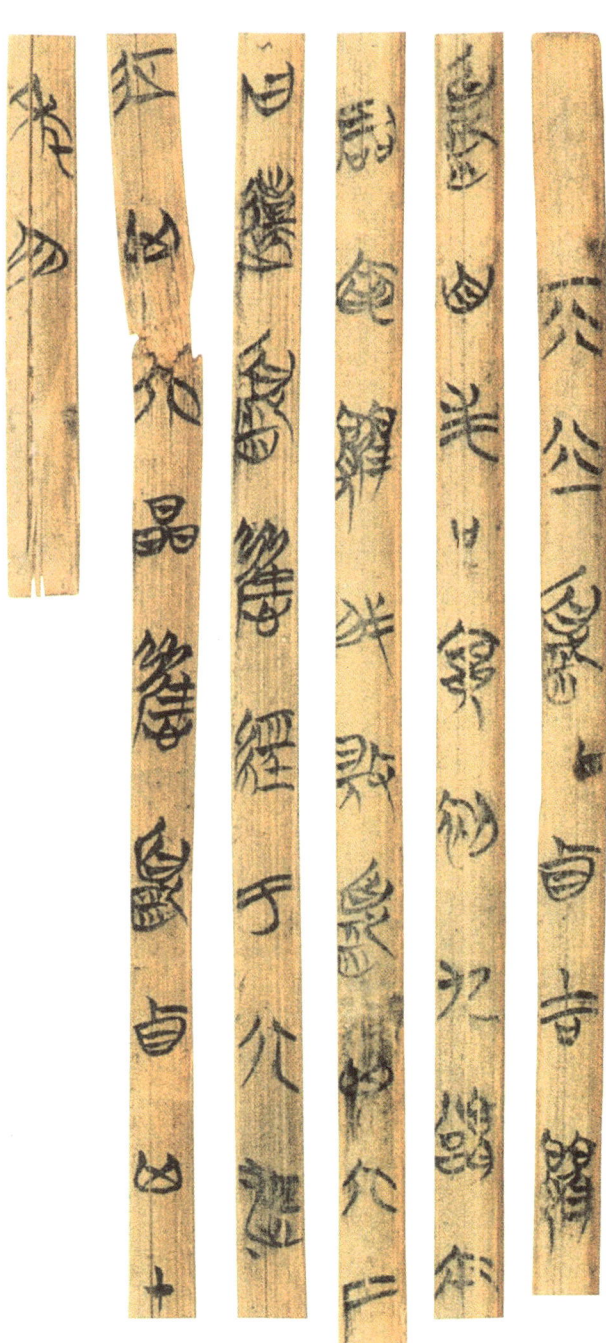

顊貞吉觀頤自求口實初九豫余需龜觀我歡頤凶六二曰迡頤巛經于北湺征凶六晶巛頤貞凶十年勿

≪주역≫ 제 25 간

用亡甫利六四遠頤吉虎兒𪑾丌猷攸三亡咎六五䣛經尻貞吉不可涉大川上九䌛頤礪吉利涉大川∎

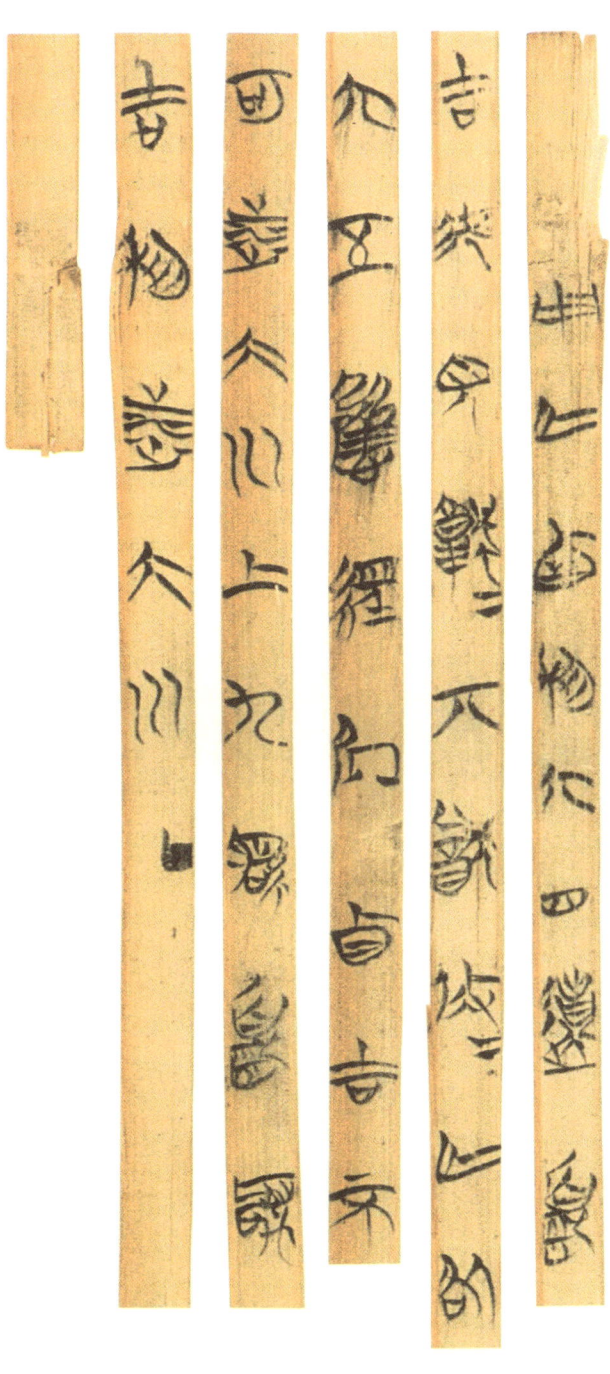

《주역》 제 26 간

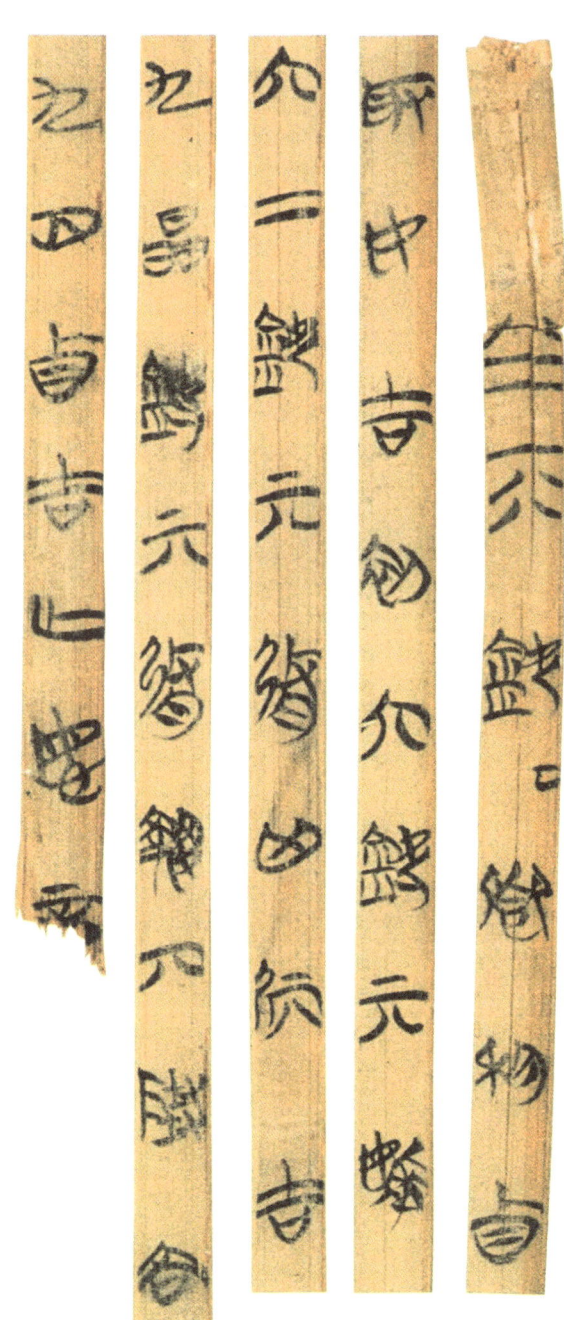

公䷞欽亡卿利貞取女吉初六欽亓拇六二欽亓腓凶尻吉九晶欽亓股埶亓隨吝九四貞吉亡悔憧

《주역》 제 27 간

志九五欽凥拇亡惡上六欽頰夾胅▪

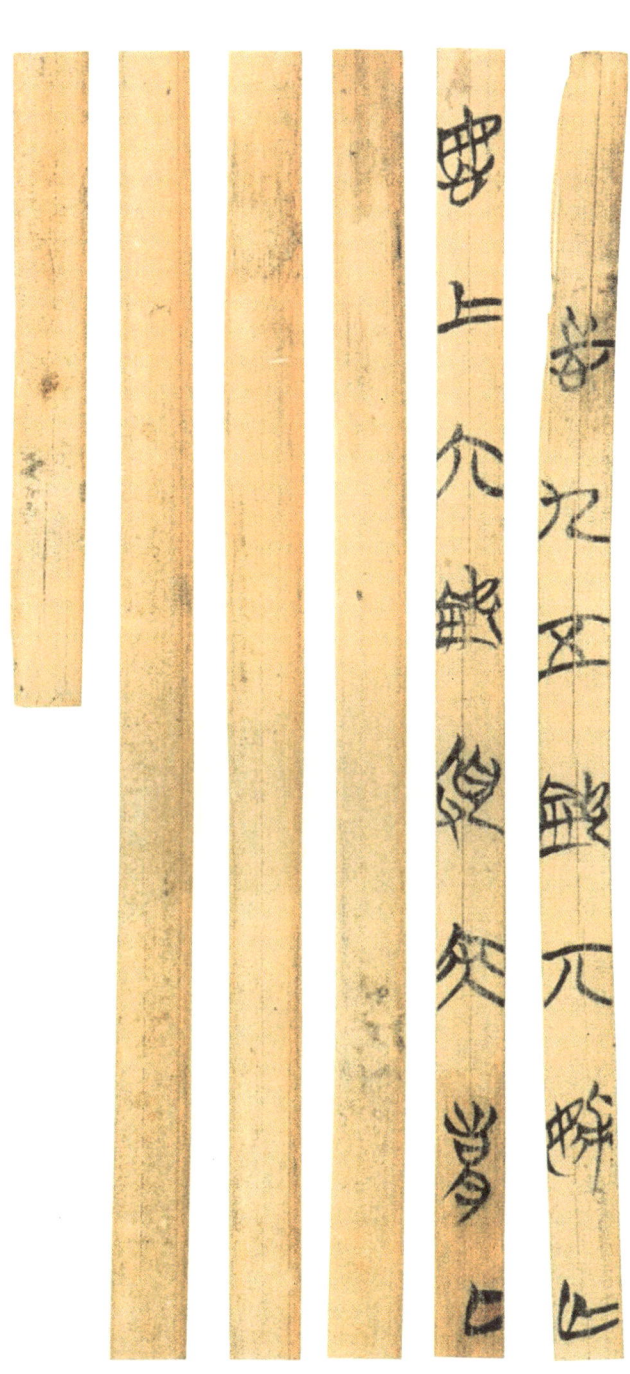

≪주역≫ 제 28 간

六埜卿利貞亡咎初六懲埜貞凶亡甫利九二慇亡九晶不綞亓慇或丞亓頷貞吝九四畋亡貪六五綞亓慇貞婦人吉夫

≪주역≫ 제 29 간

子凶上六歡死貞凶

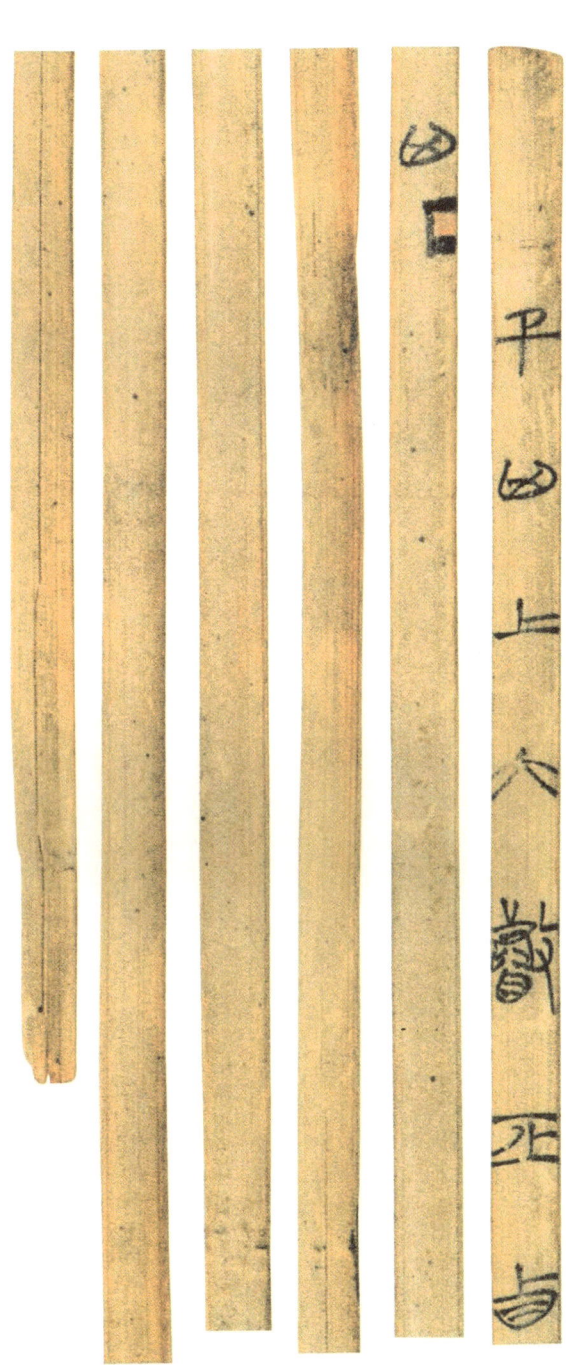

≪주역≫ 제 30 간

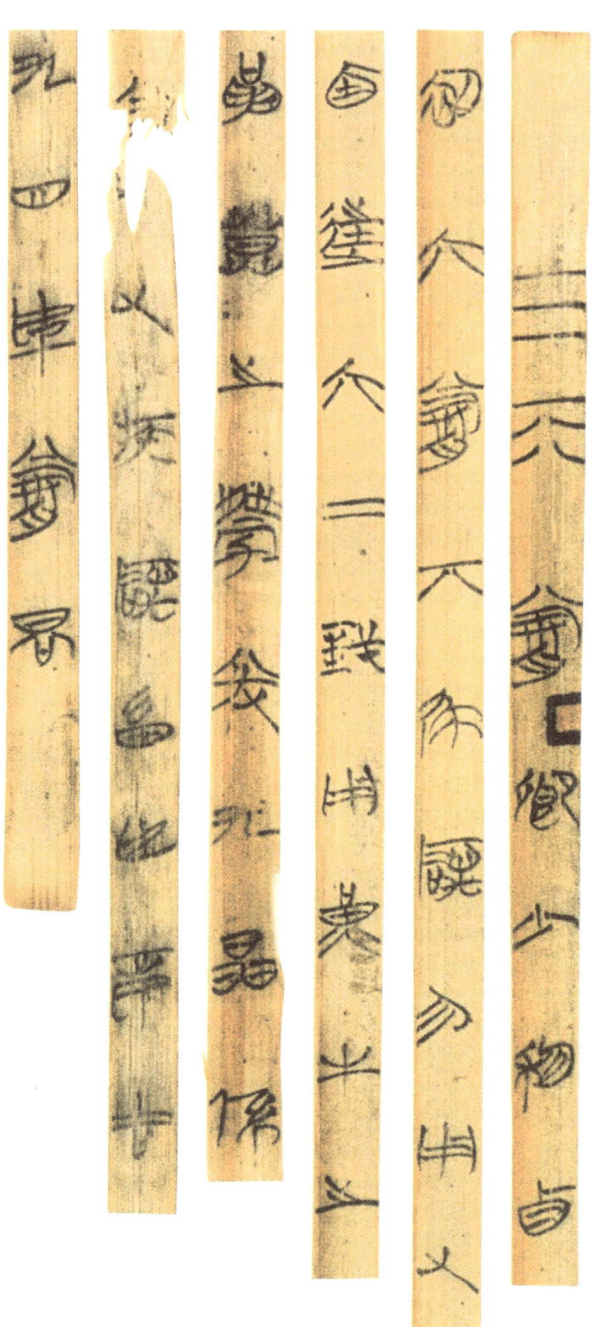

䷛ 脪█ 卿少利貞初六脪丌尾礪勿用又卣迲六二𦀚用黃牛之革莫之勑夎九晶係脪又疾礪畜臣妾吉九四好脪君

≪주역≫ 제 31 간

子吉㰦否九五嘉豚吉上九肥豚亡不利▨

3. ≪주역≫ 도판

≪주역≫ 제 32 간

(六三) 樸■少事吉初九悬虺馬勿业自遉見𢻦人亡咎九二遇宔于衢亡咎六晶見車遏丌

≪주역≫ 제 33 간

四樸孤遇元夫交孚礪亡咎六五惄亡陞宗醫肤致可咎上九樸孤見豕價奎載

≪주역≫ 제 34 간

寇昏佝䢠遇雨則吉

≪주역≫ 제 35 간

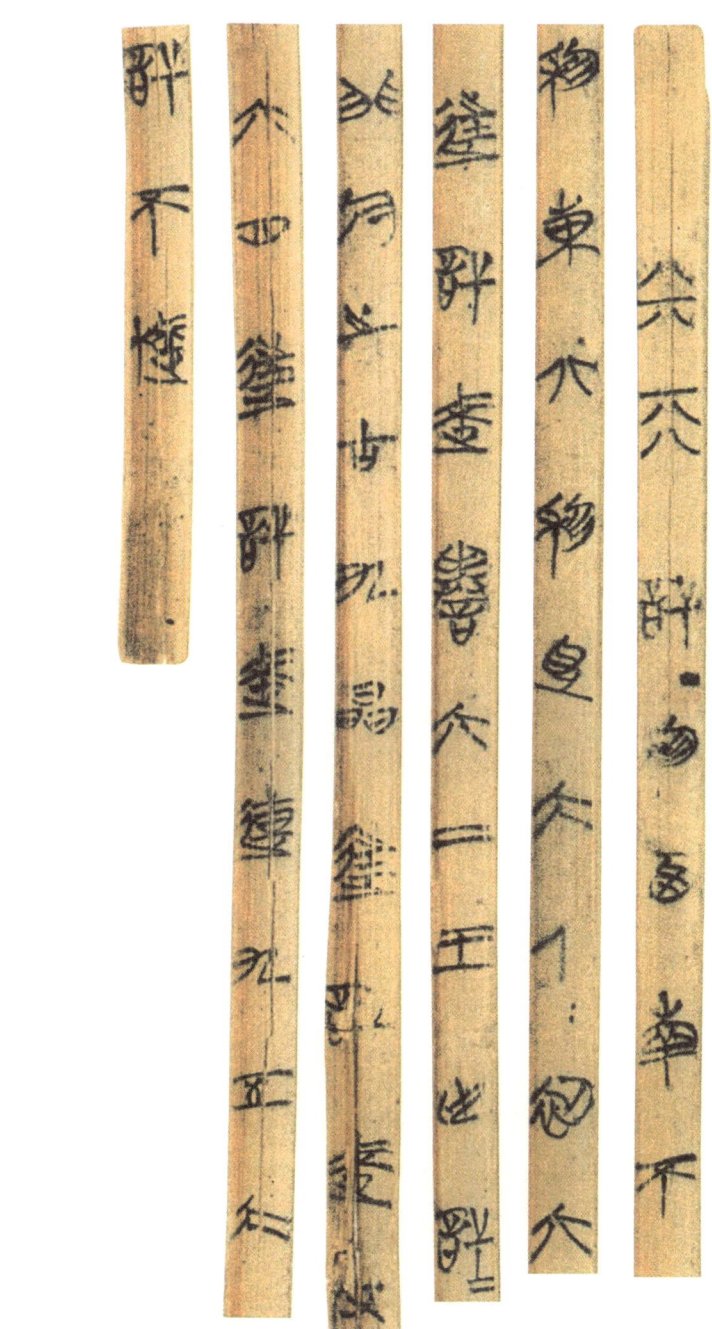

六六訐■利西南不利東北利見大人初六迻訐迯譽六二王臣訐非今之古九晶迻訐迯反六四迻訐迯連九五大訐不椟

≪주역≫ 제 36 간

上六迖許㒸碩吉利見大人

《주역》 제 37 간

公六緤▨利西南亡所迻丌夿复吉又甶迻俩吉初六亡咎九二敗覆晶瓠叟黃矢貞吉六晶賃虞轈至寇至九四緤丌拇

《주역》 제 38 간

《주역》 제 39 간

言不冬九五莧苙夬=中行亡咎上六忘瘥中又凶■

≪주역≫ 제 40 간

≪주역≫ 제 41 간

肤亓行䌛疋礪亡大咎九四橐亡魚已凶九五呂芑橐芷欽章又恖自天上九敏亓角吝亡咎

≪주역≫ 제 42 간

☷☵ 嚌 ▉ 王䘏于宙利見大人卿利貞用大牲利又卣迡初六又孚不冬乃爰鹵嚌若虚一斛于芺勿卹迡亡咎

《주역》 제 43 간

利用祭祀上六困于葛藟臲卼于剭?曰迻悔又悔征吉▪

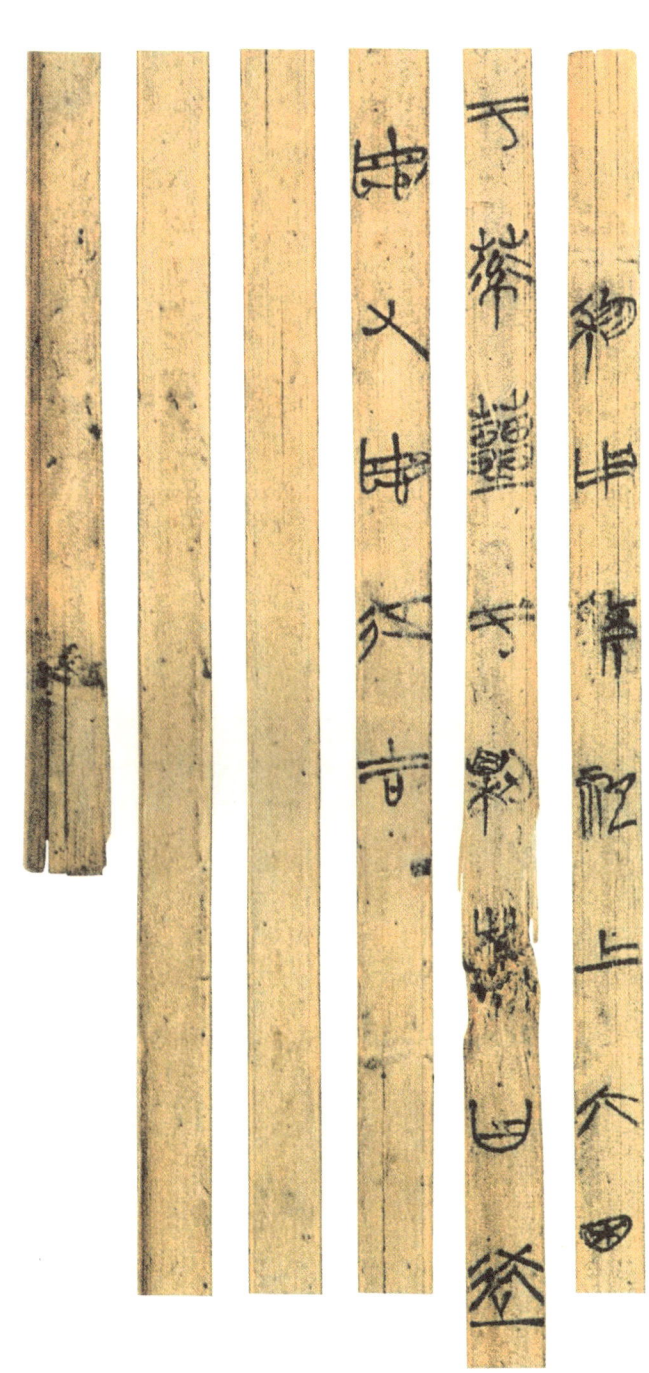

3. 《주역》 도판

《주역》 제 44 간

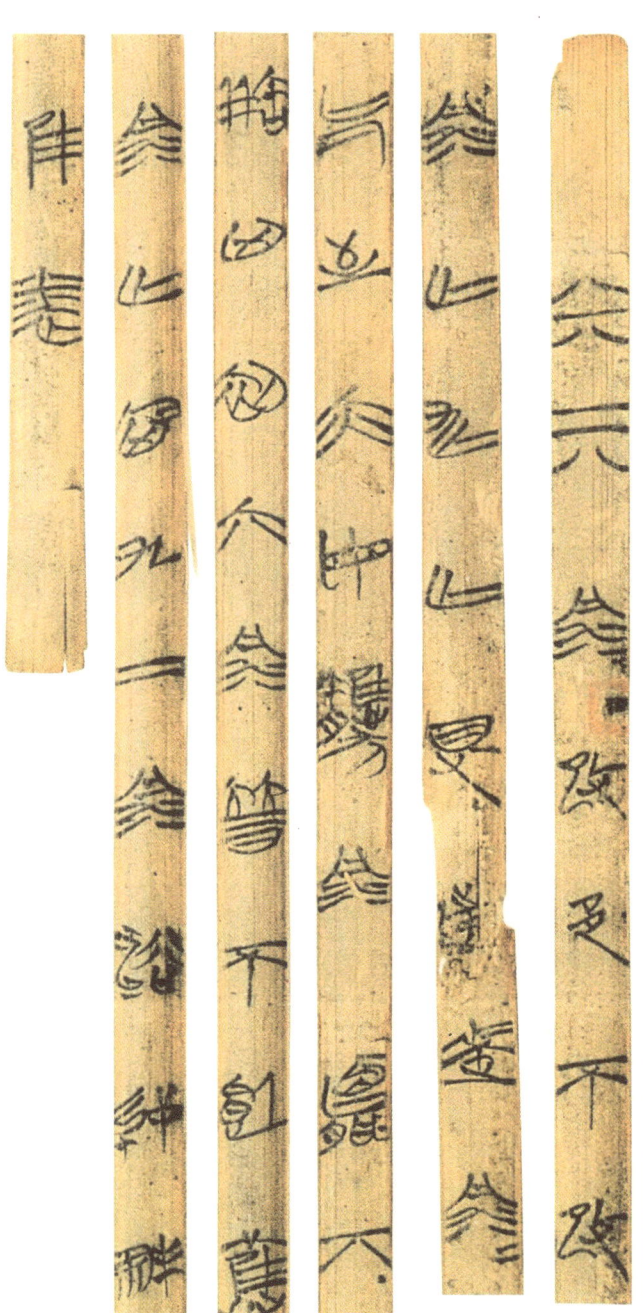

≪주역≫ 제 45 간

縷九品萊枂不飤為我心塞可㠯汲王明並受亓福六四萊繻亡咎九五萊鬻寒湶飤上六萊枂勿寞又孚元

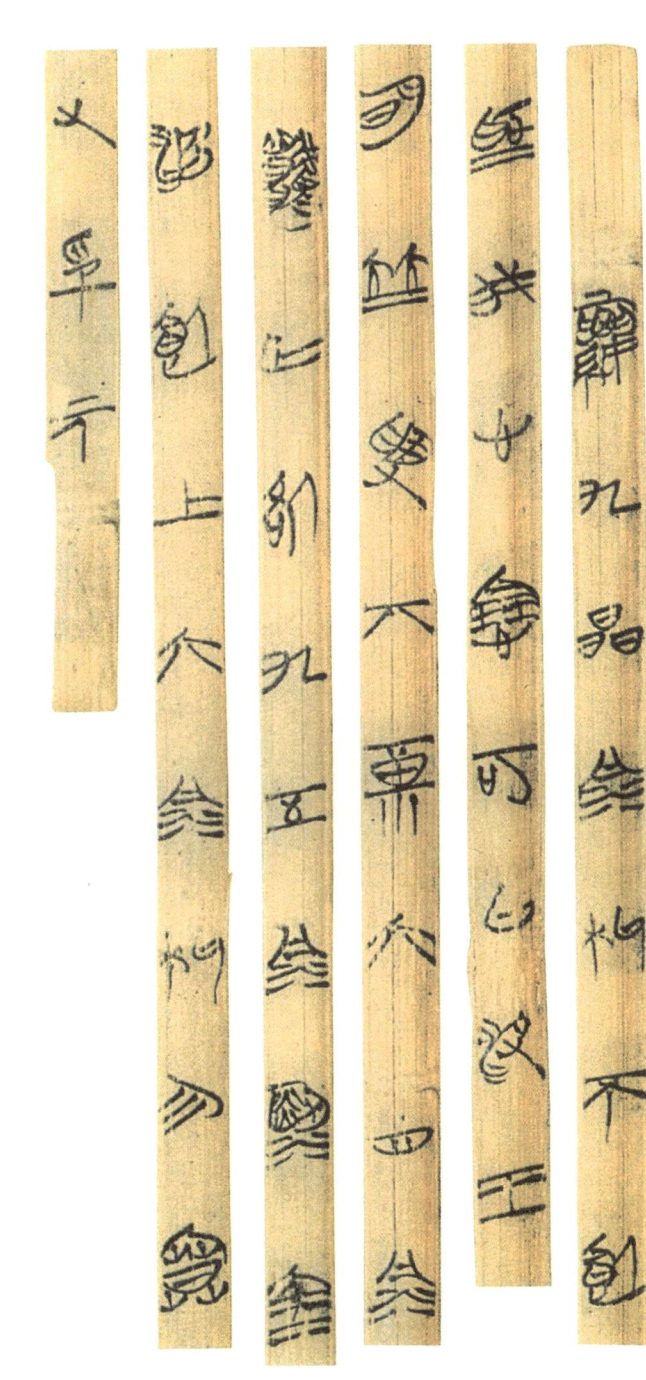

3. ≪주역≫ 도판

≪주역≫ 제 46 간

≪주역≫ 제 47 간

革▨改日盉孚元亨利貞悔亡初九䂻用黃牛之革六二改日乃革之征吉亡咎九晶征凶革言晶敓又孚

≪주역≫ 제 48 간

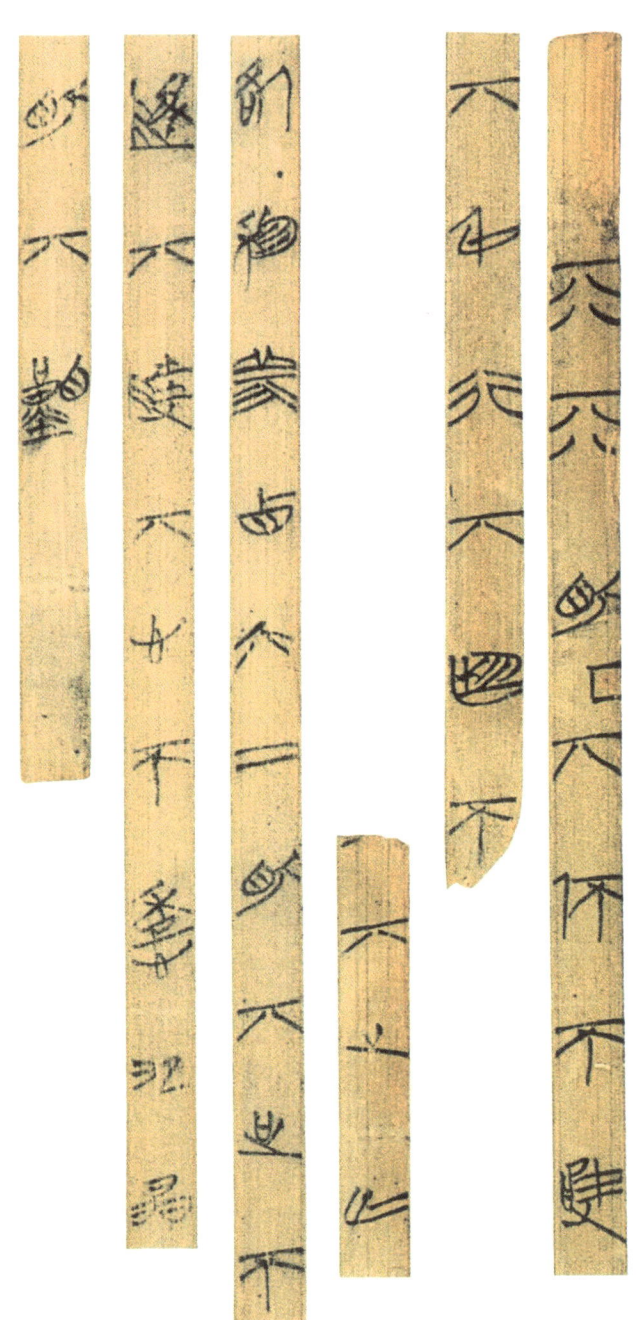

艮亓北不雯亓身行亓廷不

亓止亡咎利兼貞六二艮亓足不陞亓陵亓心不悸九晶艮亓腴

《주역》제 49 간

剄丌銜礪同心六四艮丌躳六五艮丌頯言又舎悎亡上九𦱤艮吉匸

《주역》 제 50 간

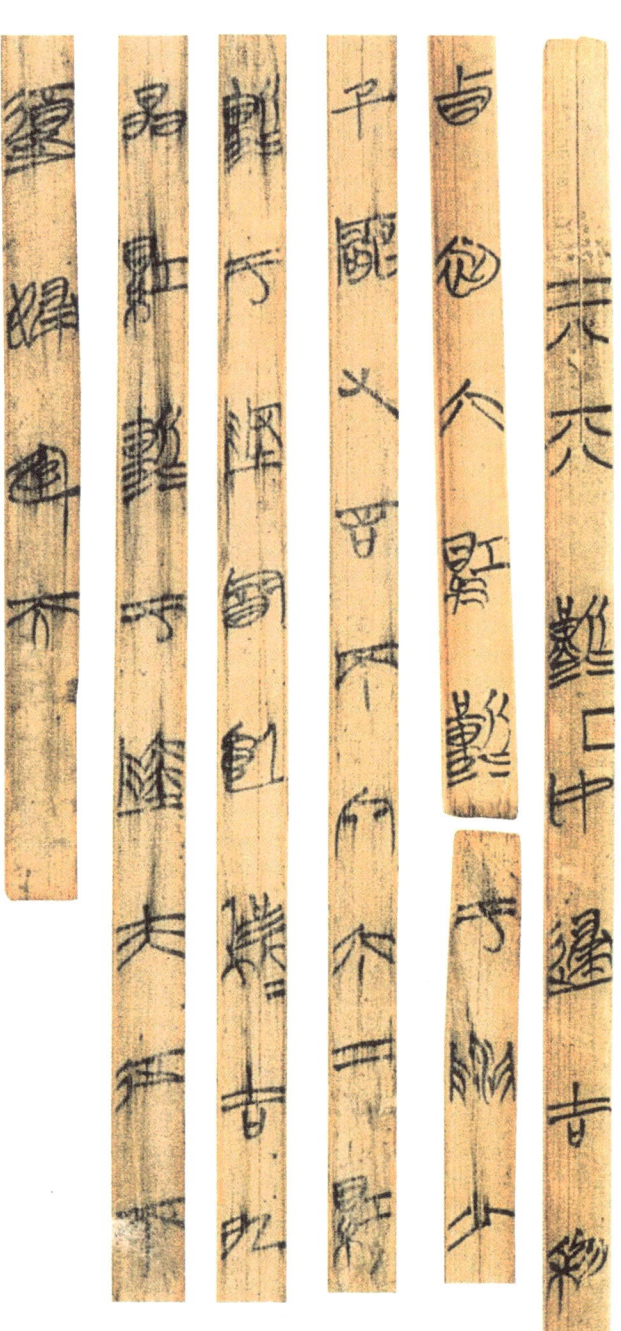

≪주역≫ 제 51 간

九品豐丌芾日中見芾折丌右拔亡咎九四豐丌坿日中見斗遇丌尻宔吉六五銎章又慶譽吉上六豐丌芾

≪주역≫ 제 52 간

≪주역≫ 제 53 간

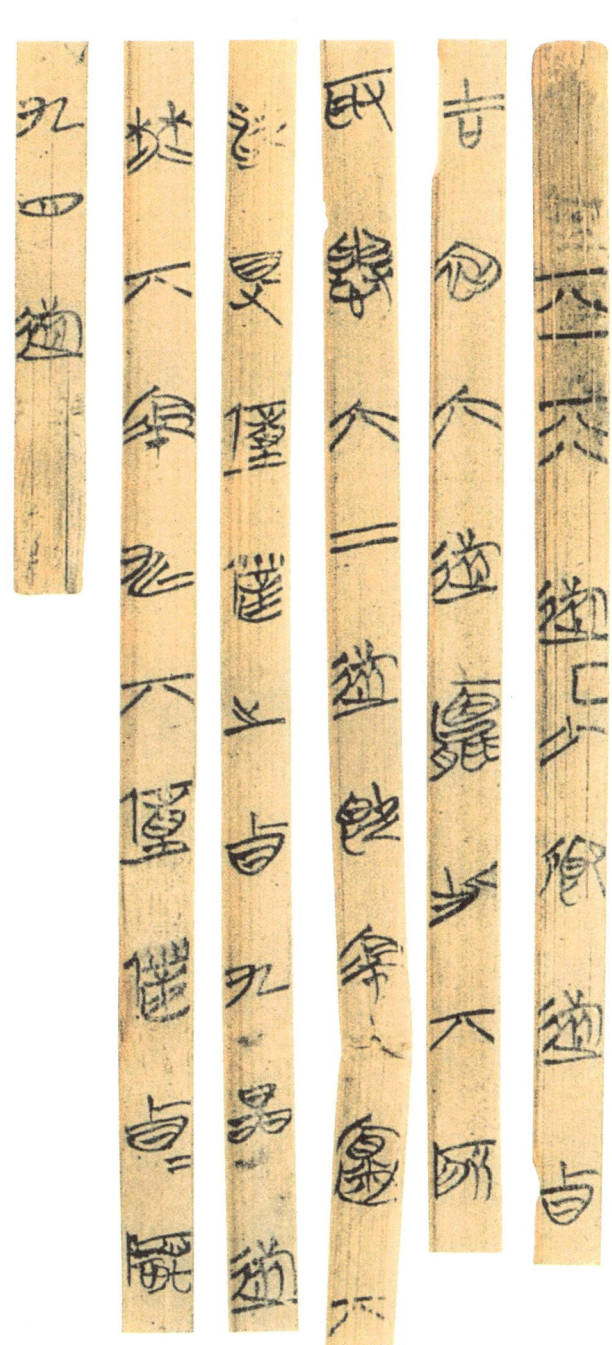

≪주역≫ 제 54 간

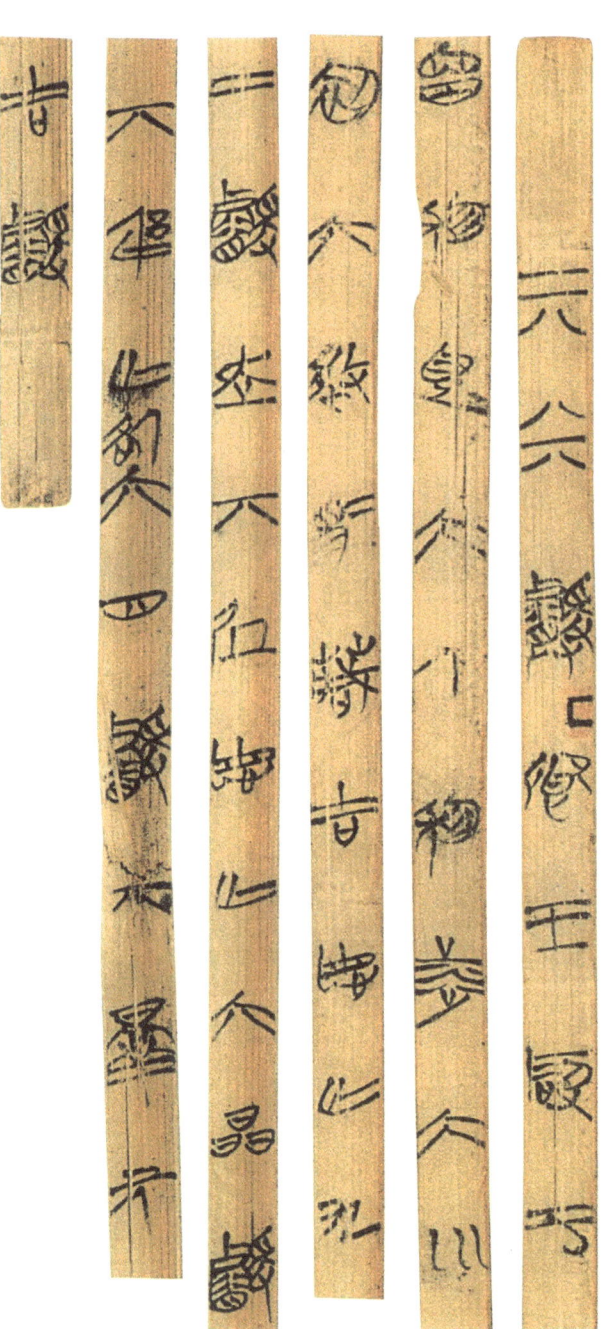

六二鼢■卿王叚于审利見大人利涉大川初六拯馬藏吉惢亡九二鼢走亓尻惢亡六晶鼢亓躳亡
咎六四鼢亓燓元吉鼢

≪주역≫ 제 55 간

亓丘非台所思九五夒亓大啎夒亓尻亡咎上九夒亓血欲易出

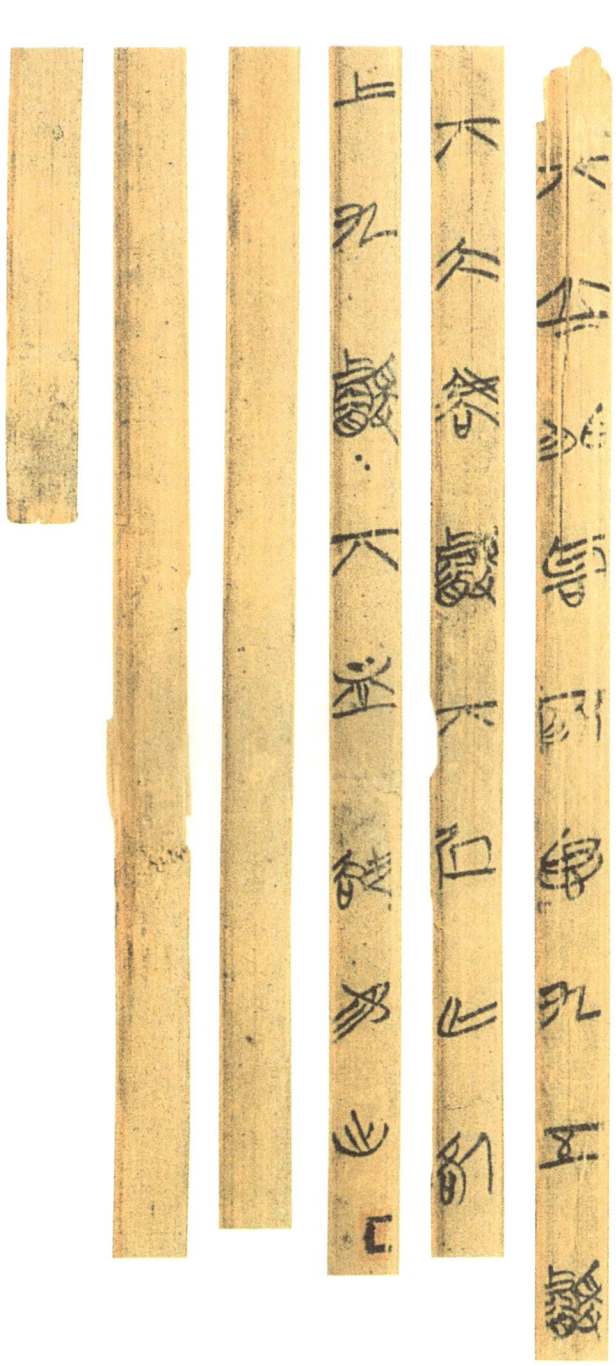

≪주역≫ 제 56 간

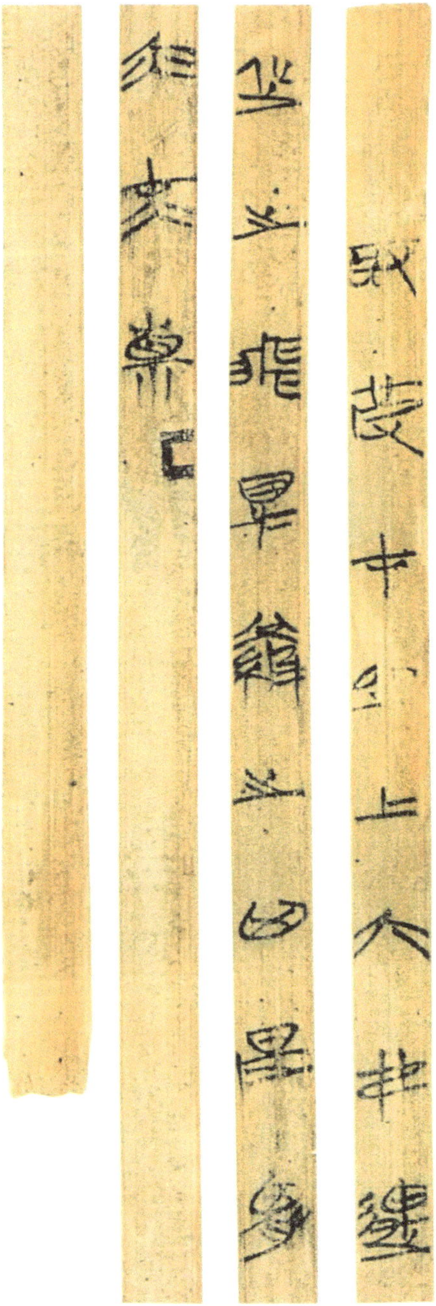

取皮才坎上六弗遇⿱化止之飛鳥羅之凶是胃亦⿱亠火⿰礻青■

≪주역≫ 제 57 간

勿用六四需又衣祭冬日戒九五東鄰殺牛不女西鄰之酌祭是受福吉上六需丌首礪

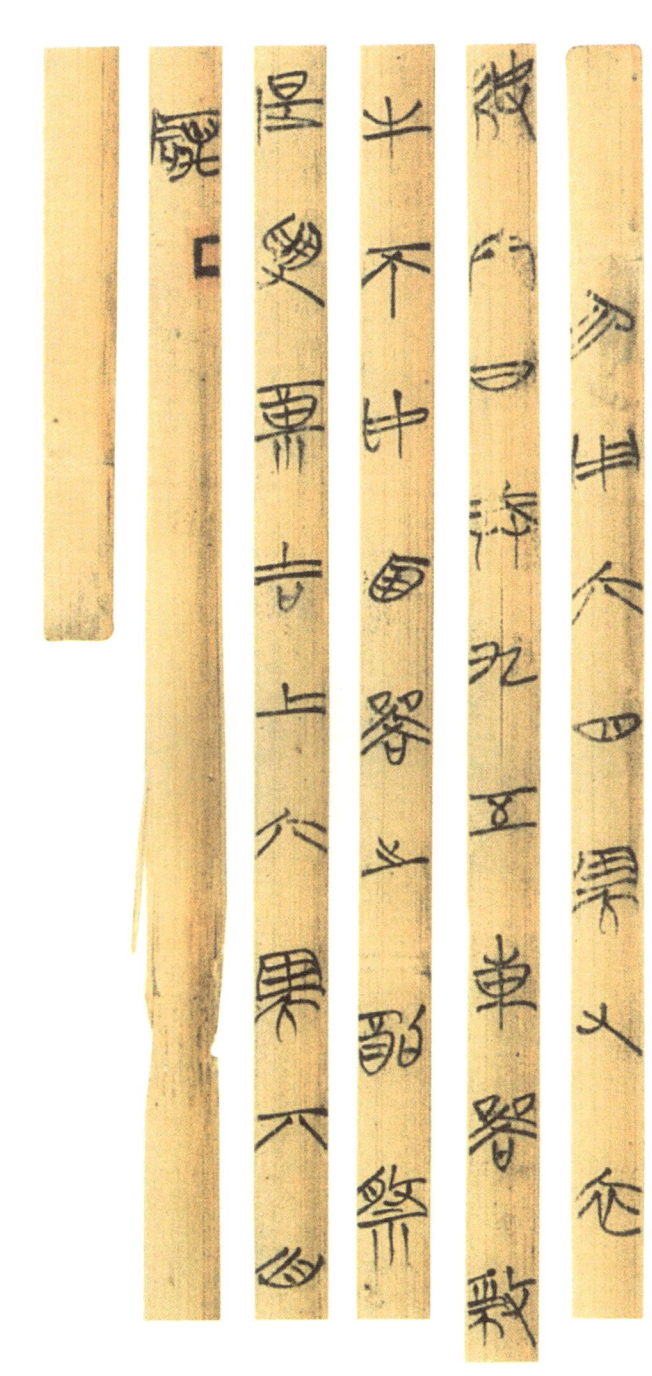

≪주역≫ 제 58 간

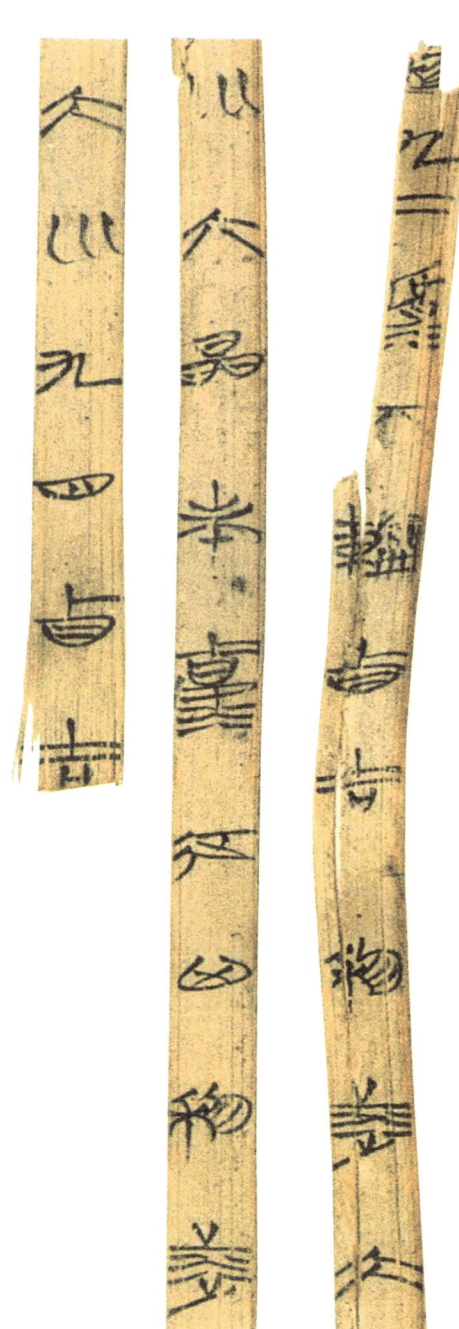

闇九二愳丌輪貞吉利涉大川六晶未淒征凶利涉大川九四貞吉

4

초죽서 주역에 대하여[140]

---

140) 'Ⅱ 본문 부분'은 복모좌濮茅左 ≪楚竹書周易研究(上編)≫(2006)의 <第一章 楚竹書≪周易≫槪況與硏究>와 <第二章 楚竹書≪周易≫願文考釋>(1~188쪽)에 해당된다.

4.1 초죽서 《주역》

초죽서 《주역》을 홍콩 문물 시장에서 구해 중국 고국 품안으로 다시 돌아오게 한 사람은 바로 마승원馬承源이다.

마승원(1927-2004)은 절강성浙江省 영파시寧波市 진해鎭海 사람이다. 1950년대부터 오랜 기간 동안 중국 고대 청동기와 고문자학 연구에 종사한 저명한 학자이며, 중국 박물관 전문가이다. 일찍이 상해시 문화관리위원회 고문, 상해박물관 고문, 상해시 문화관리 위원회 상무 부주임, 상해박물관 관장 등을 지낸바 있다. 또한 국가문물 박물관학회 이사장, 중국고고학회 이사, 복단대학復旦大學과 화동사범대학 겸직 교수를 역임한 바 있다.

마승원은 상해박물관에 소장하고 있는 청동기에 대하여 아래와 같이 말하였다.

> 상해박물관이 세워진 후 이미 반세기가 흘렸다. 박물관 보관처에는 약 5,000여 점의 하상夏商, 서주西周와 동주東周 시기의 청동기가 보관되어 있다. 그러나 그동안 장기간 진열관에 전시된 청동기는 약 300여 점에 못 미치는 수준에 불과하다.

소장한 청동기는 대부분 '궁궐에 한번 들어가면 바다같이 깊어 만날 수 없네.'141)라는 말이 있듯이 연구자나 참관자들에 좀처럼 만나기 힘들다. 따라서 상해박물관 소장 청동기는 아직도 학술적 연구 자료로서, 박물관 진열품으로서 아직도 무궁무진하다는 것을 알 수 있다. 중국 고대 청동기는 즉 고대 사람들이 현대 세상에 큰 공헌을 하였다하겠다. 이 공헌은 중화민족 만대 후세대에게뿐만 아니라, 세계 고대 문화와도 불가분 관계에 있다. 상해 박물관에 소장되어 있는 청동기는 세계 어느 이와 유사한 청동기 박물관에서도 거의 갖추지 못한 우수한 물품을 가지고 있다.142)

마승원은 상해박물관 소장 청동기에 큰 공헌을 하였다. 마승원 이전 관장이었던 심지유沈之瑜는 당시에 문물 수집에 큰 관심을 가지고 있었고, 이어 마승원이 관장을 할 당시, 특별히 해외에서 떠도는 문물을 수집하여 중국으로 복귀시키는 일에 상당히 관심을 가졌다. 그래서 마승원은 중국 문물 발견의 역사는 곧 중국 문물의 해외 반출搬出 역사와 동일한 개념이라 하였다.

중국이 극변하는 세계에 위엄 있게 대처하고 스스로 강하고 행동할 수 있는 시기가 아니었던 때에, 중국은 고대 문물이 해외에 반출되는 것을 막을 길이 없었다. 지금 국외의 많은 유명한 박물관과 개인 박물관이 소장하고 있는 주요 청동기는 당시 여러 루트를 통하여 해외에 반출된 것들이다. 따라서 중국 문물 발견 역사는 곧 중국 문물 반출 역사와 동일하다 하겠다.143)

1991년부터 마승원은 정부의 지원과 해외에 거주하는 지인들을 통하여 유럽, 일본, 미국 등지에 흩어져 있는 중국 고대 문물을 수집하기 시작하였다. 1991년 1월, 마승원은 홍콩 문물 시장에서 적지 않은 진기한 문물들을 발견하였는데, 청동기와 석각石刻 이외에도 칠기漆器 등이 있었다. 이중의 칠기는 외관으로 보아 문물 시장에 유입된

---

141) 唐 崔郊 ≪贈去婢≫: "一入宮門深似海"
142) 陳佩芬, ≪夏商周青銅器研究・馬承源序≫, 上海古籍出版社, 2004.12.
143) 상게서.

지 얼마 되지 않았다는 것을 알게 되었다. 이러한 유물은 또한 직감적으로 초楚 나라 무덤에서 도굴되어 유출된 것을 알았고, 이 유물 이외에 초나라 죽간이 있을 것이라는 가능성이 매우 높았기 때문에 홍콩에 거주하고 있는 장광유張光裕 선생에게 연락하여 초죽서도 함께 유입되었는지 잘 살펴보라고 부탁하였다. 3년 후에 예상했던 대로 초간이 유입되었고, 그 중에는 ≪주역周易≫이 포함되어 있었다. 마승원은 ≪上博楚簡(一)≫의 <前文>의 <전국 초죽서의 발견·보존·정리>라는 문장에서 초죽서의 발견과정을 아래와 같이 설명하였다.

> 1994년 봄, 홍콩 골동품 시장에 죽간竹簡들이 계속해서 그 모습을 드러냈다. 전국戰國 시기의 죽간 문자 편찬에 많은 관심을 가지고 있었던 장광유張光裕가 이 사실을 나에게 전해 주었고, 몇 개의 죽간을 모사한 모본摹本(베껴 쓴 자료)을 팩스로 보내 주었다.
>
> 이 모본 중 몇 개는 ≪周易≫에 관한 것이었고, 나머지 몇 개는 편명을 알 수는 없었지만 文王과 周公에 관한 내용이었다. 나는 장광유 교수에게 좀 더 많은 모본을 보내 줄 것을 요청하였다. 그 후 팩스로 보내온 모본을 통하여 이 죽간들은 지금 현재 우리가 볼 수 없는 선진 시대의 고전적이고, 여기에 쓰여 진 문자들은 이미 출토된 전국시대 초나라 문자와 같다는 것을 알 수 있었다. 시간이 지나면 산실될 가능성이 있었지만, 내가 당시 다른 일정 때문에 곧바로 홍콩으로 건너가 실물을 확인할 수 없었기에, 장 교수에게 이 죽간을 살 수 있는 방법을 모색해 보고, 이를 파는 상인과 적정한 구매 날짜를 타진해 볼 것을 부탁하였다.
>
> 당시 홍콩으로 가려면 약 2-3개월의 수속 기간이 걸렸다. 그러므로 홍콩에 도착했을 때 이미 그 죽간이 어디로 사라질지도 모르는 일이었다. 실물을 제대로 보지 못했기에 이 골동품을 확보하기 위해서 나는 더 많은 모본을 요구하고 이를 참고하기로 하였다. 이후 약 30여 쪽 분량의 모본을 확인하고, 그것이 가짜가 아닌 진짜라는 판단을 내릴 수 있었고 그 내용이 모두 선진 시기의 고전적이라는 것을 확신할 수 있었다. ≪周易≫ 이외에는 대다수가 그 출처를 알 수 없는 것들이었다.

이런 초보적인 감정 결과를 장광유 교수에게 알려주고, 장교수에게 다시 죽간의 보존 상태, 햇빛에 노출된 후의 색깔 변화, 습기가 증발된 후의 변화 등등에 관하여 관심을 가지고 살펴보도록 하였다. 특히 글자의 먹 색깔과 필획의 형태를 주의 깊게 살펴보도록 하였다. 죽간의 상황들을 파악하고, 감정과 판단에 확신이 서자, 우리는 박물관 동료들과 상의하여 이 죽간을 즉시 구매하기로 결정하였다.

1994년 5월, 이 죽간이 상해 박물관에 도착하였다. 일부 잔간殘簡(부러진 죽간)은 부석부석 떨어져 나갔으며, 대부분의 죽간은 진흙 덩어리에 쌓여 있었다. 자외선 광선에 노출되자 갈색이었던 죽간이 곧바로 검붉은 색으로 변해버렸고, 습기가 적은 죽간도 바로 변형되어 버렸다. 그 다음 해, 모두 1,200여 매 죽간을 확보하였다.

따라서 죽간을 어떻게 보존하느냐가 급선무였다. 먼저 상해박물관문물보존처上海博物館文物保護處와 고고과학실험실考古科學實驗室에 이를 넘겨주고, 진원생陳元生 연구원을 책임자로 한 전문연구팀을 구성하였다. 이 연구팀에서는 전문적으로 습기를 제거하고 오염 물질을 없애 보존하는 연구를 전담하였다.

1994년 가을과 겨울, 한 무더기의 죽간을 또 발견하였는데, 우리는 이것이 처음 우리가 발견한 죽간과 관련이 있음을 알았다. 그러나 연말이어서 박물관은 이 죽간을 살 만한 여력이 없었다. 다행히, 상해박물관과 인맥이 닿았던 주창언朱昌言, 동모절董慕節, 고소곤顧小坤, 육종린陸宗麟, 섭창오葉昌午 선생님들이 돈을 모아 홍콩으로 부터 이 죽간들을 구입하여 상해박물관에 호쾌히 기부하였다. 이 죽간들은 이전에 구입한 죽간과 특징이나 상태가 같았기 때문에 서로 짝 맞추기를 할 수 있었다. 죽간은 모두 497매였다. 그러나 사실상 이 죽간도 이미 유실된 부분이 있었다. 후에 요종이饒宗頤 선생이 발표한 《치의緇衣》의 죽간은 본 박물관이 소장한 죽간의 유실된 부분과 관련이 있었으며 서로 짝 맞추기를 할 수 있는 잔간殘簡이기도 하였다. 본 박물관이 소장하고 있는 죽간 중의 유실된 일부분이었던 《周易·楑》 또한 같은 경우이지만, 일부가 따로 유실된 전체적인 상황에 대해서는 아직 잘 모른다.

이 죽간들은 원래 도굴되었던 것이기 때문에 출토된 시기와 장소들을 정확히 알 수 없지만, 소문에 의하면 호북湖北 지방에서 출토된 것이라고 한다.

1998년에 ≪郭店楚墓竹簡≫이 출판되었는데, 이중 ≪緇衣≫와 ≪性自命出≫은 본 상해박물관 죽간에 있는 내용이다.

≪郭店楚墓竹簡≫의 보고에 따르면, 이 죽간은 1993년 겨울에 발굴되었는데, 이 묘지에서 이미 도굴되어 유실되었던 죽간은 1994년에 봄에 발견되었다고 한다. 발굴한 때와 유실된 죽간이 발견된 때는 거의 비슷하다. 이러한 상황은 山西 곡옥曲沃 지방에서 발견된 진국晉國의 묘지의 경우와 매우 비슷하다. 진후晉侯 묘지 중 일부분도 고고연구소에서 학술적 용도로 발굴하였고, 다른 한 부분은 도굴꾼에게 도굴 당하여 문물들이 유실되었다. 유실된 문물들은 후에 발견되어 보충할 수 있었다.

그러나 상해박물관의 죽간은 발굴한 문물이 아니기 때문에 출토된 지역을 정확히 알 수는 없다. 곽점촌 묘지에서 출토되었다는 추측은 앞의 상황을 미루어 짐작한 것이지 이에 관한 실질적인 증거는 없다.[144]

초죽서 발견의 과정을 시간 별로 살펴보면 대략 다음과 같다.

— 1991년 1월, 청동기와 중국 한漢나라 채회칠기綵繪漆器을 발견하였고, 이외에도 죽간이 있을 것이라는 가능성을 확인하였다. 따라서 마승원은 장광유에 특별히 주시하기를 부탁하였다.

— 1994년 봄, 장광유가 죽간이 출현하였다는 것을 알려왔고, 100매 초죽서의 모본摹本을 보내왔다. 이 중에는 몇 개의 ≪주역周易≫이 포함된 죽간이 있었다. 이 외에 편명은 알 수 없으나, 문왕文王·무왕武王과 주공周公에 관한 내용이 포함되어 있었다. 이러한 내용은 이전에 이미 유실되어 알 수 없었던 선진 고전적이었다. 문자의 형태는 이미 출토된 전국시기 초나라 문자와 같은 종류의 것이라는 것을 확인할 수 있었다. 전보나 전화 등을 통하여 서로 연락을 하였는데, 국제전화비만 해도 만원이 넘는 중국 돈이 들었다. 최후에 마승원은 이는 고대 초나라 수도였던 영도郢都 지역의 귀족 무덤에서 출토된 것이라는 것을 확신하였다. 그래서 상해박물관은 이 죽간을 보호하는 차원에서 즉각 자금을 지불하고 구매하기로 결정하였다.

---

144) ≪上海博物館藏戰國楚竹書(一)·前言≫, 上海古籍出版社, 2001.1.

- 1994년 3월 12일, 먼저 400여 매의 죽간을 구입하였다.
- 1994년 4월 27일, 제2차 제3차에 걸쳐 800여 매의 죽간을 지속적으로 구입하였다.

▍복귀될 당시 죽간의 상태

- 네모난 모양의 크고 두꺼운 진흙 덩어리였고, 주변은 상당히 너덜너덜한 상태였으며, 가운데 부분만이 덩어리 상태였다. 당시 죽간의 상태는 진한 누른색(黃色)이었고, 진흙에서 벗겨져 햇빛을 보면 즉시 검은 황색으로 변하였다. 죽간은 진흙에서 걷어내면 마치 면발같이 약해졌고 모양이 변형되어 휘어졌다.

  화학 분석을 통하여, 죽간에 포함된 수분은 중성中性이고, 매장되어 있었던 묘 내에는 대량의 수분을 함유하고 있다는 것을 알 수 있었다. 수분 함유량은 81.09이고, 절대 수분 함유량은 428.9이다.

- 2000년 4월 8일에서 29일 사이, 죽간에 사용된 대나무는 중국 임업과학연구원의 목재공업 연구소가 목질에 대하여 측정하고 검사한 결과 '모죽예화본과毛竹隸禾本科'(木編 2000-24)에 속한다는 것을 알게 되었다.

- 2000년 4월 27일, 중국과학원 상해원자핵연구소 하전荷電(electric charge)입자가속장치 물질분량측정 실험실(SMCAMS: Shanghai Mini-cyclotron Mass Spectrometer)에서 ≪상해박물관죽간 양품樣品에 대한 증명≫145)이라는 측정한 연대 보고서를 발표하였다. 시기는 '2257±65'로 전국 말기에 해당된다.

상해박물관은 진원생陳元生·해옥림解玉林·나희운羅曦芸 등 세 전문가를 주축으로 한 전문 연구팀이 구성되어 밤낮으로 수분이 함유된 나무와 대나무를 처리하는 여러 방법을 연구한 끝에 결국 '진공냉동건조법'을 사용하기로 결정하였다. 삼년 동안 끊임없는 노력 끝에 심하게 변형된 죽간을 교정하고 붉은 먹(주사朱砂)으로 쓰여 진 각종 표기 부호를 원형대로 보존하는 등 1천 여 매 죽간의 물기를 없애고 원래의 형태

---

145) '上海博物館樣品的測量證明'

를 최대한 회복하는 임무를 순리적으로 완성할 수 있었다. 이러한 연구 결과는 1999년 10월, 국내 전문가를 초청하여 ≪물에 심하게 부식된 죽간의 진공냉동 건조 연구≫[146]라는 감정회를 개최하고, 이 내용을 ≪文物保護與考古科學≫(1999년 제1기) 학술지에 발표하였다. 또한 이 연구는 '국가문화재 과학기술부 일등 진보상'[147]과 '2000년도 국가과학기술 이등 진보상'[148]을 받기도 하였다.

이와 동시에 실험실에서는 죽간 위에 쓰여 진 검은 먹(墨色)은 몇 년 전의 고대 먹(墨)이라는 것을 밝혀내었다.

진섭군陳燮君은 이러한 내용을 전체적으로 아래와 같이 설명하였다.

> 이러한 문물에 대한 관심은 지속적으로 초죽서에 대한 보호·정리와 연구에 깊은 관련성을 가지고 있다. 상해박물관 소속의 과학 연구팀을 죽간을 보호하고 정리하는데 힘을 쏟고 지혜를 모아 많은 어려운 문제들을 해결할 수 있었다. 이러한 어려움을 극복하고 문제를 해결하는 과정은 연구팀이 더욱 단단하게 연마할 수 있는 계기가 되었다. 죽간을 어떻게 '수분을 없애고 보호'할 수 있는가하는 문제가 가장 어려운 문제였다. 상해박물관 문물보호처上海博物館文物保護處와 고고과학 실험실 전문 연구팀이 3년간의 힘들게 노력한 끝에 그 방법을 찾을 수 있었고, 이 방법으로 원만하게 '수분함유 죽간 성질과 진공냉동건조 연구'[149]라는 과제를 원만하게 해결할 수 있었다. 연구팀은 '알코올을 이용하는 방법(순미법醇醚法)'인 공예품 처리방법과 진공냉동건조법을 결합하여 '탈수가고정형법脫水加固定型法'을 발견하였고, 이를 이용하여 이미 심하게 부패된 1,200여 매의 죽간을 탈수시키고 형태를 고정화할 수 있게 되었으며, 오염물질을 제거할 수 있게 되었다. 이러한 과정을 걸치고 난 다음 죽간은 그 강도는 더욱 강해졌고, 대나무는 더욱 자연스런 색깔을 띠게 되었다. 이는 중국에서 수분이 함유된 대량의 죽간을 수분을 제거하고 보호하는 첫 번째 사례가 되었다. 그동안 연구한 이론과 실질적인 방법을 통하여 심하게 부식된 수분 함유 죽간을 효과적으로 보호하고 처리할 수 있는 길을 열어 놓게 되었다.[150]

---

146) '嚴重朽蝕飽水竹簡的眞空冷凍乾燥硏究'
147) '國家文物局科技進步一等獎'
148) '國家科學技術進步二等獎'
149) '飽水竹簡性質及眞空冷凍乾燥硏究'

이와 같이 죽간을 자연 상태에서 정리하고 인공 광선에서 진열할 수 있도록 연구하고 적절하게 보존할 수 있게 된 것은 대단히 성공적인 일이 아닐 수 없다.

-1997년, 구체적으로 죽간 정리 작업을 착수하였다. 상해박물관은 문자를 확실하게 대조 확인하기 위하여 거액의 자금을 투자하여 '전자 디지털 확대경'을 구입하였다. 대략적인 문자 인식을 통하여 《상박초간》이 《곽점초간》보다 그 내용이 훨씬 많다는 것을 확인할 수 있었다.

《상박초간上博楚簡》의 《주역周易》은 부러진 잔간殘簡들은 짝 맞추기 하여, 형태에 따라 적절하게 해당되는 죽간의 순서에 맞추어 배열하였다. 잔간들은 전체적인 문장의 내용, 편선編線의 위치, 죽간 양 끝의 상태 등등의 실질적인 사항을 고려하여 죽간의 위치를 확인하였다.

초죽서 《주역》은 모두 여덟 개의 죽간을 짝 맞추기 하였다. 이 중에는 제 32간의 아랫부분은 홍콩 중문대학中文大學 중국문화박물관이 소장하고 있는 초죽서이다. 이 죽간은 요종이饒宗頤가 〈개척 중인 훈고학-초간《易經》에서 신편《經典釋文》까지를 논하면서의 제안》151)에서 발표된 자료이다. 이 자료 중의 수록된 확대죽간과 원래 크기의 사진은 진송장陳松長의 《香港中文大學中國文物館藏簡牘》152)에 수록되어 있다.

《周易》 중 여덟 개 죽간의 짝 맞추기 한 상황은 아래와 같다.

1. 《尨(蒙)》卦

    제 1 간의 두 번째153)에 해당되는 죽간은 두 개를 짝 맞추기 한 것이다.(제 1 간)

---

150) 陳燮君, 《戰國楚竹書的文化震撼》
151) 饒宗頤, 〈在開拓中的訓詁學-從楚簡《易經》談到新編《經典釋文》的建議〉, 《臺灣第一屆國際訓詁學研討會論文集》, 1997.
152) '香港中文大學中國文物館藏品之七', 20001년.
153) 초죽서 《周易》은 일반적으로 한 괘卦의 전체 내용은 세 개의 죽간을 이용하여 수록하고 있다. 두 번째 죽간이란 두 개의 죽간 중 첫 번째 죽간을 가리킨다.

2. ≪䢼(需)≫卦

    ≪䢼(需)≫괘의 첫 번째 죽간에 해당되는 제 2 간은 두 개를 짝 맞추기 한 것이다.(제 2 간)

3. ≪訟≫卦

    ≪訟≫괘의 첫 번째에 해당되는 죽간은 두 개를 짝 맞추기 한 것이다.(제 4 간)

4. ≪亡(無)≫卦

    ≪亡(無)≫괘의 두 번째에 해당되는 죽간은 세 개를 짝 맞추기 한 것이다.(제 21 간)

5. ≪豚(遯)≫卦

    ≪豚(遯)≫ 첫 번째에 해당되는 죽간은 두 개를 짝 맞추기 한 것이다.(제 30 간)

6. ≪楑(睽)≫卦

    ≪楑(睽)≫괘의 첫 번째에 해당되는 죽간은 두 개를 짝 맞추기 한 것이다. 첫 번째에 해당되는 죽간은 짝 맞추기 한 후에도 뒷부분은 잔간殘簡이다. 이 잔간은 현재 홍콩 中文大學 중국문화 연구소에 소장되어 있다.(제 32 간)

7. ≪漸(漸)≫卦

    ≪漸(漸)≫괘의 첫 번째에 해당되는 죽간은 두 개를 짝 맞추기 한 것이다.(제 50 간)

8. ≪豐≫卦

    ≪豐≫괘의 두 번째에 해당되는 죽간은 두 개를 짝 맞추기 한 것이다.(제 51 간)

≪周易≫ 중 완전한 형태의 죽간은 아래와 같다.

1. ≪訟≫卦의 첫 번째 간(제 5 간)
2. ≪訟≫卦의 마지막 간(제 6 간)
3. ≪币(師)≫卦의 첫 번째 간(제 7 간)
4. ≪比≫卦의 첫 번째 간(제 9 간)
5. ≪比≫卦의 두 번째 간(제 10 간)

6. ≪大有≫卦의 두 번째 간(제 11 간)
7. ≪䕕(謙)≫卦의 두 번째 간(제 13 간)
8. ≪余(豫)≫卦의 첫 번째 간(제 14 간)
9. ≪余(豫)≫卦의 두 번째 간(제 15 간)
10. ≪陵(隨)≫卦의 두 번째 간(제 17 간)
11. ≪蠱≫卦의 첫 번째 간(제 18 간)
12. ≪大𭀂(畜)≫卦의 첫 번째 간(제 22 간)
13. ≪大𭀂(畜)≫卦의 두 번째 간(제 23 간)
14. ≪頤≫卦卦의 첫 번째 간(제 24 간)
15. ≪頤≫卦卦의 첫 번째 간(제 25 간)
16. ≪欽(感)≫卦의 두 번째 간(제 27 간)
17. ≪死(恆)≫卦의 첫 번째 간(제 28 간)
18. ≪死(恆)≫卦의 두 번째 간(제 29 간)
19. ≪楑(睽)≫卦의 마지막 간(제 34 간)
20. ≪訐(蹇)≫卦의 첫 번째 간(제 35 간)
21. ≪繲(解)≫卦의 첫 번째 간(제 37 간)
22. ≪夬≫卦의 두 번째 간(제 38 간)
23. ≪夬≫卦의 마지막 간(제 39 간)
24. ≪敂(姤)≫卦의 두 번째 간(제 41 간)
25. ≪啐(萃)≫卦의 첫 번째 간(제 42 간)
26. ≪困≫卦의 마지막 간(제 43 간)
27. ≪汬(井)≫卦의 첫 번째 간(제 44 간)
28. ≪汬(井)≫卦의 두 번째 간(제 45 간)
29. ≪汬(井)≫卦의 마지막 간(제 46 간)
30. ≪革≫卦의 첫 번째 간(제 47 간)
31. ≪艮≫卦의 두 번째 간(제 49 간)
32. ≪豐≫卦의 마지막 간(제 52 간)
33. ≪遊(旅)≫卦의 첫 번째 간(제 53 간)
34. ≪䌛(渙)≫卦의 첫 번째 간(제 54 간)

35. ≪䚻(渙)≫卦의 두 번째 간(제 55 간)

36. ≪旣淒(濟)≫卦의 두 번째 간(제 57 간)

짝 맞추기 한 후 완전한 형태의 죽간은 아래와 같다.

1. ≪𩒾(需)≫卦의 첫 번째 간(제 2 간)

2. ≪訟≫卦의 첫 번째 간(제 4 간)

3. ≪亡(無)忘≫卦의 두 번째 간(제 21 간)

4. ≪㺔(遯)≫卦의 첫 번째 간(제 30 간)

5. ≪楑(睽)≫卦의 첫 번째 간(제 32 간)[154]

6. ≪敂(姤)≫卦의 첫 번째 간(제 40 간)

7. ≪𣵠(漸)≫卦의 첫 번째 간(제 50 간)

8. ≪豐≫卦卦의 두 번째 간(제 51 간)

짝 맞추기 한 후 문장 구절이 완전한 간(백간白簡이[155] 잔간인 경우)은 아래와 같다.

1. ≪帀(師)≫卦의 두 번째 간(제 8 간)

2. ≪陵(隨)≫卦의 첫 번째 간(제 16 간)

3. ≪㺔(遯)≫卦의 두 번째 간(제 31 간)

4. ≪訐(蹇)≫卦의 두 번째 간(제 36 간)

5. ≪小㻷(過)≫卦의 마지막 간(제 56 간)

이상의 정리 과정을 걸쳐 초죽서 ≪周易≫은 총 58간이며, 34卦의 내용이 포함되어 있으며, 문자는 모두 1,806자이다. 이 중에서 합문은 3자, 중문은 9자, 괘화卦畵는 25개가 있다.

---

154) 중문대학 소장의 죽간과 짝 맞추기 한 후 완전한 형태의 죽간이다.
155) '白簡'이란 '문자를 써 넣지 않는 부분'을 가리킨다.

▮초죽서 ≪周易≫의 죽간 형태

양쪽 끝은 반듯하게 다듬어진 편평한 모양이며, 길이는 44cm, 넓이는 0.6cm, 두께는 0.12cm 정도 된다. 이러한 죽간의 크기나 편선編線의 형태는 우리가 전국 시기의 죽간을 사용하는 제도(版制)에 대하여 이해할 수 있을 뿐만 아니라, 고대 중국 책의 역사에 대해서도 이해할 수 있는 실질적이고 확실한 자료이다. 죽간은 세 개의 편선 자국이 있다. 편선의 재료는 실을 사용하였다. 오랜 기간 동안 무덤 속에 매장되어 있어서, 대나무가 물러졌거나 흙더미의 무너져 내려 편선의 실이 대나무 속으로 끼워져 들어가 있는 상태다. 편선을 고정시키기 위하여 오른쪽 부분에 'ㄷ'모양의 홈이 파져 있다. 제일 윗부분에서 첫 번째 편선까지(天頭)는 1.2cm이고, 첫 번째 편선에서 두 번째 편선까지는 약 20.5cm이고, 두 번째 편선에서 제일 아래 편선까지는 약 25.5cm이고, 세 번째 편선에서 제일 아랫부분까지(地脚)는 1.2cm가량 된다. 홈의 위치는 오른쪽 부분에 있다.

▮문자

첫 번째 문자는 첫 번째 편선 아랫부분부터 쓰고, 마지막 문자는 세 번째 편선 위에 쓰여 있다. 완전한 형태의 죽간은 문자가 모두 44자 정도 된다. 서체書體는 반듯하고 또박또박하며, 글씨의 크기는 일반적으로 일률적이다. 글씨와 글씨의 간격은 거의 일률적으로 같고, 모든 괘는 일반적으로 2개나 혹은 3개의 죽간으로 되어 있다.

▮초죽서 ≪周易≫의 서술 방식

초죽서 ≪周易≫의 서술 방식은 일반적으로 '괘화卦畵'·'문자'와 '부호符號'로 나눌 수 있다.

(1) '괘상卦象(卦畵)'의 서술 방식

양효나 음효가 결합된 주괘主卦와 객괘客卦가 결합되어 하나의 '別卦'156)가 된다. 양효는 '−'로 표시되고, 음효는 '八'로 표시된다. 이러한 형태는 백서 ≪周易≫과 부양한간阜陽漢簡에서 계승되고 있으나, 왕가대진간王家臺秦簡과 현행본은 이와 같은 형태가 아니다.

(2) 문자 표현 방식

괘명卦名, 괘사卦辭, 효위爻位, 효사爻辭 등으로 이루어져 있다. 사용하고 있는 문자・낱말과 문장은 백서나 현행본과 다른 점들이 있다.

(3) 부호 표현방식

초죽서 효위爻位의 표현 방식 중 '八(六)'은 음효이고 '九'는 양효이다. 매 괘마다 여섯 개의 효爻가 있으며, 순서는 아래에서 위로 칭한다.

▌초죽서의 효위[157]의 표현방식

A. 첫 번째 효위와 마지막 효위: 놓여 있는 위치 순서에 따라 '初'와 '上'을 사용하여 표시한다. 첫 번째 효위는 '初六'이나 '初九'로 표시하고, 제일 위의 효는 '上六' 혹은 '上九'로 표시한다.[158]

B. 두 번째와 다섯 번째 효위: 위치와 음양에 따라 '九二'와 '六二', '九三'과 '六三', '九四'와 '六四', '九五'와 '六五' 등으로 표시한다. 이러한 표시법은 현행본에도 사용된다.

---

156) 주역 중 64괘의 하나하나의 괘를 '別卦'라 한다. '主卦'란 64괘 중 아랫부분에 위치한 괘를 가리키고, 윗부분에 있는 괘는 '客卦'라 한다.
157) '爻位'는 혹은 '효제爻題'라고도 부른다. 선진 문헌 중에 다른 '爻題'를 사용하여 따로 부르지 않기 때문에, 역사적 사실을 감안하여 '爻題'라는 명칭을 사용하지 않기로 한다.
158) 帛書는 '上'자 대신에 '尙'을 사용한다. '上'과 '尙'은 고대 언어에서 서로 통용된다.

4.2 '죽서竹書'와 '주역周易'

▮'竹書'

상박초간上博楚簡은 중국 전국시기 초나라 문자이며, 중국 문물을 보호하는 차원에서 홍콩에서 구입한 죽간이다. 죽간의 모양이나 내용 등을 고려해 볼 때, ≪곽점초간郭店楚簡≫과 유사성이 많다. 마승원은 일찍이 ≪上博楚簡(一)·前言≫에서 ≪郭店楚簡≫과 ≪上博楚簡≫은 모두 초나라가 수도를 영도郢都로 옮기기 이전에 수장한 것이라 하였다.

> 죽간에는 역사와 관련된 내용이 있는데, 이는 대부분 초나라와 관련이 있고, 문자는 우리가 자주 보아왔던 초나라 문자이다.
> ≪上海博物館竹簡 樣品에 대한 증명(上海博物館樣品的測量證明)≫과 중국과학원 상해원자핵연구소 하전荷電(electric charge)입자가속장치 물질분량측정 실험실(SMCAMS: Shanghai Mini-cyclotron Mass Spectrometer)에서 측정한 연대 보고서에 의하면, 이 죽간의 시기는 전국 말기에 해당된다고 한다.(이와 관련된 보고서는 상해박물관문물보존처와 고고과학실험실에서 장차 발표할 예정이다)
> 죽간 중 부賦를 기록한 잔간殘簡 두 편은 아직까지 다른 고적에서 보지 못했던 초나라 문학 작품이다. 현재 전해 내려오고 있는 賦는 대부분 전국 말기의 작품이며, 순자의 賦와 굴원屈原의 부 역시 이 시기의 것이다. 본 죽간의 賦 역시 동일 시기의 문학작품이다.
> 여러 정황을 고려해 보고 ≪곽점초간≫과 비교해 보았을 때, 상해박물관 죽간은 영도郢都로 수도를 이전하기 이전 초나라에 묻힌 귀족 무덤의 수장물 임을 알 수 있다.159)

이 죽간은 초나라 문물임에 틀림이 없다. 중국 전국시기 때에는 사건을 기록하거나 글을 쓸 때에는 대부분 죽간을 사용하였다. 구석규裘錫圭는 죽간은 중국 상商나라 초기에 이미 사용하였고, 지금까지 발견된 죽간 중 전국시기의 것이 가장 이른 것이라

---

159) 馬承源, ≪上海博物館藏戰國楚竹書(一)·前言≫.

하였다.

> 식물 섬유질의 종이를 사용하기 이전에 고대 중국에는 오랜 기간 동안 대나무와 비단이 주요 문자를 기록 자료로 사용되었다. 죽간은 적어도 商나라 초기에 이미 사용되었고, 비단은 이보다 좀 늦게 사용되었을 것이다. 죽간과 비단은 쉽게 파손되고 쉽게 부패되기 때문에 고대 시기의 간백簡帛문자는 전해 내려오기 쉽지 않았다. 중국 가장 이른 시기의 간백문자는 戰國시기의 것이 가장 이른 것이다.160)

생 대나무는 원래 즙이 있다. '즙汁'을 진陳나라나 초楚나라에서는 '한汗'이라 하였다. 생 대나무는 쉽게 부패되어 보존하기가 쉽지 않다. 즙汁을 제거하고 푸른 색 껍질을 벗겨내 생 대나무의 부패를 방지하기 위한 작업을 '살청殺青'이라 한다. 따라서 '살청'을 혹은 글씨를 쓰는 죽간이라는 명칭으로 사용되기도 한다.

≪열자서록列子書錄≫에서는 "中書(宮中에 소장하고 있는 본)에 따라 교감을 하고 완성을 하여 죽간에 기록(살청殺青)하였다."161)라 하였는데, 유향劉向은 "생 대나무의 청색을 제거하는 것을 살청이라 한다."162)라 하였다. ≪풍속통風俗通≫은 "살청을 하여 죽간을 만들어 글씨를 썼다. 생 대나무는 즙이 있어 후에 모두 좀이 먹었다. 그래서 죽간을 만들 때 불로 대나무를 말렸다."163)라 하였다.

대나무는 줄을 사용하여 묶었다.(편련編聯) ≪태평어람太平御覽≫에서는 유향劉向의 ≪별전別傳≫을 인용하여 "죽간에 기록되어 있는 ≪손자孫子≫는 엷은 청색의 명주실 새끼줄을 사용하여 묶었다."164)라 하였고, 순욱荀勖은 ≪목천자전穆天子傳≫의 <序文>에서 "(西晉)태강太康 2년에 하남성河南城 급현汲縣 사람 부표不準(fǒu biāo)165)가 옛날 무덤을 도굴하여 고서를 발견하였는데, 이 책들은 모두 흰 명주실로 묶여져

---

160) 裘錫圭, ≪文字學概要≫, 1988.8, 商務印書館.
161) ≪列子≫: "校讎從中書已定皆以殺青"
162) "謂汗簡刮去青也."
163) ≪風俗通≫: "殺青作簡書之, 新竹有汗, 後皆蠹, 故作簡者於火上炙乾之."
164) ≪別傳≫: "孫子書以殺青簡, 編以縹絲繩."
165) '不準'은 '否標(Fǒu Biāo)'의 음으로 읽는다.

있었다."166)라 하였다. 죽서竹書는 주머니를 사용하여 담았다. 양梁나라 소명昭明(蕭統, 501~531) ≪문선文選≫은 <序文>에서 "詞人才子, 則名溢於縹囊. 飛文染翰, 則卷盈乎緗帙."167)라 하였는데, 여향呂向은 "'縹(옥색 표, piāo)'는 청백색의 비단이다. '囊(주머니 낭, náng, nāng)'은 바닥이 있는 주머니로 책을 담는데 사용된다. '緗(담황색 상, xiāng)'은 담황색의 비단이다. '帙(책갑 질, zhì)'은 책갑이다."라 하였고,168) 유희劉熙 ≪석명釋名≫에서는 "'緗'은 뽕나무 '桑'과 음이 같다. 뽕나무 잎이 막 자랄 때의 색깔이다. '縹'는 '漂(떠돌 표, piāo, piǎo)'의 의미다. 살짝 청색이 감도는 색깔을 가리킨다. '파란 옥(벽표碧縹)', '파란 하늘(천표天縹)', '푸른 뼈(골표骨縹)' 등의 말이 있는데, 모두 색깔에 따라 이름을 취한 것이다."169)라 하였다.

사용하는 죽간의 형태 또한 각각 다르다. ≪목천자전穆天子傳·서이序二≫는 "순욱荀勖은 이전에 고대 죽간의 尺度를 살펴 본 적이 있는데, 그 죽간의 길이는 2尺4寸이고,170) 검은 묵으로 썼으며, 한 죽간에 40자가 적혀 있었다. 급汲 지방은 전국시기의 위魏나라 지역이다."171)라 하였고, ≪옥해권玉海卷≫에서는 여러 학자들의 주장을 인용하여 "정현鄭玄은 ≪논어서論語序≫에서 ≪주역≫·≪시경≫·≪서경≫·≪예기≫·≪악기≫와 ≪춘추≫의 간책簡策(冊)은 모두 2尺4寸이며, ≪효경≫은 이의 반절 길이이다. ≪논어論語≫는 8寸 길이인 것이 삼분의 일이고, 이 길이의 반절에 해당되는 것이 있기도 한다. 이것이 책의 길이에 해당된다. 정현鄭玄이 주석한 ≪상서尚書≫는 한 죽간에 30자가 있다. 복건服虔은 '古文 篆書는 한 간에 여덟 자를 쓰고 있는데, 이가 죽간의 문자수이다.'라 했다."172)라 하였고, ≪상서상해尚書詳解≫는 고표顧彪의 말을

---

166) ≪穆天子傳≫<序文>: "太康二年, 汲縣不準盜發古塚所得書也, 皆竹簡素絲編."
167) ≪文選≫<序文>: "詞人才子, 則名溢於縹囊. 飛文染翰, 則卷盈乎緗帙.'(이 시기의 이름난 시인이나 재인들이 문단에 넘쳐나, 그들이 일필휘지한 많은 문장들이 주머니(표낭縹囊)에 넘쳐난다.)
168) 呂向: "縹, 青白色. 囊, 有底袋也, 用以盛書. 緗, 淺黃色也. 帙, 書衣也."
169) 劉熙≪釋名≫: "緗, 桑也. 如桑葉初生之色也. 縹, 猶漂, 漂淺青色也, 有碧縹, 有天縹, 有骨縹, 各以其色所象言之也.."
170) '一尺'은 '1자'로 1丈의 1/10로 약 33.3cm에 해당되며, '寸'은 '1치'로 1尺의 1/10로 약 3.33cm이다.
171) ≪穆天子傳·序二≫: "以臣勗前所考定古尺度其簡, 長二尺四寸, 以墨書, 一簡四十字. 汲者, 戰國時魏地也."
172) ≪玉海卷≫: "鄭作≪論語序≫云: ≪易≫·≪詩≫·≪書≫·≪禮≫·≪樂≫·≪春秋≫策, 皆二尺四寸, ≪孝經≫謙半之. ≪論語≫八寸三分居一又謙焉. 是其策之長短. 鄭注≪尚書≫三十字一簡之文. 服虔注左氏云: 古文篆書一簡八字是其簡之字數."

인용하여 "간책의 길이는 2尺2寸이고, 죽간의 길이는 1尺2寸이다. 이른바 죽간의 길이는 1尺2寸으로 만들었다."173)라 하였고, ≪석명釋名≫은 "간독簡牘의 길이는 3尺이며, 이것이 간독의 길이이다."174)라 하였다. 이와 같이 간독의 크기에 대한 주장이 각기 다르다. 따라서 선진시기 간독의 크기에 대한 어떤 특별한 제도가 없는 것으로 보인다.

▌간독簡牘에 대한 다양한 명칭

간독은 혹은 아래와 같이 불린다.

'簡'·'間'·'竹簡'·'汗簡'·'炙簡'·'殺靑簡'·'策'·'策文'·'筴'·'畢'·'篳'·'札'·'簡札'·'牘版'·'椠'·'簡策'·'簡牘'·'竿牘'·'方'·'觚'·'舭'·'牒'·'葉'·'籤'·'牘'·'書版'·'簿'·'手版'·'簿書'·'牘牒'·'笏'·'曶'·'忽'·'殺靑'·'殺靑簡'·'汗炙'·'汗靑竹'·'竹書'·'古文竹書'·'竹簡'·古書'·'簡書'·'策書'·'竹簡書'

아래에서는 위의 명칭을 사용한 예문을 간략하게 살펴보도록 한다.

▌'간簡'·'간間'·'죽간竹簡'

≪史記·魯周公世家≫: "丘明執簡, 褒貶備書."
좌구명左丘明은 죽간을 가지고 칭송해야할 것과 벌해야할 내용들을 모두 기록하였다.
≪說文≫: "簡, 牒也."
'簡'은 '牒(서판 첩, dié)'이다.
≪玉篇≫: "簡, 牒也."
'簡'은 '牒(서판 첩, dié)'이다.
≪竹譜≫: "殺靑而尺截曰簡."
대나무를 살청하고 한 척으로 만들어 쓰는 것을 간이라 한다.

---
173) ≪尙書詳解≫: "顧氏(≪尙書顧氏疏≫)謂: 策長二尺二寸, 簡一尺二寸. 竹簡者, 蓋以竹長一尺二寸爲之也."
174) ≪釋名≫: "槃版長三尺, 卽牘牒也."

≪釋名≫: "簡, 間也. 編之篇篇有間也."

'簡'이란 '間(틈 간, jiān)'이란 뜻이다. 엮어서 '篇(책 편 piān)'을 만들고 편에는 간격이 있다는 뜻이다.

≪尙書·書序≫: "以竹簡寫之.", 胡士行注: "竹長一尺一寸, 殺青書之謂之竹簡."

≪尙書·書序≫의 "죽간을 사용하여 글씨를 쓰는 것을 만든다."라는 말에 호사행胡士行은 "대나무의 길이는 1尺1寸이고 살청을 하여 글자를 쓰는 것을 죽간이라 한다."라 하였다.

≪後漢書≫: "自古書契多編以竹簡, 其用贈帛者謂之爲紙."

"고대에는 대부분 죽간을 엮어서 글씨를 썼고, 비단을 이용한 것을 '紙(종이 지, zhǐ)'라 한다.

≪急就篇≫: "簡, 札, 檢, 署, 槧, 牘, 家." 顔師古云: "竹簡以爲書牒也."

≪急就篇≫의 "簡, 札, 檢, 署, 槧(판 참, qiàn), 牘, 家" 구절에 대하여 안사고顏師古는 "죽간으로 서첩書牒을 만들었다."

≪異苑≫: "有人嵩山下得竹簡一枚, 上有兩行科斗之書, 中外傳示, 莫能知, 張華以問束晳. 晳曰: '此明帝顯節陵中策文也.' 驗校果然."(≪太平御覽≫卷606)

"어떤 사람이 숭산에서 죽간 한 개를 얻었는데 그 위에 두 줄로 과두문이 기록되어 있었다. 이를 안팎으로 문의를 하였으나 아는 사람이 없었다. 장화가 이 사실을 속석에게 물었다. 속석束晳은 '이는 동한東漢 명제 유장劉莊 현절릉에서 나온 책문이다'라 하였다. 후에 검증해 보니 과연 그랬다."

▎'한간汗簡' · '구간灸簡' · '한구汗灸'

≪列子·序≫: "校讎從中書已定, 皆以殺青書.", 注: "謂汗簡刮去青皮也."

≪列子·序≫는 "中書(宮中이 소장하고 있는 서적)에 따라 교감을 하고 완성을 하여 죽간에 기록(殺青)하였다."[175]라 하였는데, 유향劉向은 "생 대나무의 청색을 제거하는 것을 살청이라 한다."라 했다.

≪後漢書·吳祐傳≫: "吳祐字季英, 陳留長垣人也. 父恢, 爲南海太守. 祐年十二, 恢欲殺青簡以寫經書, 祐諫曰……", 李賢注: "殺青者, 以火灸簡冷汗, 取其青易書, 謂之殺青,

---

175) ≪列子≫: "校讎從中書已定皆以殺青"

復不蠹, 謂之殺靑, 亦謂汗簡, 義見劉向別錄也."

≪後漢書·吳祐傳≫에서는 "동한東漢 때, 오우吳祐는 부친 오회吳恢가 대나무를 살청하여 경서를 기록하려 하자 이를 그만둘 것을 간언하였다."라 하였고, 이현李賢은 "살청이란 불로 죽간을 구워서 수분을 제거하고 청색을 없애 글자를 쓰기 좋게 하는 것이다. 이렇게 하면 벌레도 먹지 않는다. 그래서 살청이라 하며, 또한 한간汗簡이라고도 한다.'라 했다. 이 견해 역시 유향 ≪別祿≫에 보인다."라 설명하였다.

≪盧溪文集·送李成叔歸峽江兼簡蕭懋德≫: "螺川汗炙書千卷."

"강서江西 라천螺川 사람은 대나무를 사용하여 천권을 기록하였다."

▎'책策'·'책문策文'·'筴(점대 책, cè)'

≪中庸≫: "哀公問政. 子曰: '文·武之政, 布在方策, 其人存, 則其政擧; 其人亡, 則其政息.", 鄭玄注: "策, 簡也."

≪中庸≫에서는 "애공哀公이 정치에 관해서 물으니, 공자가 말하였다. 文王과 武王의 정치는 서책書冊에 기록되어 있습니다. 적임자가 있으면 그 정치는 되어 나갑니다. 적임자가 없어지면 그 정치는 되지 않습니다."라 하였고, 정현鄭玄은 "책은 간이다."라 하였다.

≪儀禮注疏·旣夕≫: "書遣於策." 鄭玄注: "策, 簡也. 遣, 猶送也. 謂所當藏物茵以下." 賈公彦疏: "釋曰云: '策, 簡'者, 編連爲策, 不編爲簡, 故≪春秋左氏傳≫云南史氏執簡以往, 上書贈云方, 此言書遣於策, 不同者, ≪聘禮≫記云: '百名以上書於策, 不及百名書於方', 以賓客贈物名字少, 故書於方. 則盡遣送死者, 明器之等並贈死者玩好之物, 名字多, 故書之於策. 策書明器之物, 應在上文, 而於此言之者, 遣中並有贈物, 故在賓客贈賄與賵之下特書也."

≪儀禮注疏·旣夕≫: ≪儀禮·旣夕≫에서는 "책에 수장물을 기록하다."라 하였고, 이에 대하여 정현은 "책이란 간을 가리킨다. '遣(보낼 견, qiǎn)'이란 '보내는 것이다'의 뜻이다. 이른바 관 자리 아래 물건을 수장하는 것을 말한다."라 하였다.

당唐 가공언賈公彦 ≪儀禮義疏疏≫에서는 "'책'은 '간'을 말한다. 함께 묶은 것을 책이라고 하고, 묶지 않은 것을 '간'이라 한다. ≪춘추좌씨전≫은 '남사씨(제나라 사관)는 태사가 죽었다는 소식을 듣자 죽간을 가지고 왔다. 수장할 기물 목록에 기록하는 것을 '方(독牘)'이라 한다. '책에 수장물을 기록하다'와 다른 것은 ≪聘禮≫

에서 '백 명 이상이면 책策에 기록하고, 백 명이 넘지 않으면 방方에 기록한다'는 내용을 참고할 수 있는데, 손님이 보내온 품목이 적기 때문에 '方'에 적는 것이다. 사자死者와 함께 수장하는 물건 중 명기明器(冥器, 盟器)와 사자가 저승에서 가지고 갈 물건들이 많기 때문에 책에 기록하는 것이다. 명기의 내용은 윗부분에 기록하는데, 이는 수장품 중 빈객이 보내온 예물이 있으면 이는 손님들이 보내온 부의품이나 거마품車馬品 아래 특별하게 표기하였다."라 하였다.

≪春秋左氏傳序≫曰: "大事書之於策, 小事簡牘而已."

"큰 일은 책에 적고 작은 일은 간독에 적었을 따름이다."

≪廣雅≫: "策謂之簡."

"책은 간이다."

≪竹譜≫: "聯簡曰策."

"간을 묶은 것을 책이라 한다."

≪異苑≫: "有人嵩山下得竹簡一枚, 上有兩行科斗之書, 中外傳示, 莫能知, 張華以問束皙. 皙曰: '此明帝顯節陵中策文也.' 驗校果然."(≪太平御覽≫卷606)

"어떤 사람이 숭산에서 죽간 한 개를 얻었는데 그 위에 두 줄로 과두문이 기록되어 있었다. 이를 안팎으로 문의를 하였으나 아는 사람이 없었다. 장화는 속석에게 이 사실을 물었다. 속석은 '이는 동한東漢 명제 유장劉莊 현절릉에서 나온 책문이다'라 하였다. 후에 검증해 보니 과연 그랬다."

陸德明 ≪音義≫: "策, 本又作冊, 亦作筴, 同."

"'策'자는 '冊'으로 쓰거나 혹은 '筴(점대 책, cè)'으로 쓴다. 모두 같은 뜻이다."

▌'畢'·'篳(울타리 필, bì)'

≪爾雅註疏·釋器≫: "簡謂之畢." 晉鄭璞: "今簡札也." 宋邢昺疏: "簡, 竹簡也, 古未有紙, 載文於簡, 謂之簡札, 一名畢."

≪爾雅註疏·釋器≫: ≪爾雅·釋器≫는 "간簡은 '畢(대쪽 글판)'이다."라 하였는데, 진晉 곽박鄭璞 ≪爾雅注≫는 "지금의 간찰簡札을 말한다."라 하였고, 송宋 형병邢昺 ≪爾雅疏≫는 "간簡은 죽간이다. 옛날 종이가 없었을 때 죽간에다 문자를 기록하였기 때문에 간찰簡札이라 하고, 이를 또한 畢이라고도 부른다."라 하였다.

≪禮記註疏·學記≫: "今之教者, 呻其佔畢, 多其訊." 鄭玄注: "簡謂之畢."

≪禮記註疏·學記≫: ≪禮記≫에서는 "지금 교육자들은 단지 죽간에 쓰여 진 글만 외우고 대부분 문자나 글귀만을 질문한다."라 하였고, 정현은 "간簡은 필畢을 가리킨다."라 하였다.

唐 陸德明≪音義≫: "≪爾雅註疏·釋器≫: '簡謂之畢', 李本作筆同."

당 육덕명은 ≪爾雅音義≫에서 "≪爾雅註疏·釋器≫는 '簡은 畢이라 한다.'라 하였고, 이본李本은 '筆'로 쓰는데 같은 자이다."라 하였다.

'札(패 찰, zhá)'·'簡札'

漢 史游≪急就篇≫: "簡·札·檢·署·槧·牘·家." 顔師古注: "札者, 木牒, 亦所以書之也."

한 사유 ≪急就篇≫은 "簡·札(패 찰, zhá)·檢·署·槧(판 참, qiàn)·牘·家."라 했는데, 안사고는 이에 대하여 "札은 '목첩木牒'으로 이를 이용하여 글씨를 썼다."라 하였다.

≪太平御覽≫(卷606): "晉令曰, 郡國諸戶口黃籍, 皆用一尺二寸札, 已在官役者載名."

≪太平御覽≫에서는 "진나라의 법령은 나라의 호구와 호적은 모두 1尺2寸의 간찰로 기록하도록 하였다. 또한 이미 부역을 하는 사람의 이름을 간찰에 기록하였다."라 하였다.

≪釋名≫: "札, 櫛也. 編之如櫛齒相比也."

≪釋名≫에서는 "'札'은 '櫛(빗 즐, zhì)'이라 한다. 대나무를 엮은 것이 마치 빗의 이가 서로 나란히 있는 것 같기 때문에 이렇게 부른다."라 하였다.

≪爾雅注·釋器≫: "簡謂之畢." 宋鄭樵注: "簡札也. 古未有紙, 載文於竹簡."

≪爾雅注·釋器≫에서는 "簡은 畢이라 한다."라 하였고, 송 정초 ≪爾雅注≫에서는 "'簡'은 '札'을 말한다. 옛날에 종이가 없었을 때는 죽간에 문자를 기록하였다."라 하였다.

≪爾雅註疏·釋器≫: "簡謂之畢." 晉郭璞注: "今簡札也." 宋邢昺疏: "簡, 竹簡也. 古未有紙, 載文於簡, 謂之簡札. 一名畢."

≪爾雅·釋器≫에서는 "簡은 畢이라 한다."라 하였고, 진 곽박≪爾雅注≫는 "지금은 간찰簡札이라 한다."라 하였고, 송 형병 ≪爾雅疏≫는 "簡이란 竹簡을 말한다. 옛날에 종이가 없을 때 죽간에 문자를 기록하였기 때문에 '簡札'이라고도 하고 또

한 畢이라고도 한다."라 하였다.

▌'간책簡策'

≪周禮注疏≫: "司書: 上士二人, 中士四人, 府二人, 史四人, 徒八人." 鄭康成注:"司書, 主計會之簿書." 賈公彦疏: "言簿書者, 古有簡策以記事, 若在君前以笏記事, 後代用簿, 簿今手版, 故云吏當持簿, 簿則簿書也."

≪周禮注疏≫: ≪周禮≫는 "회계담당 사서는 상사 2인, 중사 4인, 부 2인, 사 4인, 도 8인이다."라 하였고, 정강성鄭康成 ≪周禮注≫는 "회계담당 사서는 회계의 장부를 주관한다."라 하였고, 가고언賈公彦≪注疏≫는 "장부란 옛날에 간책簡策으로 일을 기록한 것을 말한다. 군주 앞에서 홀笏로 사건을 기록하는 것과 같은 것으로 후대에는 장부를 사용하였다. 장부는 지금의 수판手版(군주를 만날 때 손에 가지고 있는 물건)과 같다. 관리는 장부를 소지하고 있어야 하는데, 장부(簿, 장부 부, bù))란 장부에 기록한 장부의 책이다."라 하였다.

▌'간독簡牘'·'간竿(장대 간, gān)牘'

≪春秋左傳序≫: "大事書之於策, 小事簡牘而已."

≪春秋左傳序≫에서는 "큰일은 책에 기록하고 작은 일은 간독에 적었다."라 하였다.

≪山堂肆考·竿牘≫: "竿牘, 竹簡也. 東漢吳祐, 父恢, 欲殺靑竹簡寫經書, 祐諫止之. 注云: 殺靑者, 以火炙簡, 令汗出, 去其靑, 易書, 復不蠹, 故謂之殺靑, 亦謂汗簡. 又木簡以書詞賦, 其長一尺謂之尺牘. 用帛以書, 謂之尺素. 牘, 書版也."

≪山堂肆考·竿牘≫에서는 "간독竿牘이란 죽간이다. ≪後漢書·吳祐傳≫은 '동한 때, 오우는 부친 오회가 대나무를 살청하여 경서를 기록하려 하자 이를 그만둘 것을 간언하였다.'라 했는데, 이현李賢은 '살청이란 불로 죽간을 구워서 수분을 제거하고 청색을 없애 글자를 쓰기 좋게 하는 것이다. 이렇게 하면 벌레도 먹지 않는다. 그래서 살청이라 하며, 또한 한간汗簡이라고도 한다.'라 했다. 또한 목간을 사용하여 한시를 적기도 하였다. 그 길이가 한 尺에 해당되기 때문에 척독尺牘이라 한다. 비단에 문자를 적기도 하였는데, 이를 가리켜 척소尺素라 한다. 독牘이란 나무 조각판(書版)을 이용해 문자를 기록하는 것을 말한다.

▌'방方'

≪儀禮注疏・旣夕≫: "書賵於方, 若九, 若七, 若五." 鄭玄注: "方, 板也. 書賵尊賻之名與其物於板. 每板若九行, 若七行, 若五行."

≪儀禮注疏・旣夕≫: ≪儀禮・旣夕≫에서 "수장물을 '方'에 기록한다. 약 9줄, 혹은 7줄 혹은 5줄 등으로 적는다."라 하였고, 정현 ≪儀禮注≫는 "方은 나무 판이다. 부의품으로 보내 온 사람이나 그 물건을 판에 적었는데, 매 판마다 약 9줄, 7줄, 5줄로 적었다."라 하였다.

≪中庸≫: "哀公問政. 子曰: '文・武之政, 布在方策, 其人存, 則其政擧; 其人亡, 則其政息.'" 鄭玄注: "策, 簡也."

≪中庸≫에서는 "애공哀公이 정치에 관해서 물으니, 공자가 말하였다. 문왕文王과 무왕武王의 정치는 서책에 기록되어 있습니다. 적임자가 있으면 그 정치는 되어 나갑니다. 적임자가 없어지면 그 정치는 되지 않습니다."라 하였고, 정현鄭玄≪注≫는 "책策은 간簡이다."라 하였다.

▌'觚(대쪽 고)'・'觚'

≪釋文互註禮部韻略≫: "觚, 竹簡."

≪釋文互註禮部韻略≫에서는 "'觚'는 죽간이다."라 하였다.

≪文選・陸機賦≫: "操觚而率爾木之方者以爲簡."

≪文選・陸機賦≫에서는 "대쪽을 다듬고 나무를 네모나게 만들어 죽간으로 사용하였다."라 하였다.

≪類篇≫: "觚, 一曰竹簡, 小兒所書, 一曰方也."

≪類篇≫에서는 "'觚'를 또한 죽간이라 한다. 어린 아이가 글씨를 쓸 때 사용하는 것으로 혹은 '方'이라 한다."라 하였다.

≪廣韻≫: "觚, 方也. 本亦作觚."

≪廣韻≫에서는 "觚는 네모난 것으로 '方'이라 하며, 혹은 본래 '觚(네모 고, gū)' 자로 쓰기도 한다."라 하였다.

≪康熙字典≫: "方者, 古人用之以書, 猶今之簡, 曰觚, 木簡也."

≪康熙字典≫에서는 "方은 고인들이 이를 사용하여 글씨를 썼다. 지금의 죽간과

같다. 혹은 觚라고도 한다. 목간木簡을 가리킨다."라 하였다.

≪增修互註禮部韻略≫: "觚, 竹簡, 亦作籖." "觚, 竹簡, 釋方也."

≪增修互註禮部韻略≫에서는 "'觚'는 죽간으로 '籖(제비 첨, qiān)'으로 쓰기도 한다." "'觚'는 죽간이다. '方'으로 설명하기도 한다."라 하였다.

▌'牒(서판 첩, dié)'·'葉'·'籤(제비 첨, qiān)'

≪玉篇≫: "簡, 牒也."

≪玉篇≫에서는 "간은 첩이다."라 하였다.

≪說文≫: "牒, 札也."

≪說文≫에서는 "첩은 서찰이다."라 하였다.

≪竹譜≫: "熨而爲板, 曰牒."

원元 이간李衎은 ≪竹譜≫에서 "다림질하여 판판으로 만든 것을 첩牒이라 한다."라 하였다.

≪文心雕龍≫: "牒者, 葉也. 如葉在枝也. 短簡爲牒, 議事未定, 故短簡諮謀. 牒之尤密謂之籤."

≪文心雕龍·書記≫에서는 "'엽첩'은 바로 나무 잎(葉)의 뜻이다. 잎이 마치 가지에 달린 것 같다. 짧은 죽간을 묶어서 서판(牒)을 만든다. 의논하는 일이 아직 결론이 나지 않으면, 작은 죽간을 만들어 그 위에 적고 서로 상의하고자 하는 것이다(일종의 쪽지와 같은 것이다). '牒' 중에서 더욱 작은 것을 첩籤이라 한다."라 하였다.

▌'독牘'·'서판書版'·'부簿'·'수판手版'·'독판牘版'·'부서簿書'

≪急就篇≫: "簡, 札, 檢, 署, 槧, 牘, 家." 顔師古: "牘, 木簡也. 旣可以書, 又執之, 以進見於尊者, 形若今之木笏, 但不挫其角矣."

≪急就篇≫에서는 "'簡'·'札'·'檢'·'署'·'槧'·'牘'은 家이다."라 하였고, 안사고는 이에 대하여 "'牘(나무조간 독, dú)'은 목간이다. 이미 글씨가 쓰여 진 판을 들고 윗사람을 조알할 때 사용된다. 지금의 목홀木笏과 형태가 같으며, 단지 그 끝이 꺾여 있지 않다."라 하였다.

≪說文≫: "牘, 書版也."

≪說文≫에서는 "'牘'은 글씨를 쓰는 서판이다."라 하였다.

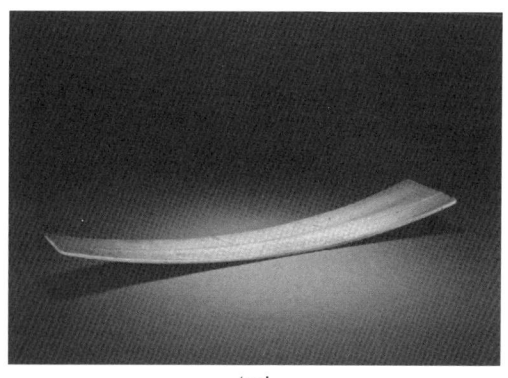
'笏'

≪史記·絳侯周勃世家·周勃傳≫: "獄吏乃書牘背示之." ≪集解≫: "李奇曰: '吏所執簿.' 韋昭曰: '牘版.' 索隱: '簿卽牘也.' 故≪魏志≫: '秦宓以簿擊頰', 則亦簡牘之類也."

≪史記·絳侯周勃世家·周勃傳≫에서는 "감옥의 관리가 독판牘版 뒤에 글을 써서 보여 주었다."라 하였고, ≪集解≫는 "이기는 '감옥의 관리는 독판을 가지고 있다'라 하였고, 위소는 '부簿란 독판牘版이다'라 하였다. ≪索隱≫은 '부는 독판이다.'라 하였다. 그래서 ≪魏志≫는 '진복秦宓은 (廣漢 太守를) 독판으로 뺨을 가격하였다'라 하였는데, '부簿'는 즉 간독簡牘의 종류이다."라 하였다.

≪周禮注疏≫: "司書," 鄭康成注: "司書, 主計會之簿書." 賈公彦疏: "言簿書者, 古有簡策以記事, 若在君前以笏記事, 後代用簿, 簿今手版, 故云吏當持簿, 簿則簿書也."

≪周禮注疏≫: ≪周禮≫는 "회계담당 사서."라 하였고, 정강성鄭康成 ≪周禮注≫는 "회계담당 사서는 회계의 장부를 주관한다."라 하였으며, 가공언賈公彦 ≪周禮注疏≫에서는 "장부란 옛날에 간책으로 일을 기록한 것을 말한다. 군주 앞에서 홀笏로 사건을 기록하는 것과 같은 것으로 후대에는 장부를 사용하였다. 장부는 지금의 수판手版(군주를 만날 때 손에 가지고 있는 물건)과 같다. 관리는 장부를 소지하고 있어야 하는데, 장부(簿)란 장부에 기록한 장부의 책이다."라 하였다.

'檢(봉함 검, jiǎn)'(簽)

≪急就篇≫: "簡, 札, 檢, 署, 槧, 牘, 家." 顔師古注: "檢之言禁也. 削木施於物上,[176]

---

176) '施'는 '施檢(shī jiǎn)'으로 '도장을 찍고 밀봉하다'는 뜻이다.

所以禁閉之, 使不得輒開露也."

≪急就篇≫에서는 "簡, 札, 檢, 署, 槧, 牘, 家."라 하였고,177) 안사고는 "'檢'이란 '금지하다'는 뜻이다. 나무를 깎아 그 물건 위를 밀폐하고 봉하여 이를 열어 보지 못하도록 하는 것이다."라 하였다.

▍'槧(판 참, qiàn)' · '독첩牘牒'

≪論衡≫: "斷木爲槧."
≪論衡≫에서는 "나무를 잘라 참槧(書版)을 만든다."라 하였다.
≪釋名≫: "槧版長三尺, 卽牘牒也."
≪釋名≫은 "참판의 길이는 삼척이고, 즉 독첩牘牒이다."라 하였다.

▍'笏(홀 홀, hù)' · '㫚' · '忽'

≪釋名·釋書契≫: "笏, 忽也. 君有教命及所啓白則書其上備忽忘也."
≪釋名·釋書契≫에서는 "'笏'은 '갑자기'라는 뜻이다. 군주의 명령이나 진술할 내용을 그 위에 적어서 갑자기 생각나지 않는 것을 대비한 것이다."라 하였다.
≪別雅≫: "≪穆天子傳≫: '搢笏夾佩.' 案≪儀禮·士喪禮≫: '竹笏.' 注云: '今文笏作忽, 笏與忽通, 忽與㫚同, 故搢笏亦作搢㫚."
≪別雅≫에서는 "≪穆天子傳≫은 '홀笏을 혁대에 꽂고 노리개를 차다'라 했다. ≪儀禮·士喪禮≫의 '竹笏' 구절에 대하여 ≪注≫는 '지금은 笏을 忽로 쓴다. 笏과 忽은 서로 통용되고, 忽과 㫚은 서로 같은 자로 쓰인다. 그래서 진홀搢笏을 진홀搢㫚로 쓰기도 한다."라 하였다.

▍'殺靑' · '殺靑簡'

≪風俗通≫: "殺靑作簡書之, 新竹有汗, 後皆蠹, 故作簡者於火上灸乾之."
≪風俗通≫에서는 "살청殺靑하여 죽간을 만들어 글씨를 썼다. 생 대나무는 즙이 있어 후에 모두 좀이 먹었다. 그래서 죽간을 만들 때 불에 위를 구워서 대나무를

---

177) 陸德明은 ≪音義≫에서 "策, 本又作冊, 亦作筴, 同."('策'은 '冊'으로 쓰거나 '筴'으로 쓴다. 모두 같은 뜻이다.)라 하였다. '家'는 '筴(낄 협{점대 책}, jiā,cè)'과 음이 같다.

말렸다."라 하였다.

≪戰國策序≫: "皆定以殺青書, 可繕寫."

≪戰國策序≫에서는 "(240년 동안 일어난 사건을)모두 간정刊定한 후 죽간에 사용하여 썼다가, 옮겨 쓸 만한 것을 베껴 쓴다."라 하였다.

≪緯略≫: "≪吳越≫曰: '殺亦治也.' 劉向事孝成皇帝, 典校書籍二十餘年, 皆先書竹, 改易刊定, 可繕寫者以上素也. 由是言之, 殺青者竹簡爲明矣."

≪緯略≫에서는 "≪吳越≫은 '살殺은 정리하다는 뜻이다.'라 하였다. 유향劉向은 효성 황제 때, 서적을 교감하는 관리 전교典校를 20년 동안 담당하면서, 먼저 대나무 위에 썼다가 이를 고치고 간정하여 옮겨 적을 만한 것을 비단에 베껴 썼다. 이로 보아 살청이란 죽간이라는 것을 명백하게 알 수 있다."라 하였다.

≪騈雅≫: "殺青, 炙簡也."

≪騈雅≫에서는 "살청이란 대나무를 구워 습기를 없애는 것을 말한다."라 하였다.

≪後漢書・吳祐傳≫: "恢欲殺青簡以寫經書, 祐諫", 李賢注: "殺青者, 以火炙簡冷汗, 取其青易書, 謂之殺青, 復不蠹, 謂之殺青, 亦謂汗簡, 義見劉向別錄也."

≪後漢書・吳祐傳≫에서는 "동한 때, 오우는 부친 오회가 대나무를 살청하여 경서를 기록하려 하자 이를 그만둘 것을 간언하였다."라 하였고, 이현≪注≫는 "살청이란 불로 죽간을 구워서 수분을 제거하고 청색을 없애 글자를 쓰기 좋게 하는 것이다. 이렇게 하면 벌레도 먹지 않는다. 그래서 살청이라 하며, 또한 한간汗簡이라고도 한다.'라 했다. 이 견해 역시 유향 ≪別祿≫에 보인다."라 하였다.

≪北史≫(卷83)遜乃議曰: "按漢中壘校尉劉向受詔校書, 每一書竟, 表上, 輒言: 臣向書・長水校尉臣參書・太史公・太常博士書, 中外書合若干本以相比校, 然後殺青. 今所讎校, 供擬極重, 出自蘭臺, 御諸甲館."(≪北齊書≫卷四十五, 列傳第三十七)

≪北史≫(卷83)에서 손내의遜乃議는 "한나라 중뢰中壘 교위校尉 유향은 임금의 교주를 받들어 책을 교감하였다. 매번 한 권이 완성되면 표表를 올렸다. '유향이 가지고 있는 장서와, 장수 교위 참參이 소장하고 있는 책, 태사공・태상박사의 책 등 中外의 책들을 상호 비교하여 이를 죽간에 적었다. 지금 이를 헤아려 비교하여 교감하고 올바른 내용을 제공하고자 하여, 이를 교정한 후 도적圖籍을 전교典校하고 문서를 관장하는 난대蘭臺 장서실에서 보관하고 있다가 갑관甲館에서 어람하도록 하고자 한다.'"(北史卷八十三 列傳第七十一)라 하였다.

≪漢記≫: "吳祐父恢爲南海太守, 欲殺青簡以寫書." 郭璞曰: "今簡札也."

≪漢記≫에서는 "오우의 부친 회는 남해 태수로, 살청간殺靑簡에 경서를 옮겨 적고자 하였다."라 하였고, 곽박郭璞은 "지금의 간찰簡札을 말한다."라 하였다.

≪太平御覽≫引≪別傳≫: "孫子書以殺靑簡, 編以縹絲繩."

≪太平御覽≫에서는 유향의 ≪別傳≫을 인용하여 "죽간에 기록되어 있는 ≪孫子≫는 엷은 청색의 명주실 새끼줄을 사용하여 묶었다."라 하였다.

▌'한청汗靑'

≪九家集注杜詩·催宗文樹鷄柵≫: "課奴殺靑竹." 注: "楚人以火灸竹, 去其汗, 謂之殺靑. 趙云: '謂簡冊者謂之汗靑.'"

두보의 ≪催宗文樹鷄柵≫ "노비에게 푸른 대나무를 굽도록 하네."라는 싯구에 대하여 ≪九家集注≫는 "초나라 사람들은 불로 대나무를 구워 그 습기를 제거하였는데, 이를 살청이라 한다. 조趙씨는 '간책을 한청汗靑이라 한다.'라 했다."라 하였다.

▌'竹書'·'古文竹書'·'竹簡古書'·'簡書'·'策書'·'竹簡書'

≪晉書·束晳傳≫: "初, 太康二年, 汲郡人不准盜發魏襄王墓, 或言安釐王冢, 得竹書數十車. 其≪紀年≫十三篇, 記夏以來至周幽王爲犬戎所滅, 以事接之, 三家分, 仍述魏事至安釐王之二十年. 蓋魏國之史書, 大略與≪春秋≫皆多相應."

≪晉書·束晳傳≫에서는 "서진西晉 사마염司馬炎 초년, 태강 2년에 급현汲縣에 살고 있던 부표不准(否標, Fǒu Biāo)라는 사람이 위魏나라 양왕襄王의 분묘 혹은 안리왕安釐王의 무덤에서 수십 수레의 죽서를 도굴하였다. 그 중에는 ≪기년紀年≫ 13편이 포함되어 있다. 하나라부터 주나라 유왕이 견융에게 멸망하는 것부터, 전국 시기의 시작의 분수령인 진晉나라가 한·조·위 삼국에 의해 분할된 사건을 걸쳐, 위나라 안리安釐(僖, xī)王(?~BC243年) 20년까지의 역사를 기록하고 있다. 위나라의 역사는 대략적으로 ≪春秋≫에서 언급하는 내용과 일치한다."라 하였다.

≪晉書≫: "及得汲郡中古文竹書, 詔勖選次之, 以爲≪中經≫, 列在祕書."

≪晉書≫에서는 "급군汲郡에서 죽간에 쓰여 있는 고문(竹書)을 발견하였는데, 후에 순욱이 다시 이를 정리하여 이를 ≪中經≫이라 하였다. 이는 비서祕書에 속한다."라 하였다.

≪南史≫(卷五十九): "永明三年, 兼尙書左丞. 時襄陽人開古塚, 得王鏡及竹簡古書, 字不可識. 王僧虔善識字體, 亦不能諳, 直云似是科斗書, 淹以科斗字推之, 則周宣王之前也. 簡殆如新."(南史列傳第・卷五十九)

≪南史≫에서는 "영명 3년, 강암江淹(字 文通)이 상서좌승을 겸하고 있을 때, 당시 양양인 사람이 옛날 무덤을 헤치고 옥경과 죽간 고서를 얻었는데, 문자를 알 수 없었다. 고대 문자를 잘 아는 왕승건에게 자문을 구했으나 역시 확실히 알지 못하였지만 과두문이 아닌가 하였다. 문통文通은 주나라 선왕 이전의 과두문이라 추론하였다. 죽간은 마치 새로 만든 것처럼 보였다."라 하였다.

≪欽定四庫全書簡明目錄≫: "≪春秋簡書刊誤二卷≫下注: '稱≪簡書≫者奇齡之説, 謂傳據策書而作, 經據簡書而作也.'"

≪欽定四庫全書簡明目錄≫에서는 "≪春秋簡書刊誤二卷≫・≪注≫에서는 '≪簡書≫는 毛奇齡의 주장이다. ≪傳≫은 책서策書 근거로 하여 쓴 것이며, ≪經≫은 간서簡書를 근거로 하여 쓴 것이다.'라 했다"라 하였다.

≪晉書・束晳傳≫: "又雜書十九篇: ≪周食田法≫, ≪周書≫, ≪論楚事≫, ≪周穆王美人盛姬死事≫. 大凡七十五篇, 七篇簡書折壞, 不識名題."

≪晉書・束晳傳≫에서는 "이외에도 잡서 19편인 ≪周食田法≫, ≪周書≫, ≪論楚事≫, ≪주목왕미인성희사사周穆王美人盛姬死事≫ 등이 있다. 모두 합하여 75편이다. 이중 7편은 죽간이 파손되어 그 명제名題를 알 수 없다."라 하였다.

≪毛詩・小雅・出車≫: "豈不懷歸, 畏此簡書."178)

≪毛詩・小雅・出車≫에서는 "어찌 돌아감을 생각하지 않겠는가. 문서에 기록된 책명策命이 두려운 거지."라 하였다.

≪晉書≫(卷三十六): "自皇帝至三代, 其文不改.' 及秦用篆書, 焚燒先典, 而古文絶矣. 漢武時, 魯恭王壞孔子宅, 得≪尙書≫・≪春秋≫・≪論語≫・≪孝經≫. 時人以不復知有古文, 謂之科斗書. 漢世秘藏, 希得見之. 魏初傳古文者, 出于邯鄲淳.' 恒祖敬侯寫淳≪尙書≫, 後以示淳, 而淳不別. 至正始中, 立三字石經, 轉失淳法, 因科斗之名, 遂效其形. 太康元年, 汲縣人盜發魏襄王冢, 得策書十餘萬言. 案敬侯所書, 猶有彷彿. 古書亦有數種, 其一卷論楚事者最爲工妙. 恒竊悅之, 故竭愚思, 以贊其美, 愧不足厠前賢之作, 冀以存古人之象焉. 古無別名, 謂之字勢云."

---

178) 본 시경의 구절의 출처를 ≪毛詩・小雅・鹿鳴≫이라 하였으나, ≪毛詩・小雅・出車≫이다.

≪晉書≫에서는 "황제 때부터 하상주夏商周 삼대에 이르는 동안 그 문자가 바뀌지 않았다. '그러다가, 진나라 때에 이르러 소전을 사용하였고 분서갱유로 선진시기의 경전을 불살라 고문이 끊기게 되었다. 한 나라 무제 때, 노나라 공왕이 공자의 저택을 허물다가 ≪尙書≫・≪春秋≫・≪論語≫와 ≪孝經≫을 얻었는데, 그 당시 사람들은 이 고문을 알지 못했다. 이 고문이 바로 과두문科斗文이다. 한나라 시기에는 비장秘藏에 소장하여 당시 전적들을 거의 볼 수 없었다. 삼국三國시기 위魏나라 초기 사람 한단순邯鄲淳(邯鄲浮, 약 132~221)이 고문 서체를 쓸 줄 알았는데, 위항衛恒 조부인 경후敬侯가 한단순邯鄲淳의 서체로 ≪尙書≫를 썼다. 후에 순淳에게 이 글을 보여 주었으나 오히려 순淳은 이를 알지 못하였다. 정시正始 때에 삼자석경을 건립하였고, 이미 이때 순淳의 서체는 없어졌지만 이 시기에 과두문科斗文이 유명하였기 때문에 이 형체를 모방하여 기록하였다. 태강 초년에 급현汲縣 사람이 위魏나라 양왕襄王의 고총을 도굴하여 책서策書 10여 만 자를 발견하였다. 경후敬侯가 썼던 서체와 유사하였다. 고문의 종류는 수십 종에 달했는데, 그 중의 한 권은 초나라에 관한 내용이며 상태가 가장 양호하였다. 위항衛恒은 이를 보고 매우 기뻐하여 여러 방법을 동원하여 고문의 아름다운 서체를 찬미하였으며, 비록 고인들과 어깨를 나란히 할 수 있는 서체를 구사할 수는 없었으나, 고인들의 고문을 세상이 전파하고자 노력하였다. 그런데 고대에는 이 서체에 대한 명칭이 없어서 이를 자세字勢라 하였다.'[179]"라 하였다.

≪釋名≫: "策書. 敎令於上, 所以驅策諸下也."

≪釋名≫에서는 "책서란 정령이 위에서 내려져 아래로 하달되어지는 것을 말한다."라 하였다.

≪南齊書・文惠太子≫: "時襄陽有盜發古塚者, 相傳云是楚王塚, 大獲寶物玉屐・玉屛風・竹簡書・靑絲編. 簡寬數分, 長二尺, 表節如新. 盜把火自照, 後來有人得到十餘簡, 以示撫軍王僧虔, 僧虔云科斗書≪考工記≫・≪周官≫所闕文. 時州遣案驗, 頗得遺物, 故有同異之論."

≪南齊書・文惠太子≫에서는 "당시 양양襄陽에서 고대 분묘를 도굴한 사건이 있었는데, 초나라 왕의 무덤이었다. 이 무덤에서 대량의 옥 나막신, 옥병풍, 죽간서와 푸른 실로 묶은 책이 발견되었다. 죽간서는 그 넓이가 몇 분分 정도이고 그 길이는

---

179) 위의 내용은 위항衛恒의 ≪四書體勢≫의 내용과 같다.

2尺이 되었다. 그 표피와 죽간의 마디는 마치 금방 만든 대나무와 같았다. 이 중 일부는 도굴꾼들이 죽간에 불을 붙여 사용하기도 하였다. 후에 다시 어떤 사람이 십여 개의 죽간을 발견하여 무군撫軍 왕승건王僧虔에게 보여 주었는데, 왕승건은 세상에 전해지지 않는 과두문蝌蚪文의 ≪考工記≫와 ≪周官≫이라 하였다. 당시 지방 정부에서는 사람들을 다시 파견하여 이 묘지를 조사토록 하였고, 그 곳에서 많은 물건들이 발견되었는데, 혹은 이를 다른 곳에서 발견된 것으로 오해하기도 하였다."라 하였다.

▌'책冊'·'간책簡策'

陸德明 ≪音義≫: "策, 本又作冊, 亦作筴, 同. 初革反."

육덕명 ≪音義≫에서는 "'策(채찍 책, cè)'은 본래 '冊'으로 쓰고, 혹은 筴(낄 협{점대 책}, jiā,cè)으로 쓰기도 한다. 모두 같은 자이다. 반절음은 '初革'反이다."라 하였다.

≪九家集注杜詩·催宗文樹鷄柵≫: "課奴殺青竹." 注: "楚人以火灸竹, 去其汗, 謂之殺青. 趙云: '謂簡冊者謂之汗青.'"

杜甫 ≪催宗文樹鷄柵≫의 "노비에게 푸른 대나무를 굽도록 하네."라는 싯구에 대하여 ≪九家集注≫는 "楚人들은 불로 대나무를 구워 그 습기를 제거하였는데, 이를 殺青이라 한다. 趙씨는 '簡冊을 汗青이라 한다.'라 했다."라 하였다.

이상을 종합해 볼 때, '簡'은 아래와 같은 명칭으로 사용되고 있는 것을 알 수 있다.

① '策'

≪中庸≫의 鄭玄 注.

② '牒(서판 첩, dié)'

≪說文≫, ≪玉篇≫

③ '殺青'

≪風俗通≫, ≪竹譜≫

④ '間'

≪釋名≫

⑤ '書牒'

　　顔師古

⑥ '畢'

　　≪爾雅註疏・釋器≫

⑦ '簡札'

　　진晉 곽박郭璞의 注

⑧ '竹簡'

　　송宋 형병邢昺의 소疏.

⑨ '方'

⑩ '觚(네모 고, gū)'

⑪ '木簡'

'策'은 또한 아래와 같은 명칭으로 쓰인다.

① '冊'・'筴'.

　　陸德明 ≪音義≫

'牒(서판 첩, dié)'은 또한 아래와 같은 명칭으로 쓰인다.

① '札'

　　≪說文≫

② '版'

　　≪竹譜≫

③ '葉'・'短簡'・'籤(제비 첨, qiān)'

　　≪文心雕龍≫

'殺靑'은 또한 아래와 같은 명칭으로 쓰인다.

① '殺靑簡'

≪後漢書·吳祐傳≫의 李賢 注.

② '簡'

　　≪駢雅≫

③ '竹簡'

　　≪緯略≫

④ '灸簡'

　　≪駢雅≫

⑤ '汗簡'

　　≪後漢書·吳祐傳≫, ≪山堂肆考·竿牘≫.180)

'竹簡'은 또한 아래의 명칭으로 쓰인다.

① '箘', '方'

　　≪類篇≫, ≪釋文互註禮部韻略≫

② '簡牘'

　　≪山堂肆考·竿牘≫

③ '策文'

　　≪太平御覽≫卷 606 중 ≪異苑≫의 인용.

'方'은 아래와 같이 쓰인다.

① '板'

　　≪儀禮注疏·旣夕≫의 鄭玄 注

② '版'

　　≪中庸≫의 鄭玄 注

③ '觚'

---

180) '汗簡'이라 설명하는 문헌을 ≪國語≫와 ≪戰國策≫의 注라 하였으나, 앞의 내용에 의하면 ≪後漢書·吳祐傳≫과 ≪山堂肆考·竿牘≫에 보인다.

≪廣韻≫, ≪五音集韻≫

'木簡'은 또한 아래와 같은 명칭으로 쓰인다.
① '牘'
≪急就篇≫顔師古 注.

'牘'은 또한 아래와 같은 명칭으로 쓰인다.
① '書版'
≪說文≫

위의 내용으로 보아 '簡'·'策'·'牒'·'殺青'·'間'·'書牒'·'畢'·'簡札'·'竹簡'·'方'·'觚'·'木簡'·'策'·'筴'·'札'·'版'·'葉'·'短簡'·'籤'·'殺青簡'·'汗簡'·'簡冊'·'汗青'·'殺青竹'·'觚'·'竿牘'·'策文'·'板'·'牘'·'書版' 등등의 명칭은 사실상 모두 어떤 명확한 한계가 없이 혼용되어 사용되어짐을 알 수 있다.

같은 내용을 소개하는 곳에서도 서로 다른 명칭을 사용하기도 한다. 예를 들어, "서진西晉 사마염司馬炎 초년, 태강 2년에 급현汲縣에 살고 있던 부표不准(否標, Fǒu Biāo)라는 사람이 위魏나라 양왕襄王의 분묘 혹은 안리왕安釐王의 무덤에서 수십 수레의 죽서를 도굴"181)한 사건에서도 '죽서竹書'라고도 하고 또는 '간서簡書'·'고문죽서古文竹書' 혹은 '책서策書'라고도 한다. 즉 아래 문장은 ≪진서晉書·속석전束晳傳≫의 내용인데, '죽서竹書'라고하기도 하고, 또는 '간서簡書'라고도 한다.

"初, 太康二年, 汲郡人不准盜發魏襄王墓, 或言安釐王冢, 得竹書數十車."

"서진西晉 사마염司馬炎 초년, 태강 2년에 급현汲縣에 살고 있던 부표不准(否標, Fǒu Biāo)라는 사람이 위魏나라 양왕襄王의 분묘 혹은 안리왕安釐王의 무덤에서 수십 수레의 '竹書'를 도굴하였다.

---

181) "太康二年, 汲郡人不准盜發魏襄王墓"

"又雜書十九篇: ≪周食田法≫, ≪周書≫, ≪論楚事≫, ≪周穆王美人盛姬死事≫. 大凡七十五篇, 七篇簡書折壞, 不識名題."

"이외에도 잡서 19편인 ≪周食田法≫, ≪周書≫, ≪論楚事≫, ≪주목왕미인성희사사周穆王美人盛姬死事≫ 등이 있다. 모두 합하여 75편이다. 이중 7편은 '簡書'는 죽간이 파손되어 그 명제를 알 수 없다."라 하였다.

아래 ≪진서晉書≫의 내용에서도 '고문죽서古文竹書'라고 하기도 하고, 혹은 '책서策書'라고 하기도 한다.

"及得汲郡中古文竹書, 詔勖選次之, 以爲≪中經≫, 列在祕書."(≪晉書≫)[182]

≪晉書≫에서는 "汲郡에서 죽간에 쓰여 있는 '古文竹書'를 발견하였는데, 후에 荀勖이 다시 이를 정리하여 이를 ≪中經≫이라 하였다. 이는 비서祕書에 속한다."라 하였다.

"汲縣人盜發魏襄王冢, 得策書十餘萬言."(≪晉書≫卷三十六)

태강 초년에 급현 사람이 위나라 양왕의 고총을 도굴하여 '策書' 10 여 만자를 발견하였다.

역사적으로 그동안 '간독簡牘'의 명칭에 대하여 풀이하거나 고증한 내용들이 있다.

사유史游는 서한西漢 원제元帝 시기 황문령黃門令을 역임할 때, 암기하기 쉽도록 하기 위하여 음운 형식체로 ≪급취편急就篇≫을 지어 아동들이 문자를 쉽게 인식하게 하고자 하였다. 이 책에서 '간독簡牘'이라는 명칭을 설명하였다.

≪급취편急就篇≫은 "간簡, 찰札, 검檢, 서署, 참槧, 독牘, 가家."라 하였는데, 이에 대하여 안사고顏師古는 아래와 같이 설명하였다.

"竹簡以爲書牒也. 札者, 木牒, 亦所以書之也." "檢之言禁也. 削木施於物上, 所以禁閉之, 使不得輒開露也. 署謂題書其檢上也. 槧, 版之長三尺者也, 亦可以書, 謂之槧者, 言其脩長

---

182) "汲郡에서 죽간에 쓰여져 있는 古文을 발견하였는데, 후에 荀勖이 다시 이를 정리하여 이를 ≪中經≫이라 하였다. 이는 비서祕書에 속한다."

漸漸然也. 牘, 木簡也. 旣可以書, 又執之, 以進見於尊者, 形若今之木笏, 但不挫其角矣. 家, 伏几也, 今謂之夾膝."

"竹簡으로 서첩書牒을 만들었다. '찰札'은 '木牒'으로 이를 이용하여 글씨를 썼다. '검檢'이란 '금지하다'는 뜻이다. 나무를 깎아 그 물건 위를 밀폐하고 봉하여 이를 열어 보지 못하도록 하는 것이다. '서署'는 봉참한 곳에 서명을 하는 것을 말한다. '槧(판 참, qiàn)'은 길이가 약 3尺정도의 글씨를 쓰는 나무판이다. '槧'이란 그 길이를 점점 긴 모양으로 만들었다는 뜻이다. '牘(편지 독, dú)'은 목간이다. 글씨가 쓰여 진 판을 들고 윗사람을 조알할 때 사용된다. 지금의 목홀木笏과 형태가 같으며, 단지 그 끝이 꺾여 있지 않다. 家는 조그마한 안석(伏几)으로 지금의 협슬夾膝을 가리킨다."183)

≪석명釋名≫에서는 문서를 기록하는 것(書契)에 관한 명칭에 관하여 자세히 설명하였다. ≪석명≫은 한나라 말기 훈고학자인 유희劉熙가 쓴 책으로, 한자의 어원을 설명하는 중요한 저서 중 하나이다. ≪석명釋名・석서계釋書契≫에 대하여 아래와 같이 설명하고 있다.

筆, 述也. 述事而書之也.
'筆(붓 필, bǐ)'은 '서술하다(述, 지을 술, shù)'는 뜻이다. 사건을 글로 기록하는 것이다.
硯, 研也. 研墨使和濡也.
'硯(벼루 연, yàn)'은 '갈다(研, 갈 연, yán)'라는 뜻이다. 먹을 갈아 물과 서로 어울려 먹물이 되도록 하는 것이다.
墨, 痗也. 似物痗墨也.
'墨(먹 묵, mò)은 '우울하고 괴로워하다(痗, 앓을 매, mèi)'라는 뜻이다. 마치 물건이 멍이 검게 드는 것과 같은 것이다.
紙, 砥也. 謂平滑如砥石也.
'紙(종이 지, zhǐ)'는 '숫돌(砥, 숫돌지, dǐ)'이라는 뜻이다. 편평하고 미끄러운 것이

---

183) '家'자는 '筴(낄 협{점대 책}, jiā,cè)'자와 음이 같다. '대를 쪼갠 조각'으로 만든 '책'을 가리킨다.

마치 숫돌과 같다라는 뜻이다.

板, 般也. 般般平廣也.

'板(널빤지 판, bǎn)'은 '가지런하다(般, 돌 반, bān)'라는 뜻이다. 반반하고 편평하여 넓음을 뜻한다.

奏, 鄒也. 鄒狹小之言也.

'奏(아뢸 주, zòu)'는 周代의 나라 '鄒(나라이름 추, zōu)'라는 뜻이다. 추나라와 같은 작은 나라에서 올리는 말이다.

札, 櫛也. 編之如櫛齒相比也.

'札(패 찰, zhá)'은 '빗(櫛, 빗 즐, zhì)'이라는 뜻이다. 마치 빗의 이빨과 같이 나무를 서로 나란히 묶는 것을 말한다.

簡, 間也. 編之篇篇有間也.

'簡(대쪽 간, jiǎn)'이란 '사이(簡, 대쪽 간, jiǎn)'라는 뜻이다. 나무를 묶은 죽편마다 사이가 있음을 말한다.

簿, 言可以簿疏密也.

'簿(장부 부, bù)'는 죽간을 잘라 만든 장부 틈새가 조밀하기도 하나는 뜻이다.

笏, 忽也. 君有敎命及所啓白, 則書其上備忽忘也.

'笏'은 '忽(갑자기, hū)'의 뜻이다. 군주의 명령이나 진술할 내용을 그 위에 적어서 갑자기 생각나지 않는 것을 대비한 것이다."

槧, 板之長三尺者也. 槧, 漸也. 言其漸漸然長也.

'槧(판 참, qiàn)'은 판의 길이가 三尺인 것을 말한다. '槧'은 '漸(점점 점, jiān)'이라는 뜻이다. 길이가 점점 길어지는 모양이란 뜻이다.

牘, 睦也. 手執之以進見所以爲恭睦也.

'牘(편지 독, dú)'는 '睦(공손할 목, mù)'이라는 뜻이다. 손으로 들고 들어가 배알할 때 공손하고 서로 화목함을 말한다.

籍, 籍也. 所以籍疏人名戶口也.

'籍(서적 적, jí)'은 '籍(장부 적, jí)'라는 뜻이다. 이른바 사람의 이름과 호구를 장부에 기록하는 것을 말한다.

檄, 激也. 下官所以激迎其上之書文也.

'檄(격문 격, xí)'은 '激(물결 부딪쳐 흐를 격, jī)'이라는 뜻이다. 아래 관리가 그

윗 관리에게 급히 알리려고 쓴 글이다.

檢, 禁也. 禁閉諸物使不得開露也.

'檢(봉함 검, jiǎn)'은 '금지하다'라는 뜻이다. 물건 위를 밀폐하고 봉하여 이를 열어 보지 못하도록 하는 것이다.

璽, 徙也. 封物使可轉徙而不可發也.

'璽(도장 새, xǐ)'는 '徙(옮길 사, xǐ)'라는 뜻이다. 물건을 봉하여 다른 곳으로 옮길 때 사용하고, 옮길 때 열어 보지 못하도록 하는 것이다.

印, 信也. 所以封物爲信驗也. 亦言因也, 封物相因付也.

'印(도장 인, yìn)'은 '신용(信)'라는 뜻이다. 이른바 봉한 물건을 검증하는 것이고, 또한 이 봉한 물건의 근본을 말한다. 즉 봉함하는 물건에 도장을 찍어 붙인 곳을 서로 확인할 수 있는 것이라는 뜻이다.

謁, 詣也. 詣, 告也. 書其姓名於上以告所至詣者也.

'謁(아뢸 알, yè)'은 '詣(이를 예, yì)'라는 뜻이다. '詣'는 '알리다'는 뜻이다. 그 이름을 써서 배알하고자 하는 윗사람에게 보고 하는 것이다.

符, 付也. 書所勅命於上付使傳行之也.

'符(부신 부, fú)'는 '주다(付)'라는 뜻이다. 쓴 조칙 내용을 청하여 전달하도록 하는 것이다.

節, 赴也. 執以赴君命也.

'節(마디 절, jié)'은 '가서 알리다'는 뜻이다. 부절을 들고 가서 군주의 명령을 전달하는 것이다.

傳, 轉也. 轉移所在執以爲信也.

'傳(전할 전, chuán)'은 '轉(전환 전, zhuàn)'이라는 뜻이다. 전달해주는 물건이 이른바 믿음이 있음을 말한다.

券, 綣也. 相約束繾綣以爲限也.

'券(문서 권, quàn)'은 '綣(다발로 묶을 권, quǎn)'이라는 뜻이다. 묶어서 서로 흩어지지 않도록 하여 제한하는 것이다.

莂, 別也. 大書中央中破別之也.

'莂(부절 별, bié)'은 '서로 분할하다'는 뜻이다. 큰 글씨로 대나무에 써서 가운데를 잘라 서로 나누어 증거물로 나누어 가지는 것이다.

契, 刻也. 刻識其數也.

'契(새길 결, xiè)'은 '새기다'라는 뜻이다. 그 횟수를 새겨 인지하고자 하는 것이다.

策, 書教令於上所以驅策諸下也.

'策(간책 책, cè)'은 쓴 교령을 말을 몰아 아래로 전달하는 것이다.

漢制約敕封侯曰冊. 冊, 賾也. 敕使整賾不犯之也.

漢나라 제도 중 封侯에게 계약의 칙령을 내리는 것을 '冊'이라 한다. '冊'이란 '어긋남이 없이 신중하고 조심스럽게 다루다(賾, 깊숙할 색, zè)'라는 뜻이다. 조칙을 잘지켜 어긋남이 없도록 한다는 뜻이다.

示, 示也. 過所至關津以示之也.

'示(보일 시, shì)'는 '보이다'는 뜻이다. 관문이나 나루터를 지날 때 보여주는 것이다.

詣, 啓也. 以啓語官司所至詣也.

'詣(이를 예, yì)'는 '계몽하다(啓, 가르칠 계, qǐ)'라는 뜻이다. 계몽하는 말로써 송사가 결말에 이르도록 하는 것이다.

書, 庶也. 紀庶物也, 亦言著之簡紙永不滅也.

'書'는 '庶(여러 서, shù)'라는 뜻이다. 여러 잡다한 사물을 기록하는 것이다. 또한 죽간과 종이에 써서 영원히 없어지지 않도록 하는 것이다.

畫, 挂也. 以五色挂物上也.

'畫(그림 화, huà)'는 '걸다'라는 뜻이다. 오색으로 물질 위에 그려내는 것이다.

書, 稱刺, 書以筆刺紙簡之上也. 又曰寫, 倒寫此文也. 書姓字於奏上曰書刺, 作再拜起居字, 皆達其體, 使書盡邊, 徐引筆書之如畫者也. 下官刺曰長刺, 長書中央一行而下之也. 又曰爵里刺書其官爵及郡縣鄉里也.

'書'란 '찌르다(刺, 찌를 자, cì, cī)'라는 뜻이다. 글씨를 쓸 때, 붓으로 종이 위를 자극을 가하는 것이다. '옮겨 쓰다(寫, xiě)'라는 뜻이다. 문장을 옮겨 쓰는 것을 말한다. 상소문에 이름을 쓰는 것을 書刺라고 하며, '再拜'나 '起居'와 같은 안부를 묻는 내용은 내용이 모두 마친 후에 가장 자리에 그림처럼 글씨를 길게 늘려 쓴다. 下官의 刺를 長刺라고 중앙 아래에 밑으로 길게 쓴다. 또는 爵里刺는 그 官爵이나 그 관직 속하는 郡縣과 鄉里를 쓴다.

書, 稱題. 題, 諦也. 審諦其名號也. 亦言第, 因其第次也. 書文書檢曰署, 署, 予也. 題所予者官號也.

'書'는 '題(표제 제, tí)'라 한다. '題'는 '諦(살필 체, dì)'라는 뜻으로 그 이름을 자세히 관찰하는 것이다. 혹은 순서를 가리키는 것으로 그 차례를 표기하는 것이다. 문자를 쓰거나 봉인을 하는 것을 署라 한다. '署'는 '주다'라는 뜻이다. 그 건네는 자의 관직 명칭을 이른바 쓰는 것이다.

上刺下曰告. 告, 覺也. 使覺悟知己意也.

위 사람이 아랫사람에게 쓰는 것을 '告'라 한다. '告'는 '覺(깨달을 각, jué)라는 뜻이다. 자신의 생각을 알도록 하는 것이다.

당唐 공영달孔穎達은 ≪춘추좌전서春秋左傳序≫에서 "大事書之於策, 小事簡牘而已"[184]라는 구절에 대하여 아래와 같이 설명하였다.

蔡邕≪獨斷≫曰: "策者, 簡也. 其制, 長二尺, 短者半之. 其次一長一短, 兩編下附." 鄭玄注≪中庸≫亦云: "策, 簡也". 由此言之, 則簡·札·牒·畢, 同物而異名. 單執一札謂之爲簡, 連編諸簡乃名爲策, 故於文"策"或作"冊", 象其編簡之形. 以其編簡爲策, 故言策者簡也. 鄭玄注≪論語序≫以≪鉤命訣≫云"≪春秋≫二尺四寸書之, ≪孝經≫一尺二寸書之", 故知六經之策皆稱長二尺四寸. 蔡邕言二尺者, 謂漢世天子策書所用, 故與六經異也. 簡之所容, 一行字耳. 牘乃方版, 版廣於簡, 可以幷容數行. 凡爲書, 字有多有少, 一行可盡者, 書之於簡; 數行乃盡者, 書之於方; 方所不容者, 乃書於策. ≪聘禮記≫曰: "若有故則加書將命, 百名以上書於策, 不及百名書於方." 鄭玄云: "名, 書文也, 今謂之字. 策, 簡也. 方, 版也." 是其字少則書簡, 字多則書策. 此言大事小事, 乃謂事有大小, 非言字有多少也. 大事者, 謂君擧告廟及隣國赴告, 經之所書皆是也. 小事者, 謂物不爲減及言語文辭, 傳之所載皆是也. 大事後雖在策, 其初亦記於簡. 何則? 弑君大事, 南史欲書崔杼, 執簡而往, 董狐旣書趙盾, 以示於朝, 是執簡而示之, 非擧策以示之, 明大事皆先書於簡, 後乃定之於策也. 其有小事, 文辭或多, 如呂相絶秦, 聲子說楚, 字過數百, 非一牘一簡所能容者, 則於衆簡牘以次存錄也. 杜所以知其然者, 以隱十一年傳例云: "滅不告敗, 勝不告克, 不書于策". 明是大事來告, 載

---

184) "큰일은 策에 기록하였고, 작은 일은 간독簡牘에 기록했다."

之策書也. 策書不載, 丘明得之, 明是小事傳聞, 記於簡牘也. 以此知仲尼修經皆約策書成文, 丘明作傳皆博采簡牘衆記. 故隱十一年注云: "承其告辭, 史乃書之于策. 若所傳聞行言非將君命, 則記在簡牘而已, 不得記於典策. 此蓋周禮之舊制"也. 又莊二十六年經皆無傳, 傳不解經, 注云: "此年經・傳各自言其事者, 或策書雖存, 而簡牘散落, 不究其本末, 故傳不復申解". 是言經據策書, 傳馮簡牘, 經之所言其事大, 傳之所言其事小, 故知小事在簡, 大事在策也.

채옹 ≪獨斷≫은 "策이란 簡이다. 策의 규격은 길이가 2尺이고 짧은 것은 그것의 반절의 길이다. 하나는 길게 하나는 짧게 하여 두 개를 묶고 전서를 써 넣는다."라 하였다. 정현은 ≪中庸≫을 설명하는 곳에서 "策은 簡이다."라 하였다. 이로 보아, '簡'・'札'・'牒'・'畢'은 모두 같은 물건이나 명칭이 다를 뿐이다. 단독적으로 하나의 간찰을 가지고 쓰는 것을 '簡'이라 하고, '簡'을 묶은 것을 '策'이라 한다. 문장에서는 '策'을 혹은 '冊'으로 쓰는데, 이는 그 묶은 簡의 형태를 보고 일컫는 것이다. 簡들을 묶어 策을 만들기 때문에 策을 또한 簡이라고도 하는 것이다. 정현은 ≪論語序≫를 설명하면서 ≪鉤命決≫을 인용하여 "≪春秋≫는 2尺4寸으로 쓰고, ≪孝經≫은 1尺2寸으로 썼다."라 하였다. 따라서 六經의 책은 모두 길이가 2尺4寸이라는 것을 알 수 있다. 채옹이 말한 2尺이란 한漢나라 때 천자가 策書를 사용할 때 사용하는 것으로 六經과는 길이가 다르다. 簡은 일반적으로 하나의 간에 한 줄로 문자만을 쓴다. '牘(나무조각 독, dú)'은 네모난 목판으로 '簡'보다 판이 넓기 때문에 몇 줄씩 써 넣는다. 기록해야 할 문자는 그 수가 많은 것이 있고 적은 것이 있다. 그래서 한 줄에 다 쓸 수 있으면 簡에 쓰고 몇 줄로 써야 하는 경우라면 네모난 방판方版에 쓴다. 그럼에도 方板에 모두 다 기록할 수 없는 경우에는 策에 쓴다. ≪聘禮記≫에서는 "만약에 일이 생겨 명령을 내려야 하는 경우, 백 자 이상이면 策에 쓰고 백 자가 되지 않으면 方板에 쓴다."하였다. 이에 대하여 정현은 "'名'은 문자로 쓰는 것을 말한다. 즉 지금의 '字'를 가리킨다. '策'은 '簡'이고, '方'은 '版'이다."하였다. 즉 글자가 적으면 簡에 쓰고 글자가 많으면 策에 쓴다.

'大事'와 '小事'란 즉 사건의 크고 작음을 말하는 것이지 문자가 적고 많음을 말하는 것이 아니다. '대사'란 군주가 중요한 사건을 종묘에 제사 드리고 알리는 내용이나 이웃 제후국과 서로 예악禮樂을 알리는(赴告策書) 일이나 경전의 기록물들이 이에 해당된다. '소사'란 물건이 없어지지 않도록 표기를 하거나 짧은 글을 써서 그 물건을 전달할 때 쓰는 내용이다. 大事는 후에 비록 策에 썼으나, 처음에는 大事 역시 簡에 기록하였다. 그 이유는 무엇인가? 군주를 살해하는 큰 사건 중, 예를 들어 최저崔杼가 군주를 살해하자 南史氏(나라 밖에 있던 제나라 사관)가 簡을 들고 가서 보고 했으며(襄公 二十五年), 동호董狐는 조순趙盾이 군주를 살해하자 이 사건을 기록하여 조정에 제시하기 위하여 簡을 들고 가서 보고하였는데, 이때 사용한 것은 簡이지 策을 제시한 것이 아니다. 이와 같이 처음에는 簡에 기록하였으나, 후에 策에 기록하도록 제도가 정해진 것이다. 작은 사건이지만 쓰여 진 내용이 많다고 한다면, 예를 들어 여상呂相이 진秦나라와 절교를 선언한다거나 성자聲子가 초楚나라에 유세한 내용은 문자가 수 백 자를 초과하기 때문에 하나의 간독으로 이를 전부 기록할 수 없어 많은 간독을 사용하여 차례로 기록하였다. 두예杜預는 이러한 사실을 알기 때문에 ≪左傳·隱公十一年≫에서 "비록 나라가 멸망을 하더라도 패전을 알리지 않거나 승리하고도 승전을 알리지 않으면 策에 기록하지 않는다."는 예문을 들어 설명하였다. 이는 중요한 사건이 보고되면 이를 策에 기록한다는 것을 알 수 있다. 좌구명은 작은 사건이나 소식은 策에 기록하지 않고 간독에 기록한다는 것을 명백히 알고 있었다. 따라서 공자가 경서를 정리한 내용은 모두 策을 사용하여 기록하였고, 左丘明이 ≪傳≫을 기록할 때 많은 簡牘의 자료를 채집하여 기록한 것이다. ≪隱十一年≫의 내용에 대하여 "군주의 명령이나 역사의 기록은 策에 기록하고 만약에 전해 내려오는 내용이나 장군이나 군주의 명령이 아니면 簡牘에 기록하고, 典策에 기록하지 않았다. 이는 대략 周禮의 옛날 제도를 계승한 것이다."라 설명하였다. ≪莊公二十六年≫에는 <經>만 있고 <傳>은 없다. 즉 <經>을 <傳>이 설명하지 않고 있다. 이에 대해 "이 해에 <經>과 <傳>은 각각 자신의 내용들을 기록하는데, 혹은 이 해에는 策書는 있으나 簡牘은 이미 흩어져 전해오지 않아 그 본말을 알 수 없기 때문에 <傳>이 다시 설명을 하지 않고 있다."라 하였다. 이는 <經>은 策書를 근거로 하고 <傳>은 簡牘을 참고하여 기록하는 것이라는 것을 알 수 있다. 이른바 <經>은 큰일을 기록하고 <傳>은 작은 일을 기록하며, 이는 또한 작은 일은 簡에 기록하고 큰일은 策에 기록한다는 사실을 알 수 있다.

송宋 시기 왕관국王觀國은 자가 용실用實이고 장사長沙 사람이다. 왕관국은 ≪학림學林≫에서 ≪주례周禮·내사內史≫·≪춘추좌씨전春秋左氏傳≫·≪사기史記·주발전周勃傳≫·≪석명釋名≫과 ≪논어論語≫ 등의 전적을 인용하여 '간簡'·'책策'·'고觚'·'방方'·'독牘'·'찰札'·'참槧'·'판版'에 대하여 고증하였다.

　　古人書寫者有簡·有策·有觚·有方·有牘·有札·有槧·有版. 蓋簡策觚皆以竹爲之. 方牘札槧版皆以木爲之. 簡者, 間也. 以竹爲之, 用以寫書. 後漢吳祐, 父恢以火灸竹冷汗, 取其靑寫書, 謂之'殺靑簡'. 晉武帝時, 汲郡人掘塚得竹簡古書十餘萬言, 所謂竹簡書此類是也. 策, 象冊字形, 中有二編, 孔子讀≪易≫韋編三絶者, 以韋貫編作冊也. ≪周禮·內史≫: "凡命諸侯及孤卿大夫卽策命之." ≪春秋左氏傳≫曰: "王命內史策命晉侯爲侯伯"(≪左傳·僖公二十八年≫), 皆謂書其文於策也. 觚以竹爲之, 其形有方角, 亦作觚, 可持以書也. 方以木爲之, 柱下方書以方出之類是也.[185] 牘以木爲之, 所謂尺牘者, 盈尺之牘. ≪史記·周勃傳≫曰: "獄吏乃書牘背示之." ≪前漢·昌邑王賀傳≫曰: "簪筆持牘趨謁",[186] 此類是也. 札, 以木爲之, 以薄小者, ≪前漢·司馬相如傳≫曰: "上令尙書給筆札", 又曰: "遺札書言封禪事."[187] 又≪郊祀志≫曰: "卿有札書", 顔師古曰: "札, 木簡之薄小者", 故≪朱博傳≫曰: "與筆札使自記姦臧, 投刀使削所記",[188] 然則札可以托書, 而不可以垂久遠, 非如簡策, 可以垂久遠也. 槧, 以木爲之, 可修削者. ≪玉篇≫: "槧, 削版牘也." ≪論衡≫曰: "斷木爲槧." ≪釋名≫: "槧版長三尺", ≪揚子法言≫或問叔孫通曰: "槧人也." 注曰: "簡牘人也." ≪西京雜記≫曰: "子雲好事, 常懷鉛提槧",[189] 蓋言修削書也. 版, 以木爲之. ≪周書·小宰≫: "聽閭里以版圖",[190] 司書掌邦中之版土地之圖, 司會掌版圖之貳, 內宰掌書版圖之法, 而大胥掌學士之版, 蓋版以記戶籍圖以記土地.[191] ≪論語≫曰: "式負版

---

185) '柱下'는 '柱下史'로 中央의 奏章·檔案·圖書와 지방에서 보내온 보고서 등을 관리하며, 御史大夫라고도 한다. '方書'는 '四方文書'라고도 하며, 네모난 판에 쓰는 문서라는 뜻이다.
186) 師古曰: "簪筆, 揷筆於首也. 牘, 木簡也."
187) '封禪'이란 옛날 天子가 흙으로 단壇을 만들어 하늘에 제사 지내고 땅을 淨淨하게 하여 산천에 제사 지내던 일.
188) "(功曹에게) 붓과 札을 주고 자신이 스스로 뇌물로 받은 검은 돈을 모두 일일이 기록하도록 하였다. 후에 칼을 던져 주고 기록한 내용을 다시 삭제하도록 하였다."
189) '子雲'은 揚子雲을 가리키고, '懷'는 '소지하다', '鉛'은 '鉛粉'이고 '提'는 '손에 들다'라는 뜻이다. '항상 손에 글 쓸 도구를 들고 준비하고 있다'라는 뜻이다.
190) 25가구의 정사를 듣는데 호적이나 지도로써 한다.
191) 司書는 나라 안의 지적도와 토지의 지도를 관장한다. 司會는 문서나 호적과 지적을 관리하는 부관을 두어서 관리한다. 內宰는 궁중안의 문서와 문지기의 소속 배치도와 그 자제들의 호적과 왕이나 왕후나 세자궁 소속 관리들의 신원들을 관장한다. '書'는 호적, '版'은 궁중의 문지기, '圖'는 왕이나 왕후, 세자궁을 관리하는 형상이다. 大胥는 學士들의 호적부(版)를 관리한다. '版'은 호적도를 기록하거나 土地를 기록하

者"192), 謂民數書於版者也. 古未有紙, 故簡牘以竹或木爲之, 其謬誤則以刀削之, 故刀筆吏者, 持刀筆以自隨, 乃俗吏之所爲也. 至後世則或縑帛寫書, 故紙字從糸, 帋字從巾, 皆以縑帛爲之. 至蔡倫, 乃用木膚麻頭敝巾魚網以爲紙, 自是天下從用焉. 若夫以玉爲冊, 則謂之玉冊, 以金爲簡, 則謂之金簡. 以金爲版, 則謂之金版.

고대에 문자를 쓰는 재료로는 簡·策·觚·方·牘·札·檄과 版 등이 있다. 簡·策·觚는 모두 대나무로 만드는 것이고, 方·牘·札·檄·版은 모두 나무를 다듬어 만든 것이다.

'簡'이란 '間'이라는 뜻이고, 대나무를 사용하여 문자를 기록하는 재료를 말한다. 후한後漢 시기 오우吳祐의 부친 오회吳恢가 불로 대나무를 구워 물기를 없애고 푸른색을 제거하여 글씨를 썼는데, 이를 '殺靑簡'이라 한다. 진晉나라 무제 때, 급군汲郡 사람이 옛날 무덤을 도굴하고 십여 만 자가 되는 竹簡 古書를 발견하였는데, 이 竹簡에 쓰여 진 글이란 바로 이를 가리킨다.

'策'은 '冊'자의 자형과 같이 중간 두 곳을 묶어 만들고, 孔子는 ≪周易≫을 묶은 가죽이 세 번이나 끊어질 정도로 탐독했다는 고사 '위편삼절韋編三絶'과 같이 가죽을 사용하여 묶어 冊으로 만들었다. ≪周禮·內史≫에서는 "諸侯나 孤卿大夫에게 명령을 내릴 때 策을 사용하였다."라 하였고, ≪春秋左氏傳≫은 "왕이 內史에게 策命을 내려 晉侯(진 문공)를 侯伯(제후의 영수인 霸者)으로 임명하였다"(≪左傳·僖公二十八年≫)라 하였는데, 이는 모두 策을 사용하여 문자를 쓴 것이다.

'觚(대쪽 고)'는 대나무로 만든 네모난 모양이다. 혹은 '觚(네모 고, gū)'자로 쓰고 이를 가지고 문자를 기록할 수 있다.

'方'은 나무로 만든 것으로 주하사柱下史가 문서를 관리하기 위하여 네모난 모양 문서 판에 문자를 기록하는 것 등을 말한다.193)

'牘'이란 나무로 만든 것이며, 이 '尺牘'이란 말은 한 척 정도 되는 牘이라는 뜻이다. ≪史記·周勃傳≫은 "獄吏가 독판 뒤에 글을 써서 보여 주었다."라 하였고, ≪前

는 것이다.

192) 圖版을 진 사람에게는 上半身을 굽히셨다. 圖版은 그 고장의 地圖와 戶籍이며, 그것을 지고 가는 사람에게 허리를 굽히는 것은 국토와 국민을 존중하는 뜻의 표현이다. '式'은 '軾(수레 앞턱 가로나무 식, shì)'의 뜻으로 '가로나무를 잡고 몸을 굽혀 절을 하다'라는 의미이다.

193) '柱下'는 '柱下史'로 中央의 奏章·檔案·圖書와 지방에서 보내온 보고서 등을 관리하며, 御史大夫라고도 한다. '方書'는 '四方文書'라고도 하며, 네모난 판에 쓰는 문서라는 뜻이다.

漢·昌邑王賀傳≫은 "머리에 붓을 꼽고 목독을 들고서 앞으로 나아가 배알하였다."194)라 하였다.

'札'은 나무로 만든 것으로 작고 얇게 다듬어 만든 것이다. ≪前漢·司馬相如傳≫은 "천자는 상서尙書에게 붓과 札을 주도록 명령하였다"라 했고, "그 유고는 봉선封禪에 대한 일을 쓴 것이다."195)라 하였다. ≪郊祀志≫는 또한 "卿은 札書를 가지고 있다."라 하였는데, 顔師古는 "'札'은 木簡 중 얇고 작은 것을 가리킨다."라 하였다. ≪朱博傳≫은 "(功曹에게) 붓과 札을 주고 자신이 스스로 뇌물로 받은 검은 돈을 모두 일일이 기록하도록 하였다. 후에 칼을 던져 주고 기록한 내용을 다시 삭제하도록 하였다."라 하였는데, 札은 잠시 문자를 기록할 수 있는 것으로, 簡과 策은 오랜 기간 동안 보존할 수 있는 반면에 札은 오랫동안 영구히 보존할 수 있는 것이 아니다.

'槧'은 나무로 만든 것으로 다듬어 고치고 삭제할 수 있는 것이다. ≪玉篇≫은 "'槧'은 版牘을 수정하고 삭제하는 것이다."라 하였다. ≪論衡≫은 "나무를 잘라 槧을 만든다."라 하고, ≪釋名≫은 "참판槧版은 길이가 三尺이다"라 하였다. 漢 揚雄 ≪法言·淵騫≫에서 叔孫通이 '槧人'에 대하여 묻는 내용이 있는데, 이에 대하여 李軌는 "이는 簡牘을 다루는 지식인이다."라 설명하였다. ≪西京雜記≫에 "子雲은 일을 좋아하여 항상 연분과 槧을 들고 다니며 쓸 준비가 되어 있다."196)라 하였다. 이는 문서를 다듬고 수정하는 것을 가리킨다.

'版'은 나무로 만든다. ≪周書·小宰≫에 "호적이나 지도로써 향리의 정사를 듣다."197)라 하였고, 司書는 나라 안의 지적도와 토지의 지도를 관장하고, 司會는 문서나 호적과 지적을 관리하는 부관을 두어서 관리하며, 內宰는 궁중안의 문서와 문지기의 소속 배치도와 그 자제들의 호적과 왕이나 왕후나 세자궁 소속 관리들의 신원들을 관장하고, 대서大胥는 學士들의 호적부(版)를 관리한다.198) ≪論語≫에서

---

194) 顔師古는 "簪筆, 揷筆於首也. 牘, 木簡也."(簪筆이란 머리 부분에 붓을 꼽는 것으로 말하고, 牘이란 목간이다)라 하였다.
195) '封禪'이란 옛날 天子가 흙으로 단壇을 만들어 하늘에 제사 지내고 땅을 정淨하게 하여 산천에 제사 지내던 일.
196) '子雲'은 揚子雲을 가리키고, '懷'는 '소지하다', '鉛'은 '鉛粉'이고, '提'는 '손에 들다'라는 뜻이다. '항상 손에 글 쓸 도구를 들고 준비하고 있다'라는 뜻이다.
197) 25가구의 정사를 듣는데 호적이나 지도로써 한다.
198) 司書는 나라 안의 지적도와 토지의 지도를 관장한다. 司會는 문서나 호적과 지적을 관리하는 부관을 두어

"공자는 도판圖版을 진 사람에게는 상반신을 굽히셨다."199)라 했는데, 이는 백성은 목판에 자주 글을 썼음을 말한다. 고대에는 아직 종이가 없어 나무나 대나무로 簡牘을 만들어 사용하였고, 만약에 잘못 기록하면 칼로 이를 깎아 수정하였다. 도필리刀筆吏란 칼과 붓을 들고 따라 다니는 관리를 말하는데, 이는 속리俗吏가 담당하는 일이다. 후에 혹은 비단으로 문자를 기록하게 되었기 때문에 '紙'자와 '帋'자는 그 의미부가 '糸'와 '巾'을 사용한다. 후에 채륜蔡倫은 나무껍질이나 삼, 혹은 낡은 헝겊이나 고기 그물들을 사용하여 종이를 만들어 사용하게 되었다. 만약에 玉으로 冊을 만들면 玉冊이라 하고, 金은 簡을 만들면 金簡이라 하였으며, 金으로 版을 만들면 金版이라 하였다.

명明 방이지方以智는 ≪통아通雅·기용器用≫에서 문자를 기록하는 것(書契)에 명칭과 그 관계에 대하여 설명하였다.

古以木片爲札, 削竹爲策, 編策爲簡, 成帙爲冊, 方版謂之方, 牘樸謂之槧, 揷羽之牘謂之羽檄, 書刀謂之削, ≪聘禮≫曰: "百名以上書於策, 不及百名書於方", ≪旣夕禮≫曰: "書賵於方, 若九, 若七, 若五, 書遣於策", 文多者書之策, 少者書之方, 木片曰: '札'. ≪說文≫曰: "牒也." ≪漢書≫曰: "谷子云筆札", 光武一札十行, 漢人皆以此爲簡牘, 削竹爲策, 編策爲簡, 與束通, 成帙爲冊, 冊必有卷. ≪論衡≫: "斷木爲槧, 版長三尺, 削木也. 木削爲柿", 顔之推引≪後漢書·楊由傳≫云: "風吹削哺爲柿"200), 此是削札牘之柿耳. 蘇竟書云 "摩硏編削之才", 子雲提鉛槧, 吳恢欲殺靑簡, 皆刀策也. 康成注≪論語序≫以≪鉤命訣≫云: ≪春秋≫二尺四寸書之, ≪孝經≫一尺二寸書之, 故知六經之策, 皆長二尺四寸. 伯喈言二尺者, 201) 天子策書所用與六經異也, 簡容一行字, 牘乃方版. 羽檄之書, ≪說文≫曰:

서 관리한다. 內宰는 궁중안의 문서와 문지기의 소속 배치도와 그 자제들의 호적과 왕이나 왕후나 세자궁 소속 관리들의 신원들을 관장한다. '書'는 호적, '版'은 궁중의 문지기, '圖'는 왕이나 왕후, 세자궁을 관리하는 형상이다. 大胥는 學士들의 호적부(版)를 관리한다. '版'은 호적도를 기록하거나 土地를 기록하는 것이다.

199) 圖版을 진 사람에게는 上半身을 굽히셨다. 圖版은 그 고장의 地圖와 戶籍이며, 그것을 지고 가는 사람에게 허리를 굽히는 것은 국토와 국민을 존중하는 뜻의 표현이다. '式'은 '軾(수레 앞턱 가로나무 식, shì)'의 뜻으로 '가로나무를 잡고 몸을 굽혀 절을 하다'라는 의미이다.

200) '削哺(xuē bǔ)'는 혹은 '削肺'나 '削柿'로 쓴다. 札牘을 깎을 때 생기는 나무 조각을 가리킨다. 北齊 顔之推 ≪顔氏家訓·書證≫에서 "≪後漢書·楊由傳≫云: '風吹削肺.' 此是削札牘之柿耳."이라 하였다.

'二尺書', 顔子籀202)曰: '以木簡爲書, 長尺二寸', 此近是, ≪魏武奏事≫云有急則揷羽曰 '羽檄'. 吐番用金箭, 急則加銀鶻. 升菴曰: 雲南急遞揷鷄毛, 乃羽書之遺也.

折簡折而疊之也, 箋書謂之尺牘, 折而分版謂之葉子, 編集謂之書冊, 其以卷名者古也.

고대에 나무로 만든 조각을 札이라 하고, 대나무를 깎아 만든 것이 策이다. 策을 묶어 만든 것이 簡이고, 이를 한 무더기로 묶는 것이 冊이다. 네모난 목판을 方이라 하며 나무를 깎아 만든 牘樸을 槧이라 한다. 깃털을 꽂아 만든 牘을 羽檄이라 하며, 글을 쓸 때 사용하는 칼을 削이라 한다. ≪聘禮≫는 "백 자 이상이면 策에 기록하고 백 자를 넘지 않으면 方에 기록한다."라 하였고, ≪旣夕禮≫는 "보내온 선물 수장물은 方에 기록하고, 약 9줄, 혹은 7줄 혹은 五줄 등으로 적는다. 수장물의 목록은 策에 기록한다."라 하였는데, 기록할 문자가 많으면 策에 기록하고 적으면 方에 기록한다.

나무 조각을 '札'이라 한다. ≪說文≫은 '札'자를 '牒(서판 첩, dié)이다'라 설명하였다. ≪漢書≫는 "谷子云은 문장(筆札)에 뛰어나다"라 하였다. 光武 때에는 하나의 札은 열 줄을 적었고, 漢나라 사람들은 모두 札을 簡牘으로 삼았다.

대나무를 깎아 만든 것이 策이고 策을 묶어 만든 것이 簡이다. 簡은 '束'과 통한다. 簡을 한 무더기로 묶은 것이 冊이다. 冊은 반드시 卷이 있다.(捲, 말 권, juǎn, juàn) ≪論衡≫은 "나무를 절단하여 만든 것이 槧이다. 판의 길이는 三尺이고 나무를 깎아 만든 것이다. 나무를 깎을 때 생기는 조각을 柹(柿, fèi)라 한다."라 하였다. 顔之推는 ≪後漢書・楊由傳≫의 "札牘을 깎을 때 생기는 나무 조각이 바람에 날려 柹(柿, fèi)가 되다"203)라는 구절을 인용하여 설명하였는데, 札牘을 깎은 조각을 柹라 한다. 소경蘇竟이 서신에서 언급한 '나는 이전에 경전(編削)을 연구하는 재능이 있어'라고 하거나, '양자운揚子雲이 연참鉛槧을 소지하고 다녔다'거나, '오회吳恢가 殺靑簡을 만들고자 했다'고 하는 것은 모두 刀策을 가리킨다. 鄭康成은 ≪論語序≫에서 ≪鉤命訣≫을 인용하여 ≪春秋≫는 二尺四寸의 크기에 쓰고 ≪孝經≫은 一尺二寸에 쓴다고 한 것으로 보아 六經(易・詩・書・禮・樂・春秋)의 策은 모두 그 길이가 二尺四寸임을 알 수 있다하였다. 따라서 六經의 책은 모두 길이가 二尺四寸이라는

---

201) 蔡邕(yōng)(133年~192年)의 자는 백개伯喈이다.
202) 顔師古(581年~645年)는 이름이 籀(zhòu)이고 자가 師古이다.
203) '削哺(xuē bǔ)'는 혹은 '削肺'나 '削柿'로 쓴다. 札牘을 깎을 때 생기는 나무 조각을 가리킨다. 北齊 顔之推 ≪顔氏家訓・書證≫에서 "≪後漢書・楊由傳≫云: '風吹削肺.' 此是削札牘之柿耳."라 하였다.

것을 알 수 있다. 채옹이 말한 2尺이란 漢나라 때 천자가 策書를 사용할 때 사용하는 것으로 육경과는 길이가 다르다. 簡은 한 줄로 쓰고, 牘은 네모난 널빤지이다. 羽檄에 대한 설명으로, '檄'자에 대하여 ≪說文≫은 '2尺 크기의 기록하는 것'이라 하였고, 顔師古는 '檄이란 木簡에 문자를 기록하는 것으로 길이는 1尺2寸의 크기이다.'라고 하였는데 크기가 거의 비슷하다. 위魏 무제武帝 ≪奏事≫는 '급히 전할 내용인 있으면 깃털을 꼽아 사용하였다'라고 하였는데 이것이 '우역羽檄'이다. 티벳(Tibet)은 금전金箭을 사용하고 급히 전할 내용이면 '은색의 백조 깃털(銀鵠)'을 꽂아 사용하였다. 明나라 양신楊愼 ≪升菴集≫은 '운남 지방에서는 급하게 전달한 내용이 있으면 닭 깃털을 꽂아 사용하였다고 하는데 이는 전통적인 우서羽書의 일종이다'라 하였다.

　죽간을 잘라 다듬어 여러 개를 합쳐 그 위에 글을 쓰는 것을 尺牘이라 하며, 나무를 깎아 만든 널빤지를 첩자牒子(서판)라 하고 이를 묶어 만든 것을 書冊이라 한다. 서적(卷名)의 명칭은 예부터 전해 내려오는 것이다.

위의 설명으로 알 수 있듯이, 명칭에 대한 설명들이 자주 모순이 되고 또한 확실한 증거를 제시하지 못하고 있음을 알 수 있다. ≪춘추정의春秋正義≫는 ≪춘추서春秋序≫의 "大事書之於策, 小事簡牘而已" 구절에 대하여 아래와 같이 설명하였다.

　　大事書於策者, 經之所書也. 小事書於簡者, 傳之所載也. 又曰: 大事後雖在策, 其初亦記於簡. 據此則經傳簡策並無定名, 故崔杼之事稱南史氏執簡, 而華督之事稱名在諸侯之策, 其文互見, 奇齡乃以簡書・策書爲經傳之分, 亦爲無斷.

　　중요한 일은 策에 기록하고 '經'의 내용들이 이에 해당된다. 작은 일은 簡에 기록하고 '傳'의 기록이 이에 해당된다. 또한 중요한 일은 策에 기록은 했으나 처음에는 簡에 기록하였다. 이로 보아 '經'・'傳'의 내용에 따른 '簡'・'策'의 구별은 없었다는 것을 알 수 있다. 그래서 최저崔杼의 일은 남사씨南史氏가 簡에 기록하였다거나, 화독華督의 일은 제후의 策에 기록하는 것으로 보아 簡과 策이 구별 없이 사용됐음을 알 수 있다. 따라서 모기령毛奇齡이 주장하는 簡書와 策書로 '經'과 '傳'을 구별하였다는 것은 근거가 없는 주장이다.

≪의례주소儀禮注疏·기석旣夕≫에서 가공언賈公彦은 "釋曰: 編連爲策, 不編爲簡"204)이라 하였는데, 이에 대하여 공영달孔穎達은 아래와 같이 설명하였다.

> 簡之所容一行字耳, 牘乃方版, 版廣於簡, 可以並容數行. 凡爲書, 字有多有少, 一行可盡者, 書之於簡; 數行乃盡者, 書之於方; 方所不容者, 乃書於策.
> 簡은 한 줄로 문자를 기록한다. 牘은 네모난 널빤지로 版의 크기가 簡보다 넓기 때문에 몇 줄로 문자를 기록한다. 기록하는 글자는 많고 적음이 있는데, 한 줄로 완성할 수 있으면 簡에 쓰고, 몇 줄로 써야 하는 경우엔 네모난 판에 기록하였다. 네모난 판에 모두 기록할 수 없는 경우엔 策에 기록하였다.

≪죽보竹譜≫는 "殺青而尺截曰簡. 聯簡曰策. 熨而爲板, 曰牒."205)라 하였는데, 이에 대하여 명明나라 주기周祈는 ≪명의고名義考·방책方策≫에서 아래와 같이 설명하였다.

> 古者折竹爲簡, 以火炙之, 令其汗, 取其青易書, 青簡·汗青·殺青皆取炙竹爲義. 曰: 篇, ≪廣韻≫謂: "篇, 簡成章也. 連編諸簡謂之策. 以繩次策謂之編." 此簡篇策從竹, 編從糸也. 又以木爲方, 謂之柧, 作觚, 故曰: "操觚又謂之槧.", 故曰: "鉛槧其體方總謂之方." 曰: 笘, ≪說文≫: "剌, 著也." 竹木以剌著爲書, 竹書當作笘, 木書當作札. 曰: 牒, 說文以爲札. 曰: '牘, ≪說文≫以爲書板, 皆方也. 此柧槧札, 從木, 牒牘從片. ≪說文≫: "片, 判木也." 大都不過竹木二者. 後世易之以紙. 而其稱名猶故也.
> 고대에 대나무를 잘라 簡을 만들었다. 대나무를 불로 구워 수분이 흘러나오도록 하고 푸른색을 없애 글씨를 쓰기 쉽게 하였다. 青簡·汗青이나 殺青은 모두 대나무를 구어 만들었다는 뜻이다.
> '篇'에 대하여 ≪廣韻≫은 "'篇'이란 '簡이 하나의 단위를 이룬 것이다'는 뜻이다. 簡을 엮어 편집한 것을 策이라 하고 차례에 따라 새끼줄로 묶음 묶는 것을 編이라 한다."라 하였다. 그래서 '簡'·'篇'·'策'자는 의미부가 '竹'이고, '編'자는 의미부가 '糸'이다. 또한 나무로 네모난 모양(方)을 만들어 문자를 기록하는 것은 '柧'라

---

204) 賈公彦: "엮어 만든 것을 策이라 하고, 엮지 않은 것을 簡이라 한다."
205) ≪竹譜≫: "殺青而尺截曰簡. 聯簡曰策. 熨而爲板, 曰牒."(殺青하고 길이에 따라 자른 것을 簡이라고 하여, 이 간들을 묶은 것을 策이라 하다. 넓게 板을 만들어 재료는 쓰는 것을 牒이라 한다.)

하고 혹은 '觚'자로 쓴다. 그래서 "觚를 다루는 것을 '槧(판독 참, qiàn)'이라 한다."
라 하였다. 또한 "옛날에 문자를 기록하는 판(鉛槧)의 형체가 네모난 것은 총체적으
로 '方'이라 하였다."라 하였다.

'箚(찌를 차, zhá)'는 원래 '자극을 가하다'라는 뜻이다. ≪說文≫은 '刺'자에 대하
여 '그리다(著)'라 설명하였다. 대나무나 나무에 자극을 내어 그려서 글씨를 썼기
때문에 竹書를 '箚'이라 하고 나무로 만들어 쓰는 것(木書)을 '札'이라 한다.

≪說文≫은 '牒'자에 대하여 '札'이라 하였다. ≪說文≫은 '牘'자에 대하여 '글씨
를 쓰는 판(書板)으로 네모난 모양이다'라 하였다. '柧'·'槧'·'札'은 모두 의미부가
木이고 '牒'·'牘'은 의미부가 '片'이다. ≪說文≫은 "'片' 나무를 나누어 만든 것이
다."라 하였다. '片' 중에 큰 것은 대나무 두 개를 합한 것 정도이다. 이러한 서사書
寫 재료는 후세에 종이로 바뀌었다. 서사書寫 재료의 명칭은 모두 그 유래가 있다.

이상을 통하여 우리는 역사상 고대의 간책簡策 제도에 대하여 이해할 수 있다. 하지
만 선진 시기에는 간독에 대한 어떤 명확한 구분이 없고, 또한 역대 그 명칭과 유래에
대하여 의견이 매우 다양했음을 알 수 있다.

≪설문說文≫은 "대나무와 비단에 기록하는 것을 '書'라 한다."[206]라 하였고, 고대
에 '書'와 관련된 명칭으로는 '부서簿書'·'죽서竹書'·'간서簡書'·'책서策書'와 '죽간
서竹簡書' 등이 있다. 따라서 홍콩에서 구매한 초나라 죽간 문헌을 '초죽서楚竹書'라
칭하기로 한다.

▌'周易'이란 명칭에 대하여

현재 '周易' 중 '周'자에 대하여 대략 세 가지 주장이 있다.

첫째는 '보편적으로 두루 갖추다(周普)'나 '보편적이다(周遍)'라는 의미로 해석하는
경우이다. ≪說文≫은 '촘촘하다(周密하다)'[207]라 하였다. ≪경전석문經典釋文·주역

---

206) ≪說文≫: "著於竹帛謂之書."(卷十五上)
207) ≪說文≫: "周, 密也."

음의周易音義≫는 "'周'는 '두루 미치다(至)', '고루 미치다(遍)'라는 뜻이다. 지금 '周易'이라는 명칭은 '보편적으로 두루 갖추다(周普)'라는 의미를 취한 것이다."208)라 하였다. ≪역경易經·계사하繫辭下≫는 "주역이란 넓고 커서 다 갖추고 있다는 뜻이다. 하늘의 도, 사람의 도, 땅의 도 등 세 가지 도가 있다. 이 삼재三材를 겸하고 둘로 곱해지니 육六이 되는 것이다. 六이라는 것은 다른 것이 아니라 三材의 도이다. 도란 변화가 있어 효爻가 생겨나게 된 것이고, 爻는 등급이 있으니 물질이 생기게 되고, 물질이 서로 섞이게 되니 文이 생겨나게 되는 것이다."209)라 하였다. 역易의 도가 넓고 크니 세상의 모든 물질을 전부 포함하는 것이다. 천문天文, 지리地理, 악률樂律, 병법兵法, 운학韻學, 산술算術 등 모두를 포함한다.

둘째, '주周'는 지역 이름으로 쓰인다. 공영달孔穎達은 ≪시경詩經·주남周南≫의 ≪주소注疏≫에서 "'周'는 지역 명칭이다. 그 지역은 기산의 남쪽에 있으며, 한나라 때에는 부풍 미향현에 속했다."210)라 하였다. ≪역경易經·계사하繫辭下≫는 "주역이 발흥한 시기는 응당히 은나라 말기와 주나라가 융성했던 시기가 아닐까한다. 즉 주왕文王과 주紂王 시기의 일에 해당되는 것이 아닌가한다."211)라 하였다.

셋째, '주역周易'을 '용역龍易'으로 읽고, '周'를 '龍'으로 해석하는 경우이다. 근대학자 서대강舒大剛은 민속 문화를 연구한 결과 새로운 학설을 주장하였다. 아직 대중적인 지지를 얻지 못하고 있지만 참고하기로 한다.

> 최근에 필자는 감숙성 남쪽 지역에 거주하는 장족의 고적을 조사를 하다가 장어 중에 백룡강을 '주곡舟曲'이라고 부르거나 황하를 '마곡瑪曲'이라고 부르는 것을 들었다. 이를 통하여 '周易'은 즉 '용역龍易'이라는 것을 깨닫게 되었다. '용마부도龍馬負圖'는 즉 '마곡출도瑪曲出圖'이다. ≪河圖≫가 '馬'와 관련이 있게 된 것은 중국어가 다른 민족 언어를 잘못 이해했기 때문에 비롯된 것이다.(黃河를 '瑪曲'이라 한

---

208) ≪經典釋文·周易音義≫: "周, 至也. 遍也. 今名書, 義取周普."
209) ≪易經·繫辭下≫: "易之爲書也. 廣大悉備. 有天道焉. 有人道焉. 有地道焉. 兼三材而兩之, 故六. 六者, 非它也, 三材之道也. 道有變動, 故曰爻. 爻有等, 故曰物. 物相雜, 故曰文."
210) ≪詩經·周南≫≪注疏≫: "周, 代名. 其地在岐山之陽, 漢屬扶風美陽縣."
211) ≪易經·繫辭下≫: "易之興也. 其當殷之末世. 周之盛德邪. 當文王與紂之事邪."

다.) ≪易≫을 '周'라고 칭하게 된 것도 같은 논리로 중국어가 이민족의 음을 잘못 이해하는데서 비롯된 것이다.(龍을 '舟'라 발음한다.) ≪周易≫의 첫 괘는 ≪乾卦≫ 이다. 건괘의 여섯 효 모두가 용의 형상을 취한 것이다. 그래서 ≪乾卦≫는 즉 '龍 卦'이다. 상고上古 시기의 서적은 대부분 첫 장의 내용을 따서 명칭으로 취하였다. 따라서 ≪周易≫ 역시 이와 같이 취한 명칭이다.(즉 "龍易"이다.)212)

'周'와 '易' 두 자가 함께 쓰이는 단어는 선진先秦 양한兩漢 시기의 문헌에 자주 보인다.213)

≪주례周禮≫에는 한 차례 보인다.

≪周禮·春官宗伯≫: "筮人: 掌三易, 以辨九筮之名, 一曰≪連山≫, 二曰≪歸藏≫, 三 曰: ≪周易≫."

점을 치는 서인筮人은 세 가지 역을 관장하고 구서九筮의 명칭을 구분한다. 첫째 는 ≪연산≫이고 둘째는 ≪귀장≫이고 셋째는 ≪주역≫이다.

≪좌전左傳≫에는 모두 열 곳이 보인다.

1. "周史有以≪周易≫見陳侯者. 陳侯使筮之. 遇≪觀≫䷓之≪否≫䷋."(≪莊公22年≫) (경중敬仲이 어렸을 때) 왕실의 태사太史가 ≪주역≫을 가지고 가 진여공陳厲公 을 만났다. 진여공이 그에게 시초蓍草로 점을 치게 하자 '관괘'가 '비괘'로 변하는 점괘가 나왔다.

2. "鄭公子曼滿. 與王子伯廖語. 欲爲卿伯廖告人曰: 無德而貪, 其在周易≪豐≫䷶之 ≪離≫䷝, 弗過之矣. 間一歲, 鄭人殺之."(≪宣公6年≫)

---

212) 舒大剛, <≪周易≫爲龍說>: "近時筆者在甘南藏區考察, 耳聞藏語謂白龍江爲'舟曲', 謂黃河爲'瑪曲'. 因悟'周 易'爲'龍易', '龍馬負圖'卽'瑪曲出圖'. ≪河圖≫與'馬'聯姻, 蓋出于漢語對異族語言(稱黃河爲"瑪曲")之誤解. 而 ≪易≫之稱'周', 原係漢語對異族語言(呼龍爲'舟')的直音. 蓋≪易≫之首卦爲≪乾≫, 乾之六爻皆以龍物取象, ≪乾卦≫卽是'龍卦'. 上古書籍多取于首章爲名, 故以≪周易≫(卽'龍易')名焉." 山東大學易學與中國古代哲學研 究中心, ≪出土文獻研討會≫, 2004年12月.
213) 아래에서 인용한 고전적의 우리말 해석은 <부록: 역주譯註 주요참고문헌>에서 언급한 우리말 해석본을 참고하기를 한다.

정나라 대부 공자 만만曼滿이 대부 왕자백료王子伯廖와 이야기를 나누던 중 경이 되고 싶다는 뜻을 밝혔다. 그러자 백료가 다른 사람에게 말했다. "만만은 덕행도 없으면서 욕심만 가득 차 있다. 그는 ≪周易≫의 '풍괘'가 '이괘'로 변하는 괘상에 처해 있다. 3년이 채 안되어 죽고 말 것이다." 과연 한 해를 거른 다음 해에 정나라 사람이 만만을 죽였다.

3. "知莊子曰: 此師殆哉, ≪周易≫有之, 在≪師≫䷆之≪臨≫䷒曰: 師出以律, 否臧兇. 執事順成爲臧, 逆爲否, 衆散爲弱, 川壅爲澤, 有律以如己也, 故曰律. 否臧, 且律竭也. 盈而以竭, 夭且不整, 所以兇也. 不行謂之≪臨≫. 有帥而不從, 臨孰甚焉! 此之謂矣. 果遇必敗, 彘子尸之. 雖免而歸, 必有大咎."(≪宣公12年≫)

지장자가 점을 친 뒤 점괘를 풀이했다. "선곡先縠(체자彘子)이214) 이끌고 간 군사가 위태롭다. ≪周易≫에 '사괘'가 '임괘'로 변하는 괘사를 두고 이르기를 '출병이 반드시 법도와 기율이 있어야 한다. 법도와 기율이 없으면 반드시 흉하다'고 했다. 일을 하면서 주장主將의 명을 받들어 사명을 완수하고자 하면 그 결과는 반드시 좋게 되어 있다. 만일 이를 어기면 그 결과는 반드시 좋지 않게 되어 있다. 병사들의 마음이 흩어져 힘이 곧 약하게 되니, 흐르는 강물이 막혀 가기 어려운 소택沼澤으로 변했다. 군대에 법도와 기율이 있는 것은 부하들로 하여금 주장의 명을 듣게 하여 주장의 뜻에 따라 진퇴하려는 것이다. 이를 일러 율律이라고 한다. 부장이 주장의 명을 듣지 않는 것은 불선不善으로 법기를 무너뜨리는 징표이다. 물이 가득 찼다가 고갈되고 통로가 막혀 흐르지 않는 것은 흉한 징조이다. 물이 괸 상태에서 흐르지 못하는 것을 '임臨'이라고 한다. 주장이 있는데도 그 명을 받들지 않으니 이 '臨卦'보다 더 나쁠 수 있겠는가! 이는 선곡이 명을 듣지 않은 행동을 말하는 것이다. 그의 군사는 적과 조우하면 반드시 패하게 되어 그 또한 그 화를 입을 것이다. 설령 전사를 면하고 돌아올지라도 반드시 큰 재앙이 있을 것이다."

4. "穆姜薨於東宮. 始往而筮之, 遇≪艮≫之八, ䷳ 史曰. 是謂≪艮≫之≪隨≫䷐ ≪隨≫其出也, 君必速出. 姜曰: 亡. 是於≪周易≫曰: ≪隨≫元亨利貞, 无咎. 元, 體之長也. 亨, 嘉之會也. 利, 義之和也. 貞, 事之幹也. 體仁足以長人, 嘉德足以合禮, 利物足以和義, 貞固足以幹事, 然故不可誣也. 是以雖≪隨≫無咎. 今我婦人而與於亂. 固在下位, 而有不仁, 不

---

214) 선곡先縠(?~BC596년)은 성이 先이고 이름이 縠이다. 선곡은 彘(돼지 체, zhì) 지방에 봉읍을 하였기 때문에 '彘子'라고도 한다.

可謂元. 不靖國家, 不可謂亨. 作而害身, 不可謂利. 棄位而姣, 不可謂貞. 有四德者, ≪隨≫ 而無咎. 我皆無之, 豈≪隨≫也哉? 我則取惡, 能無咎乎? 必死於此, 弗得出矣."(≪襄公9年≫)

목강이 동궁에서 훙거하였다. 목강은 당초 동궁으로 들어가 살 때, 시초 점을 쳤다. 그러자 '간지팔艮之八'을 얻었다. 이에 태사가 점괘를 풀이했다. "이는 '간괘'가 '수괘'로 변하는 것으로 '수隨'괘는 밖으로 나가는 것을 뜻합니다. 소군은 이 동궁을 속히 나가도록 하십시오." 그러자 목강이 말하였다. "그럴 필요 없소 ≪周易≫에 이르기를 '수隨'괘는 '원형이정元亨利貞하니 허물이 없다'라고 했소이다. '元'은 신체의 가장 중요한 부분이고 '亨'은 가례嘉禮(혼례婚禮)에서 주인과 손님이 서로 만나는 것이고, '利'는 도의가 조화를 이루는 것이고, '貞'은 사안의 본체요 인덕을 체현하면 사람을 영도하기를 족하고, 아름다운 덕행은 예의에 부합하기에 족하고, 만물에 유리하면 도의를 조화시키기에 족하고, 성신誠信이 견고하면 일을 처리하기에 족하오. 이런 이유로 속일 수가 없기에 비록 수괘가 나온다하더라도 재난이 없는 것이오. 그러나 지금 나는 여자의 몸으로 난에 가담했소. 본래 지위가 남자 밑에 있는데다가 인덕이 없었으니 '원'이라 이를 수 없고, 나라를 편안케 하지 못했으니 '형'이라 이를 수 없고, 난을 일으켜 몸을 해쳤으니 '이'라 이를 수 없고, 태후의 자리를 버리고 교태를 부렸으니 '정'이라 이를 수 없소. 네 가지 덕이 있는 사람만이 '수괘'가 나오더라도 재난이 없는 것이고 나는 네 가지 덕이 없으니 어찌 '수괘'의 괘사에 합치될 수 있겠소? 내가 사악한 짓을 했으니 재난이 없을 수 있겠소 나는 반드시 여기서 죽을 것이오. 밖으로 나갈 생각이 없소."

5. "告子展曰: 楚子將死矣! 不脩其政德, 而貪昧於諸侯, 以逞其願, 欲久得乎? ≪周易≫有之, 在≪復≫䷗之≪頤≫䷚曰: 迷復兇. 其楚子之謂乎? 欲復其願, 而棄其本, 復歸無所, 是謂迷復. 能無兇乎? 君其往也! 送葬而歸, 以快楚心. 楚不幾十年, 未能恤諸侯也. 吾乃休吾民矣."(≪襄公28年≫)

자태숙이 돌아가 복명한 뒤 자전자전에게 알렸다.

"초왕이 곧 죽을 것입니다. 그는 정덕政德에 힘쓰지 않고 제후의 진상품만 탐하여 자신의 뜻을 만족시키려고 하니 설령 오래 살고자 한들 그것이 가능하겠습니까? ≪주역≫에 따르면 '복괘'가 '이괘'로 변할 경우 그 괘사에 이르기를 '길을 헤매다가 다시 돌아가니 흉하다'라고 했습니다. 이는 초왕과 같은 사람을 말한 것입니다. 그는 지금 자신의 뜻을 회복하고자 하나 오히려 본래의 길을 잃어 돌아가려고 해도 갈 곳이 없는 격입니다. 이를 일러 '미복미복'이라고 하니 어찌 길할 리가 있겠습니까? 그러니 군주가 가서 장사를 지내고 돌아와 초나라 사람들의 마음을 한번 통쾌하게 해주십시오. 초나라는 향후 10년 이내에는 패권을 잡기 어려울 것이니 그 사이에 우리는 백성들을 편히 쉬게 만들 수 있을 것입니다."

6. "趙孟曰: 何謂蠱? 對曰: 淫溺惑亂之所生也. 於文, 皿蟲爲蠱. 穀之飛亦爲蠱. 在≪周易≫, 女惑男, 風落山, 謂之≪蠱≫☷. 皆同物也. 趙孟曰: 良醫也. 厚其禮而歸之."(≪昭公元年≫)

조맹이 말하였다. "그런데 무엇을 고蠱라고 합니까?"

"이는 어느 일에 지나치게 빠져 미혹됨으로써 생겨나는 것입니다. 문자 상으로는 그릇에 벌레가 담겨 있는 것(명충皿蟲)이 곧 '고'이고, 곡물에 벌레가 생기는 비충飛蟲이 '고'입니다. ≪주역≫에서는 여자가 남자를 홀리고 큰 바람이 산에 있는 나무를 쓰러뜨리는 것을 '고괘'라고 합니다. 이들 모두 같은 종류의 사물인 것입니다."

조맹은 이 이야기를 듣고 "훌륭한 의원이요!"라 하였다. 그리고는 후한 예를 베풀어 주고 돌려보냈다.

7. "初, 穆子之生也. 莊叔以≪周易≫筮之, 遇≪明夷≫☷之≪謙≫☷, 以示卜楚丘."(≪昭公5年≫)

당초 숙손표가 태어날 때 그의 부친 장숙이 ≪주역≫으로 점을 치자 명이괘가 겸괘로 변하는 점괘가 나왔다. 이를 복초구에게 보이자 풀이했다.

8. "孔成子以≪周易≫筮之曰: 元尚享衛國, 主其社稷. 遇≪屯≫☷"(≪昭公7年≫)

이에 공성자가 ≪주역≫을 이용해 시초점을 치면서 이렇게 빌었다. "원은 위나라를 차지해 다스리고자 합니다." 그러자 점괘에 '둔괘'가 나왔다.

9. "對曰: ……不然. ≪周易≫有之, 在≪乾≫☰之≪姤≫☰曰: 潛龍勿用. 其≪同人≫☰曰: 見龍在田. 其≪大有≫☰曰: 飛龍在天. 其≪夬≫☰曰: 亢龍有悔. 其≪坤≫☷曰: 見群龍無首, 吉. ≪坤≫☷之≪剝≫☷曰: 龍戰于野. 若不朝夕見, 誰能物之?"(≪昭公29年≫)

"만일 그렇지 않다면 ≪주역≫에 다음과 같은 기록이 있을 리 없습니다. '건괘'가 '구괘'로 변하는 괘사에 이르기를 '잠룡물용(숨은 용은 사용하지 않음)'이라고 했습니다. '동인괘'에는 '현룡재천(용이 밭에 출현함)'이라고 했습니다. '대유괘'에는 '비룡재천(나는 용이 하늘에 있음)'이라고 했습니다. '쾌괘'에는 '항룡유회(정점에 이른 용은 후회하는 바가 있음)'라고 했습니다. '곤괘'에는 '견군룡무수길(용무

리에 우두머리가 없음을 보게 되니 길함)'이라고 했습니다. '곤괘'가 '박괘'로 변하는 괘사에는 '용전어야(용들이 들에서 싸움)'이라고 했습니다. 만일 용을 아침저녁으로 보지 않았다면 누가 이같이 용들의 모습을 자세히 형용할 수 있겠습니까?"

10. "陽虎以≪周易≫筮之. 遇≪泰≫䷊之≪需≫䷄曰: 宋方吉不可與也. 微子啓, 帝乙之元子也. 宋·鄭, 甥舅也. 祉, 祿也. 若帝乙之元子, 歸妹而有吉祿, 我安得吉焉? 乃止."(≪哀公9年≫)

양호가 이때 ≪주역≫을 이용해 시초 점을 쳤다. 이에 '태괘'가 '수괘'로 변하는 괘상을 얻었다. 그러자 그가 말했다. "송나라에 바야흐로 길운을 맞고 있어 송나라를 적으로 삼을 수는 없습니다. 미자 계는 제을帝乙의 元子(장자)였습니다. 또 송나라와 정나라는 생구甥舅의 나라(인척간의 나라)입니다. 지祉는 작록을 말합니다. 제을의 원자가 歸妹(딸을 시집보냄. 송나라와 정나라가 화친 함)하면 길록吉綠이 있게 되는데 우리가 어찌 길할 수 있겠습니까?" 이에 조앙이 정나라를 구원하려던 생각을 버렸다.

≪국어國語≫에서는 한 곳이 보인다.

司空季子曰: "吉. 是在≪周易≫, 皆利建侯. 不有晉國, 以輔王室, 安能建侯? 我命筮曰: '尙有晉國', 筮告我曰: '利建侯', 得國之務也, 吉孰大焉！(≪國語·晉語4≫)

사공계자가 말하였다.

"길합니다. ≪주역≫에서 두 괘를 두고 모두 봉후건국에 유리하다고 했습니다. 진나라를 얻지 못할지라도 주왕실을 보필하게 되니 어찌 제후에 봉해졌다고 말하지 않을 수 있겠습니까? 공자가 점을 치면 기도하기를 '위로 길한 괘를 얻으니 장차 진나라를 얻을 것이다'라고 했습니다. 괘사는 우리에게 말하기를 '봉후건국에 유리하다'고 했습니다. 이는 바로 득국得國의 취지에 부응하는 것입니다. 그러니 이보다 더 길한 것이 어디에 있겠습니까?"

≪사기史記≫에 두 곳이 보인다.

1. "厲公二年, 生子敬仲完. 周太史過陳, 陳厲公使以周易筮之, 卦得觀之否."(≪史記·

陳杞世家≫)

여공 2년에 자경 중완을 낳았다. 주나라 태사가 진나라를 지날 때, 진나라 여공이 ≪주역≫ 시초 점으로 점을 치도록 하였는데, '관괘'에서 '비괘'로 변하는 괘를 얻었다.

2. "昔西伯拘羑里, 演≪周易≫."(≪史記・太史公自序≫)

옛날 서백이 강리에 감금당했을 때 ≪주역≫을 확대 저술하였다.

≪한서漢書≫에 한 곳이 보인다.

"昔殷道弛, 文王演≪周易≫, 周道敝, 孔子述≪春秋≫. 則≪乾≫≪坤≫之陰陽, 效≪洪範≫之咎徵, 天人之道粲然著矣."(≪漢書・五行志≫)

옛날, 은나라에 도덕이 쇠퇴하게 되자 문왕이 ≪周易≫을 확대 저술하였고, 주나라의 도가 피폐해지자 공자가 ≪춘추≫를 지었다. 그래서 ≪건≫과 ≪곤≫의 음양陰陽을 법칙으로 삼고자 하였으며, ≪洪範≫에서 지적된 허물을 거울삼아 천인의 도를 드러내고자 하였다.

≪공자가어孔子家語≫에 한 곳이 보인다.

"孔子對曰: '以其離耶! 在≪周易≫, 山下有火謂之賁, 離上艮下離爲火艮爲山非正色之卦也. 夫質也黑白宜正焉, 今得賁, 非吾兆也. 賁飾吾聞丹漆不文, 白玉不雕, 何也? 質有餘不受飾故也.'"(≪孔子家語・好生≫)

공자가 말하였다. "너는 이 비괘賁卦에 이離가 있다고 해서 그러느냐? ≪주역≫에 산 아래에 불이 있는 것이 비괘라 하였다. 離가 위고 艮이 아래로 離가 불이 되고 간이 산이 되니 이것은 정색正色으로 된 괘가 아닌 것이다. 대개 그 본질로 말하면 흰빛은 마땅히 정백正白이라야 하면 검은 빛은 마땅히 정흑正黑이라야 되는 것인데 이제 비괘를 얻었으니 이것은 나에게 좋은 조짐이 아니다. 나는 또 붉은 칠은 무늬도 놓을 것이 없으며 흰 구슬은 조각할 필요도 없다고 들었다. 왜냐하면 본질이 여유가 있기 때문에 꾸미는 것이 필요 없다는 것이다."

≪잠부론潛夫論≫에 한 곳 보인다.

　　而況君子敦貞之質, 察敏之才, 攝之以良朋, 教之以明師, 文之以禮·樂, 導之以詩·書, 贊之以周易, 明之以春秋, 其不有濟乎?(≪潛夫論·贊學≫)
　　하물며 돈정敦貞의 재질에 찰민察民의 재주를 타고난 군자가 좋은 친구의 도움을 받고 훌륭한 스승의 가르침을 입으며, 이를 ≪禮≫·≪樂≫으로 문식하고 ≪詩≫·≪書≫로 인도하며, ≪周易≫으로 도움을 받고 ≪春秋≫로 사물을 밝혀 보는 훈련을 받는다면, 그 어찌 제도濟度(중생을 고해에서 건져 줌)하지 못할 것인가.

≪논형論衡≫에는 세 편의 문장에서 모두 일곱 차례 보인다.

　　1. "問之曰: "≪易≫有三家, 一曰≪連山≫, 二曰≪歸藏≫, 三曰≪周易≫. 伏羲所作, 文王所造, ≪連山≫乎? ≪歸藏≫·≪周易≫也?"(≪論衡·謝短篇≫)
　　물었습니다. "≪周易≫에는 세 종류가 있었습니다. 하나는 ≪連山≫이고, 두 번째는 ≪歸藏≫이고, 세 번째는 ≪周易≫이다. 복희伏羲와 문왕이 이른바 저술한 것은 ≪連山≫인가 아니면 ≪歸藏≫인가 ≪周易≫인가요?"

　　2. "魯卿莊叔生子穆叔, 以≪周易≫筮之, 遇≪明夷≫之≪謙≫. 夫卜曰逢, 筮曰遇, 實遭遇所得, 非善惡所致也. 善則逢吉, 惡則遇凶, 天道自然, 非爲人也. 推此以論, 人君治有吉凶之應, 亦猶此也. 君德遭賢, 時適當平, 嘉物奇瑞偶至. 不肖之君, 亦反此焉."(≪論衡·卜筮篇≫)
　　노나라 대부 장숙이 아들 목숙을 낳자 ≪周易≫으로 점을 쳤다. '명이괘'가 '겸괘'로 변하는 점괘를 얻었다. 거북점은 '逢(만날 봉, féng)'이었고, 시초 점은 '遇(만날 우, yù)'였다. 이는 실질적으로 각 개인이 처해진 상황에 의한 것이지, 이른바 선과 악이 이러한 결과를 낳도록 하는 것은 아니다. 선善이 길조吉兆를 만나고 악惡이 흉한 것을 만나는 것은 또한 자연적인 법칙이지 사람이 억지로 만들어 내는 것이 아니다. 이로 보아 군주가 세상을 다스릴 때, 길한 일과 흉한 일이 발생하는 것 또한 이러한 도리이다. 그래서 현명한 군주는 고상한 현자를 만나게 되고 천하태평의 시기를 맞이하게 되며 아름다운 물건과 특이한 증조들이 세상에 출현하는 되지만, 덕을 갖추지 못한 군주는 이와 반대되는 현상들이 일어나는 것이다.

3. "古者烈山氏之王得河圖, 夏後因之曰≪連山≫; [歸藏]氏之王得河圖, 殷人因之曰≪歸藏≫; 伏羲氏之王得河圖, 周人曰≪周易≫. 其經卦皆六十四, 文王·周公因彖十八章究六爻. 世之傳說≪易≫者, 言伏羲作八卦; 不實其本, 則謂伏羲眞作八卦也. 伏羲得八卦, 非作之; 文王得成六十四, 非演之也. 演作之言, 生於俗傳. 苟信一文, 使夫眞是幾滅不存. 旣不知≪易≫之爲河圖, 又不知存於俗何家≪易≫也, 或時≪連山≫·≪歸藏≫, 或時≪周易≫. 案禮夏·殷·周三家相損益之制, 較著不同. 如以周家在後, 論今爲≪周易≫, 則禮亦宜爲周禮. 六典不與今禮相應, 今禮未必爲周, 則亦疑今≪易≫未必爲周也. 案左丘明之傳, 引周家以卦, 與今≪易≫相應, 殆≪周易≫也."(≪論衡·正說篇≫)

상고시기에 열산씨의 왕이 ≪河圖≫를 얻었다. 후에 하나라가 이를 이어 받아 ≪連山≫이라 하였다. [歸藏]씨의 왕이 ≪河圖≫를 얻었는데, 은나라 사람들이 이를 계승하여 ≪歸藏≫이라 하였다. 복희씨의 왕이 ≪河圖≫를 얻었는데, 이를 周人들은 ≪周易≫이라 하였다. 이러한 경전 중에 언급된 괘는 모두 64개이다. 文王과 周公이 괘 중의 6효를 탐독하여 <단사彖辭> 18장을 썼다. ≪易≫을 논하는 세간 사람들은 복희가 8괘를 지었다고 한다. 만약에 그 근본을 탐구하지 않으면 복희가 8괘를 지은 줄로 알 것이다. 복희가 8괘를 얻은 것이지 지은 것은 아니다. 文王 역시 이미 이루어진 64 괘를 얻은 것이지 그가 확대 저술한 것이 아니다. 확대 저술하였다는 것은 단지 전하는 주장일 따름이다. 만일에 이들의 주장을 믿는다면 실질적인 진리는 사라지고 존재하지 않게 된다. 그렇게 되면 ≪易≫은 ≪河圖≫의 것이라는 것을 알지 못하게 되고, 세간에 내려오는 ≪易≫에 대해서도 알지 못하게 된다. 즉 ≪連山≫·≪歸藏≫과 ≪周易≫에 대해서도 알지 못하게 된다. 예제禮制는 하·은·주 삼대를 걸쳐 오면서 보태어지기도 하고 삭제되기도 하였기 때문에, 상호 비교해보면 사뭇 다르다. 周나라가 제일 후대이기 때문에 현재 우리가 말하는 ≪易≫은 일반적으로 ≪周易≫을 가리킨다. 이와 같은 논리로 지금의 ≪禮經≫은 응당히 周나라의 예제禮制라 할 수 있다. 그러나 주대의 6 경經 중의 ≪禮經≫과 현존하는 ≪禮經≫과는 완전히 같은 것이 아니다. 또한 현재의 ≪禮經≫ 역시 반드시 주대周代의 ≪周禮≫와 완전히 일치하는 것도 아니다. 따라서 현존하는 ≪易≫ 역시 완전히 주대의 것과 일치하는 것이 아니다. 그래서 좌구명左丘明이 ≪左傳≫에서 인용하는 하는 주대의 괘사卦辭와 현재의 ≪易≫과는 상당히 부합符合된다. 이와 같은 근거로 볼 때, 오늘날의 ≪易≫은 대략 ≪周易≫일 것이다."

≪오월춘추吳越春秋≫에 한 차례 보인다.

"司馬遷書西伯拘而演≪周易≫."(≪吳越春秋≫)
사마천은 서백이 구금당했을 때 ≪주역≫을 확대 저술하였다고 하였다.

상해박물관이 구입한 초楚나라 ≪주역周易≫의 죽서竹書는 앞에서 ≪周易≫이라는 단어를 사용하고 있는 고전적들의 시대와 가깝기 때문에 이 명칭을 사용할 수 있다. 따라 '초죽서楚竹書 ≪주역周易≫'이라는 명칭은 시대적 상황이나 실질적 상황에 부합된다.

4.3 초죽서 ≪주역≫의 부호

≪수서隋書·경적지經籍志≫는 "진秦나라가 분서갱유를 하여 많은 고적이 불타 사라져, 복서卜筮에 관한 경전 ≪周易≫만이 전해 내려오게 되었다."[215]라 하였다. 하지만 여러 가지 역사적인 원인으로 인하여, 선진시기 ≪易≫에 관한 진정한 모습을 그동안 볼 수 없었다. 그러던 중 초죽서 ≪周易≫의 출현은 우리가 선진 시기 역학易學을 연구하는데 있어 중요한 신빙성 있는 출토문헌 자료를 제공해 주게 되었다. 특히 초죽서 ≪周易≫ 중에 약 2천년 동안 이미 사라져 전해 내려오지 않은 역학 부호가 발견되었다. 이러한 부호는 이미 ≪백서 <周易>≫[216]에 보이지 않고 있다.

초죽서 ≪周易≫ 중에 사용되고 있는 부호는 모두 아래 여섯 종류가 있다.

'■' · '▣' · '■' · '▣' · '■' · '▢'

---

215) ≪隋書·經籍志≫: "秦焚書, ≪周易≫獨以卜筮得存."
216) 陳松長, ≪馬王堆漢墓文物≫, 長沙湖南出版社, 1993年.

이러한 부호는 고정된 장소에 위치하고 변화된 형식으로 쓰인다. 이는 중국 역학사易學史 중 새로운 발견이다. 부호의 형식은 특별한 의의를 지니고 있다. 이러한 부호는 우리가 ≪周易≫을 연구하고 그 발전사를 탐구하는데 있어 중요한 의의를 지닌다.

4.3.1 부호를 읽는 방법과 그 의의

(1) 기본적인 두 개의 부호 'ㄷ(匚)'·'■(■)'을 읽는 방법

초죽서 ≪周易≫의 부호 중 기본적인 부호는 'ㄷ(匚)'과 '■(■)'이다.

▌'ㄷ(匚)'에 대하여

'ㄷ(匚)'은 '방方'의 음으로 읽는다. 자전들은 '匚(상자 방, fāng)'자에 대하여 아래와 같이 설명하였다.

> ≪說文解字≫: "匚, 受物之器, 象形. 讀若'方'."
> "'匚'자는 '물건을 담는 그릇의 형상'이다. 상형자이다. '方'의 음으로 읽는다."
> ≪玉篇≫: "匚, 甫王切, 受物之器."
> "'匚'자의 음 반절은 '보왕절甫王切'이다. 물건을 담는 그릇의 형상이다."
> ≪汗簡≫: "匚, 甫亡切."
> "'匚'자의 음 반절은 '보망절甫亡切'이다."
> ≪類篇≫: "匚, 受物之器, 象形. 凡匚之類皆從匚, 讀若方."
> "'匚'자는 '물건을 담는 그릇의 형상'이다. 상형자이다. 이른바 의미부가 '匚'인 자는 모두 부수 '匚'을 따른다. '方'의 음으로 읽는다."
> ≪集韻≫: "放, 古作匚."
> "'放'자를 고대 문자에서는 '匚'으로 쓴다."

고대 전적에서 '方'자와 '匚'자는 서로 같은 자로 쓰인다. 예를 들어, ≪서경書經·

요전堯典≫ "方命圯族"217) 구절을 ≪군경음변群經音辨≫은 이 구절을 인용하면서 '方' 자를 '匚'자로 쓴다.

≪설문해자說文解字≫에서 의미부가 '匚'인 자들은 일반적으로 '물건을 저장하는 기물'이나 '물건을 담다'라는 뜻으로 쓰인다. 예를 들면 아래와 같다.

"匧(匧), 藏也. 篋(篋), 匧或從竹."

"'匧(좁고 긴 네모난 상자 협, xiá)'은 '물건을 담다'라는 뜻이다. '匧'자는 혹은 의미부 '竹'을 써서 '篋(상자 협, qiè)'으로 쓴다."

"匣(匣), 匱也. 從匚, 甲聲."

"'匣(합 갑, xiá)'은 '匱(함 궤, guì)'의 뜻이다. 의미부 '匚'과 소리부가 '甲'으로 이루어진 자이다."

"匡(匡), 飲器, 筥也. 從匚, 㞷聲. 筐(筐), 匡或從竹."

"'匡(바룰 광, kuāng)'은 '음식을 담는 용기'의 뜻이다. '筥(광주리 거, jǔ)'라는 뜻이다. 의미부 '匚'과 소리부가 '㞷'으로 이루어진 자이다. '匡'자는 혹은 의미부 '竹'을 써서 '筐(광주리 광, kuāng)'으로 쓰기도 한다."

"匪(匪), 器. 似竹筐. 從匚, 非聲. ≪逸周書≫曰: '實玄黃于匪.'"

"'匪(대상자 비, fěi)'는 기물의 이름이다. 대나무로 만든 상자(竹筐)와 비슷한 모양이다. 의미부 '匚'과 소리부가 '非'로 이루어진 자이다. ≪逸周書≫는 '그곳의 관리는 검은 색과 황색의 견백을 광주리에 가득 담아 주왕의 관리를 맞이하네.'라 했다."

"匰(匰), 宗廟盛主器也. ≪周禮≫曰: '祭祀共匰主.' 從匚, 單聲."

"'匰(신주를 넣어 두는 궤 단, dān)'은 종묘에서 신주를 넣어두는 기물이다. ≪周禮≫는 '제사는 신주를 궤에 담아 모신다.'라 했다. 의미부 '匚'과 소리부가 '單'으로 이루어진 자이다."

"匱(匱), 匣也. 從匚, 貴聲."

"'匱(함 궤, guì)'는 '작은 상자(匣)'이다. 의미부 '匚'과 소리부가 '貴'로 이루어진 자이다."

---

217) ≪書經·堯典≫: "方命圯族."(명을 어기어 일을 그르치리라.) '方'자는 본 구절에서 '어기다'·'거슬리다'라는 의미로 쓰인다.

초죽서 ≪周易≫의 부호 'ᄃ(ᄃ)' 역시 '물건을 담다'라는 뜻을 지니고 있다. 그래서 'ᄃ(ᄃ)'은 음陰을 표시하는 '■'이나 양陽을 의미하는 '▮'을 감싼 부호 '▣'이나 '▣'이 있다. 이러한 부호 'ᄃ(ᄃ)'의 그 형태나 의미는 'ᄃ'과 같다. 다만 다른 것은 의미부가 'ᄃ'인 자들은 정적인 부호를 표시하는 반면에 ≪周易≫ 중의 'ᄃ(ᄃ)'과 '■(■)'으로 이루어진 부호들은 동적인 의미를 표시하고 있다.

부호 'ᄃ'은 '흑방黑方(검은 색 네모)'이라 읽는다. 부호 'ᄃ'이 단독적으로 출현하는 경우는, '大壯(畜)卦'의 제일 마지막 부분과 '欽(咸·感)卦'의 괘명 아래 보인다.

부호 'ᄃ'은 '홍방紅方(붉은 색 네모)'이라 읽고, 다른 부호와 조합되어 쓰이고 단독적으로 쓰이는 경우는 보이지 않는다.

▮ '■(■)'에 대하여

초죽서 ≪주역≫ 중에 '▮'과 '■'이 있는데, 이는 붉은 색과 검은 색으로 이루어진 '口'의 형태이다. '口'의 형태는 갑골문에서는 '정丁'자이다.[218]

- 干支의 의미로 쓰이는 경우

  丁酉[219], 丁未[220], 丁巳[221], 丁卯[222], 丁丑[223], 丁亥[224].

- 王名으로 쓰이는 경우

  大丁[225], 中丁[226], 祖丁[227], 武丁[228].

---

218) 갑골문은 '丁'자를 '●'·'☐' 등으로 쓴다. ≪甲骨文編≫(中華書局), 549쪽.
219) ≪殷墟文字甲編≫'1603', ≪殷契粹編≫'965'.
220) ≪殷墟文字甲編≫'243'.
221) ≪殷契遺珠≫'402', ≪殷墟文字乙編≫'7781'.
222) ≪殷墟文字乙編≫'1787', ≪殷墟文字甲編≫'2758'.
223) ≪殷墟卜辭≫'390', ≪殷墟遺珠≫'20'.
224) ≪殷墟文字甲編≫'630', '3523'.
225) ≪殷墟文字丙編≫'38', ≪殷墟粹編≫'173'.
226) ≪殷墟文字乙編≫'4626', ≪殷墟粹編≫'242'.
227) ≪殷墟文字乙編≫'2317', '3187'.
228) ≪殷墟卜辭≫'1438', '2263'.

'ㅁ(丁)'자는 원래 '강하다(强)'과 '건장하다(壯)'라는 의미가 있다. 역대 자서字書 중 ≪설문해자說文解字≫·≪석명釋名≫과 ≪광아소증廣雅疏證≫은 '丁'자에 대하여 아래와 같이 설명하였다.

≪說文解字≫: "个, 夏時萬物皆丁實. 象形. 丁承丙, 象人心."

≪說文解字≫에서는 "'丁'자는 '여름에 만물이 모두 결실하게 익는다.'는 뜻이다. 나무줄기에 과일이 매달려 있는 형상이다. '丁'은 '丙'을 계승한 것이고, 사람의 심장 형상이다."라 하였다.

≪說文繫傳≫: "个, 夏時萬物皆丁壯成實. 象形也. 丁承丙, 象人心也. 凡丁之屬皆從丁. 臣鍇曰: '物挺然成立之貌, 夫萬物方茂, 非成之謂, 衰殺乃見其成也. 又方剛之謂, 守柔乃見其剛, 陰氣盛於外, 陽氣營於內, 故萬物炳然, 非所謂成, 得一陰之贊摯斂之乃爲成, 故盛於丙, 成於丁. 其形正中, 故象心. ≪律曆志≫: 大盛於丁'."

≪說文≫은 "'丁'자는 '여름에 만물이 모두 결실하게 익는다.'는 뜻이다. 나무줄기에 과일이 매달려 있는 형상이다. '丁'은 '丙'을 계승한 것이고 사람의 심장 형상이다. 이른바 의미부가 '丁'인 자는 모두 부수가 '丁'을 따른다."라 하였다.

서개徐鍇는 ≪설문계전說文繫傳≫에서 "물질이 꿋꿋하게 우뚝 솟아있는 형상이다. 만물이 막 왕성하게 된 것을 말하는 것이지 완전히 성숙하게 된 것을 말하는 것이 아니다. 쇠퇴해지려 할 때 오히려 완전한 성숙을 이루기도 하는 것이다. 힘이 넘쳐난다는 것은 오히려 부드러움을 간직할 때 강한 것이다. 즉 음기가 밖으로 성하고 양기가 안쪽으로 응집하기 때문에 만물이 빛을 발하는 것이다. 이는 완전히 성숙되어 이루어진 것을 말하는 것이 아니다. 음기의 도움을 얻고 이가 응집되면 곧 이루어지게 되는 것이다. 그래서 '丙'에서 흥성(盛)하고 '丁'에서 이루어진다(成)라 한 것이다. '丁'자의 형상이 한 가운데에 모여든 형상이기 때문에 사람의 심장 모양이라 한 것이다. ≪율력지律曆志≫는 '丁에서 크게 풍성하다'라 했다."라 하였다.

≪釋名·釋天≫: "丁, 壯也. 物體皆丁壯也."

≪釋名·釋天≫은 "'丁'은 '굳세다(壯)'이라는 뜻이다. 물체가 모두 정장丁壯함을 말한다."라 하였다.

≪釋名·釋長幼≫: "三十日壯, 言丁壯也."

《釋名·釋長幼》는 "나이 삼십 세를 장년이라 한다. 즉 사람이 정장丁壯한 시기에 이르렀음을 말한다."라 하였다.

《廣雅疏證》: "丁, 亢, 姜, 羌, 強也."

《廣雅疏證》은 "'丁'·'亢(오를 항, kàng)'·'姜(굳셀성 강, jiāng)'과 '羌(굳셀 강, qiāng)'은 모두 '강하다(強)'라는 뜻이다."라 하였다.

《玉篇》: "丁, 多庭切, 強也, 壯也. 太歲在丁曰強."

《玉篇》은 "'丁'의 반절음은 '다정절多庭切'이다. '강하다'·'장중하다'는 뜻이다. 간지干支가 '丁'에 있으면 강하다는 뜻이다."라 하였다.

초죽서 《周易》 중에서 부호 '口'도 '강하다(強)'·'흥성하다(盛)'이라는 의미를 지니고 있다.

'■'은 '홍정紅丁'이라고 읽는다. 초죽서 《주역》에서 부호 '홍정'은 《孤(需)》卦의 수부首符와 미부尾符, 《訟》卦의 首符와 尾符, 《帀(師)》卦의 首符, 《比》卦의 首符와 尾符로 쓰인다.

'■'은 '흑정黑丁'이라고 읽는다. 초죽서 《주역》에서 부호 '흑정'은 《大有》卦의 수부首符와 미부尾符, 《壓(謙)》괘의 首符와 尾符, 《余(豫)》괘의 首符와 尾符, 《陵(隨)》괘의 首符와 尾符, 《盅(蠱)》괘의 首符와 尾符, 《亡(无)忘》괘의 尾符로 쓰인다.

(2) 초죽서 《周易》 부호 'ㄷ(口)'과 '■(■)'의 결합 부호의 독법讀法

초죽서 《周易》 부호 'ㄷ(口)'과 '■(■)'의 결합 부호는 '■'·'■'·'■' 등 세 가지가 있다.

이러한 세 가지 부호의 독법은 그동안 《周易》이 수 천 년의 역사를 걸쳐 내려오면서 남겨 놓은 자료에 의하여 그 흔적을 찾을 수 있다. 예를 들어, 괘卦의 순서는 아래에서 위로 '初'·'二'·'三'·'四'·'五'·'上'의 순이다. 殷墟 갑골문도 역시 많은 곳에서 아래에서 위의 순서로 쓴다.

예를 들어, 《殷契粹編》'1327'[229]과 《殷契粹編》'1329'는 아래에서 위로 쓰고 있다.

癸巳卜, 一.

癸巳卜, 二.

癸巳卜, 三.

癸巳卜, 四.(≪殷契粹編≫'1327')[230]

[庚戌卜 一]

庚戌卜 二

庚戌卜 三

庚戌卜 四

庚戌卜 五.(≪殷契粹編≫'1329')[231]

≪合集≫'23958'　　　　　≪合集≫'24063'

229) ≪甲骨文合集≫'23958'.
230) ≪甲骨文合集釋文≫은 "癸巳卜, 王. 在……[月]. 一. 癸巳卜, 王, 二. 癸巳卜, 王, 三. 癸巳卜, 王, 四. [癸]巳卜, [王]."로 쓴다.
231) ≪甲骨文合集≫'24063正'. ≪甲骨文合集釋文≫은 "庚戌卜, 王. 在三月. 一. 庚戌卜, 王. 二. 庚戌卜, 王, 三. 庚戌卜, 王, 四. 庚戌卜, 王, 五."로 쓴다. 胡厚宣 主編, 中國社會科學出版社, 1998.

이외에도 괘卦의 역 방향 독법讀法과 복사卜辭의 좌우 대정對貞은 또한 공통점이 있다.232)

갑골문 중에 합문 '🦴'‧‧'🦴'‧‧'🦴' 등이 있는데, 이 자들에 대하여 왕국유王國維는 "'🦴'‧‧'🦴'‧‧'🦴'자는 ≪史記≫에서 말하는 이른바 '보을報乙'‧'보병報丙'‧'보정報丁'을 가리킨다."233)라 하였다. 이 자들은 모두 외곽의 문자를 먼저 읽고, 내부의 문자를 나중에 읽는다. 물론 이와 반대로 먼저 내부의 문자를 읽고, 외곽의 문자는 읽는 경우도 있다. 예를 들어, '🦴'(≪殷墟粹編≫'543')234)자는 '三報'로 읽는다. 그러나 이는 일반적인 읽는 방법(독법讀法)은 아니다. 따라서 내부를 먼저 읽고 외곽을 먼저 읽는 것으로 보지 않기로 한다. 초죽서 부호 '🦴'는 '홍방내흑정紅方內黑丁'이나 혹은 '홍방흑정紅方黑丁'으로 읽는다.

초죽서 ≪周易≫에 부호 '🦴(홍방흑정)'을 사용하는 곳은 ≪訐(蹇)≫괘의 首符와 尾符, ≪繲(解)≫괘의 首符, ≪〖夬〗≫괘의 尾符, ≪敂(姤)≫괘의 首符와 尾符, ≪㳄(萃)≫괘의 首符, ≪〖困〗≫괘의 尾符, ≪汬(井)≫괘의 首符와 尾符 등이 있다. 부호를 사용하는 전체적인 원칙을 고려해 볼 때, 초죽서 ≪周易≫ 중에서 이러한 부호를 사용하는 괘는 모두 9 개다. 즉 ≪訐(蹇)≫‧≪繲(解)≫‧≪夬≫‧≪敂(姤)≫‧≪㳄(萃)≫‧≪升≫‧≪〖困〗≫‧≪汬(井)≫‧≪頤≫ 등이다.

---

232) 예를 들어, ≪合集≫'32778' 중의 복사 중 "辛亥, 貞子🦴" 구절이 아랫부분에 있고 "辛亥, 貞子🦴亡田" 구절이 윗부분에 있으며, "己巳卜, 受禾" 구절이 아랫부분에 있고 "己巳卜, 不受[禾]" 구절이 윗부분에 있다.

≪甲骨文合集≫, 32779

233) ≪戩壽堂殷墟文字考釋≫: "'🦴'‧‧'🦴'‧‧'🦴', ≪史記≫謂之'報乙'‧'報丙'‧'報丁'."
234) ≪甲骨文編≫은 이 자를 '三方'으로 읽는다.

'▨'은 '흑방내홍정黑方內紅丁'이나 혹은 '흑방홍정黑方紅丁'으로 읽는다. 초죽서 ≪주역≫ 중에 부호 '흑방홍정'을 사용하는 곳은 ≪巫(恆)≫괘의 首符와 尾符, ≪脁(遯)≫괘의 首符와 尾符, ≪楑(睽)≫괘의 首符와 尾符, ≪革≫괘의 首符와 尾符, ≪艮≫괘의 首符와 尾符, ≪漸(漸)≫괘의 首符, ≪遬(旅)≫괘의 首符, ≪小㥯(過)≫괘의 尾符 등이다. 부호를 사용하는 전체적인 원칙으로 볼 때, 이러한 부호를 사용하는 괘는 초죽서 ≪周易≫에서 모두 ≪巫(恆)≫·≪脁(遯)≫·≪大壯≫·≪家人≫·≪楑(睽)≫·≪革≫·≪鼎≫·≪震≫·≪艮≫·≪漸(漸)≫·≪歸妹≫·≪豐≫·≪遬(旅)≫·≪欽(咸·感)≫·≪中孚≫·≪小㥯(過)≫ 등 16개다.

부호 '▨'는 '홍정내흑방紅丁內黑方'이나 '홍정흑방紅丁黑方'으로 읽는다. 초죽서 ≪주역≫에서 '홍정흑방' 부호가 보이는 곳은 ≪繄(渙)≫괘의 首符와 尾符, ≪旣淒(濟)≫괘의 尾符이다. 전체적인 부호가 사용되는 원칙에 따르면 초죽서 ≪周易≫에서 부호 '▨'가 사용되는 곳은 모두 ≪繄(渙)≫·≪節≫·≪旣淒(濟)≫·≪未悽(濟)≫등 4곳이다.

▌부호 붉은 색(紅色)과 검은 색(黑色)의 음양陰陽 속성

고대 문헌에서 '흑'은 음陰에 속하고, '赤(紅과 같은 색임)'과 '白'은 양陽에 속한다. 화염火焰은 본래 적색赤色인데, 불꽃이 타오를 때는 하얀색을 띠기 때문에 그 모양으로 보아 '赤(紅)'과 '白'은 같은 의미로 인식한다. 건양乾陽은 하늘(天)과 백색을 나타내고, 곤음坤陰은 땅과 흑색을 나타낸다.

≪靈樞經≫: "故瞳子黑眼法於陰, 白眼赤脈法於陽也, 故陰陽合傳而精明也."
≪영구경靈樞經≫에서는 "그래서 동공에서 검은 눈동자는 음을 근본으로 하고, 하얀 눈동자 중 붉은 핏줄은 양을 근본으로 하는 것이다. 그래서 음과 양이 서고 잘 조화를 이루어 회전이 되어야 눈이 밝아지는 것이다."라 하였다.

≪子夏易傳≫: "爲黑至陰之色也."
≪子夏易傳≫에서는 "검은 색은 음에 이르는 색이다."라 하였다.

≪漢上易傳≫: "赤, 陽色也.", "純陽, 爲大赤也."

≪漢上易傳≫에서는 "붉은 색은 양의 색이다. ……순수한 양은 큰 적색이다."라 하였다.

≪周易參同契解・陰火白黃芽鉛≫: "陰, 黑也. 黑中用白, 陰中用陽也."

≪周易參同契解・陰火白黃芽鉛≫에서는 "음은 흑색이다. 검은 색에 흰 색을 사용하는 것은 음에 양을 이용하는 것이다."라 하였다.

≪周易函書約存≫: "陽白陰黑, 伏羲畫圖之法也.", "其陽白陰黑, 則陽明陰暗之義."

≪周易函書約存≫에서는 "양은 흰 색이고, 음은 검은 색이다. 이는 복희가 이른바 괘도卦圖를 그리는 방법이다. ……양은 하얀 색이고 음은 흙색이니, 양은 밝고 음은 어둡다는 뜻이다."라 하였다.

≪易經蒙引≫: "史載風赤如血, 赤陽色也, 火氣大盛."

≪易經蒙引≫에서는 "≪漢書≫는 '큰 바람에 일어나는 붉은 빛은 마치 피와 같다'라 하였다. 붉은 색은 양이다. 화기가 크게 일어나는 것이다."라 하였다.

≪周易象旨決錄≫: "乾極陽, 爲大赤; 坤極陰, 故於地爲黑."

≪周易象旨決錄≫에서는 "건乾은 양의 극치이고 큰 붉은 색이다. 곤坤은 음의 극치이니 땅이 검은 색이 되는 것이다."라 하였다.

따라서 초죽서 ≪周易≫ 중의 부호는 형식적으로 '홍양흑음紅陽黑陰'의 성질을 나타내고 있다.

4.3.2 부호 위치

초죽서 ≪주역≫ 중의 부호는 각각 첫 번째 죽간의 괘명卦名 아래와 마지막 죽간의 마지막 자 아래 놓여 있다. 모든 괘는 두 개의 부호를 사용하고 있다. 괘명 뒤에 부호를 '수부首符'라 하고, 마지막 자 뒤에 사용되어지는 부호는 '미부尾符'라 한다. 이러한 명칭은 죽간의 순서에 따른 명명으로, 첫 번째 죽간에 그 부호가 있으면 '수부'라 하고, 마지막 죽간에 위치하고 있으면 '미부'라 한다.

아래에서는 초죽서 ≪주역≫의 '수부'와 '미부'의 위치에 대하여 살펴보기로 한다.

▌두 개의 죽간을 사용한 괘

초죽서 ≪周易≫에서 두 개의 죽간을 사용하는 괘명은 모두 아래 23개 괘이다.

① '尨(蒙)'卦

첫 번째 죽간은 산실散失되었고, '미부尾符'는 마지막 죽간 제일 마지막 자 아래 있으나, 붉은 색이 퇴색되었다.

② '孾(需)'卦

'수부首符'는 첫 번째 죽간의 괘명卦名 아래 있고, '미부尾符'는 제일 마지막 죽간의 마지막 자 '吉'자 아래 있다.

③ '帀(師)'卦

'수부首符'는 첫 번째 죽간의 괘명卦名 아래 있고, '미부尾符'는 제일 마지막 죽간의 마지막 자 아래 있으나, 붉은 색이 퇴색되었다.

④ '比'卦

'수부首符'는 첫 번째 죽간의 괘명卦名 아래 있고, '미부尾符'는 제일 마지막 죽간의 마지막 자 아래 있다.

⑤ '[大有]'卦

첫 번째 죽간은 산실散失되었고, '미부尾符'는 마지막 죽간 제일 마지막 자 아래 있다.

⑥ '壓(謙)'卦

'수부首符'는 첫 번째 죽간의 괘명卦名 아래 있고, '미부尾符'는 제일 마지막 죽간의 마지막 자 아래 있다.

⑦ '余(豫)'卦

'수부首符'는 첫 번째 죽간의 괘명卦名 아래 있고, '미부尾符'는 제일 마지막 죽간의 마지막 자 아래 있다.

⑧ '陵(隨)'卦

'수부首符'는 첫 번째 죽간의 괘명卦名 아래 있고, '미부尾符'는 제일 마지막 죽간의 마지막 자 아래 있다.

⑨ '盅(蠱)'卦

'수부首符'는 첫 번째 죽간의 괘명卦名 아래 있고, 마지막 죽간은 산실되었다.

⑩ '亡(无)忘'卦

첫 번째 죽간의 괘명卦名 아래 '수부首符'가 보이지 않고, '미부尾符'는 제일 마지막 죽간의 마지막 자 아래 있다.

⑪ '大坒(畜)'卦

'수부首符'는 첫 번째 죽간의 괘명卦名 아래 있고, '미부尾符'는 제일 마지막 죽간의 마지막 자 아래 있다.

⑫ '頤'卦

'수부首符'는 첫 번째 죽간의 괘명卦名 아래 있고, '미부尾符'는 제일 마지막 죽간의 마지막 자 아래 있다.

⑬ '欽(咸·感)'卦

'수부首符'는 첫 번째 죽간의 괘명卦名 아래 있고, '미부尾符'는 제일 마지막 죽간의 마지막 자 아래 있다.

⑭ '死(恆)'卦

'수부首符'는 첫 번째 죽간의 괘명卦名 아래 있고, '미부尾符'는 제일 마지막 죽간의 마지막 자 아래 있다.

⑮ '豚(遯)'卦

'수부首符'는 첫 번째 죽간의 괘명卦名 아래 있고, '미부尾符'는 제일 마지막 죽간의 마지막 자 아래 있다.

⑯ '訐(蹇)'卦

'수부首符'는 첫 번째 죽간의 괘명卦名 아래 있고, '미부尾符'는 제일 마지막 죽간의 마지막 자 아래 있다.

⑰ '繲(解)'卦

'수부首符'는 첫 번째 죽간의 괘명卦名 아래 있고, 마지막 죽간은 산실되었다.

⑱ '敂(姤)'卦

'수부首符'는 첫 번째 죽간의 괘명卦名 아래 있고, '미부尾符'는 제일 마지막 죽간의 마지막 자 아래 있다.

⑲ '革'卦

'수부首符'는 첫 번째 죽간의 괘명卦名 아래 있고, 마지막 죽간은 산실되었다.

⑳ '艮'卦

'수부首符'는 첫 번째 죽간의 괘명卦名 아래 있고, '미부尾符'는 제일 마지막 죽간의 마지막 자 아래 있다.

㉑ '遫(旅)'卦

'수부首符'는 첫 번째 죽간의 괘명卦名 아래 있고, 마지막 죽간은 산실되었다.

㉒ '鑮(渙)'卦

'수부首符'는 첫 번째 죽간의 괘명卦名 아래 있고, '미부尾符'는 제일 마지막 죽간의 마지막 자 아래 있다.

㉓ '旣凄(濟)'卦

'수부首符'는 첫 번째 죽간의 괘명卦名 아래 있고, '미부尾符'는 제일 마지막 죽간의 마지막 자 아래 있다.

▮세 개의 죽간을 사용한 卦

초죽서 ≪周易≫에서 세 개의 죽간을 사용하는 괘명은 모두 아래 일곱 괘이다.

① '訟'卦

'수부首符'는 첫 번째 죽간의 괘명卦名 아래 있고, 두 번째 죽간에는 부호가 없고, '미부尾符'는 제일 마지막 죽간의 마지막 자 아래 있다.

② '楑(睽)'卦

'수부首符'는 첫 번째 죽간의 괘명卦名 아래 있고, 두 번째 죽간에는 부호가 없고, '미부尾符'는 제일 마지막 죽간의 마지막 자 아래 있다.

③ '夬'卦

첫 번째 죽간은 손실되었고, 두 번째 죽간에는 부호가 없고, '미부尾符'는 제일 마지막 죽간의 마지막 자 아래 있다.

④ '啐(萃)'卦

'수부首符'는 첫 번째 죽간의 괘명卦名 아래 있고, 두 번째 죽간과 세 번째 죽간은 손실되었다.

⑤ '〖困〗'卦

첫 번째 죽간과 두 번째 죽간은 잔실 되었고, '미부尾符'는 제일 마지막 죽간의 마지막 자 아래 있다.

⑥ '汬(井)'卦

첫 번째 죽간은 손실되었고, 두 번째 죽간에는 부호가 없고, '미부尾符'는 제일 마지막 죽간의 마지막 자 아래 있다.

⑦ '漸(漸)'卦

'수부首符'는 첫 번째 죽간의 괘명卦名 아래 있고, 두 번째 죽간과 세 번째 죽간은 잔실 되었다.

이상의 분석을 통하여, 두 개의 죽간을 이용하든 혹은 세 개의 죽간을 이용하든 모든 부호는 단지 두 곳에만 출현하고 있음을 알 수 있다. 그 중의 '수부'는 첫 번째 죽간의 괘명 아래 위치하고, '미부尾符'는 마지막 죽간의 마지막 자 아래 쓰인다는 것을 알 수 있다.

따라서 모든 괘의 기본 적인 순서를 아래와 같다.

  1 괘화卦畫   2 괘명卦名
  3 수부首符   4 괘사卦辭

　　　　5 효사爻辭　　　　　　　　6 미부尾符

'미부' 아래는 이어서 다른 괘의 내용을 기록하지 않고 공백으로 남겨 놓고 있어, 매 개의 개별적인 독립성을 유지하고 있다. 또한 모든 괘는 각각의 부호 앞에 두 개의 내용을 포함하고 있다. '수부' 앞에는 '괘화'와 '괘명'이 있고, '미부' 앞에는 '괘사'와 '효사'의 내용이 있다. 따라서 부호를 기준으로 하여 괘의 내용을 크게 두 부분으로 나눌 수 있다.

　　　첫 번째 부분: 괘화·괘명·**수부. 부호전후符號殿後**235)
　　　두 번째 부분: 괘사·효사·**미부. 부호전후符號殿後**

부호전후는 당시 사람들이 사용하는 습관 중의 하나이다. 예를 들어, '중문重文부호'·'합문合文부호'·'흑정黑釘'236)·'흑절黑節'이나 '흑구黑鉤' 등이 있다. 그래서 '수부首符'를 '괘卦'와 '효사爻辭' 앞에 놓이는 부호라고 인식해서는 안 된다. 현대 학자 중에 "괘효사 앞에 놓이는 특수 부호를 '수부'라 한다."라고 주장하기도 하지만, 이와 같은 설명은 잘못된 것이다. 이와 같은 주장은, 부호의 위치적인 설명에서는 비록 같은 의미이지만, 사실상 개념상으로는 차이가 있다. 만약에 '수부'를 단순히 괘효사 앞에 놓이는 부호로만 이해한다면, 이는 이 부호가 단지 괘효사와의 관련만이 있음을 의미하는 것이기 때문에 너무 협의적인 개념 설명이다. 이는 또한 당시 사람들의 '부호전후符號殿後'라는 개념과 큰 차이가 있다.

---

235) '전후殿後'는 '순서나 등수에서의 맨 끝, 꽁 무늬'란 뜻으로, 부호가 마지막 부분에 해당됨을 가리킨다.
236) '黑釘'은 '검은 색의 못 모양으로 ≪郭店楚墓竹簡≫의 ≪老子甲≫(제1간)의 예를 든다면 '▇'로 쓴다. 일반적으로 '구두句讀'을 표시한다. '黑節'은 '단횡부호短橫符號'라고도 하며 '흑정'부호보다 '옆으로 긴 형태'의 모양을 가리킨다. '黑節'은 일반적으로 하나의 내용이 마쳤음을 표시한다. ≪老子甲≫(제8간)에 '━'가 있다. '흑구黑鉤'는 '검은 갈구리 형태'로 한 단락의 문장이 끝났음을 의미한다. ≪老子甲≫(제32간)에 '╰'가 있다.

4.3.3 부호와 괘명의 분류

초죽서 괘명 중에서 부호의 사용은 두 종류로 나눌 수 있다. 하나는 '수부'와 '미부'가 동일한 부호이고, 둘째는 '수부'와 '미부'가 각각 다른 경우이다.

(1) '수부'와 '미부'가 동일한 부호를 사용

① '■'(홍정)

'𨓆(需)'괘: '수부'와 '미부'가 모두 '■'이다.

'訟'괘: '수부'와 '미부'가 모두 '■'이다.

'帀(師)'괘: '수부'와 '미부'가 모두 '■'이다.('미부'는 퇴색이 되었다.)

'比'卦: '수부'와 '미부'가 모두 '■'이다.

② '▣'(홍방흑정)

'訐(蹇)'괘: '수부'와 '미부'가 모두 '▣'이다.

'敓(姤)'괘: '수부'와 '미부'가 모두 '▣'이다.

'汬(井)'괘: '수부'와 '미부'가 모두 '▣'이다.

③ '■'(흑정)

'𠦪(謙)'괘: '수부'와 '미부'가 모두 '■'이다.

'余(豫)'괘: '수부'와 '미부'가 모두 '■'이다.

'陵(隨)'괘: '수부'와 '미부'가 모두 '■'이다.

'亡(无)忘'괘: '수부'는 없고 '미부'는 '■'이다.

④ '▣'(흑방홍정)

'死(恆)'괘: '수부'와 '미부'가 모두 '▣'이다.

'㒸(遯)'괘: '수부'와 '미부'가 모두 '▣'이다.

'楑(睽)'괘: '수부'와 '미부'가 모두 '▣'이다.

'艮'卦: '수부'와 '미부'가 모두 '▣'이다.

⑤ '▣'(홍정흑방)

'䊧(渙)'괘: '수부'와 '미부'가 모두 '▣'이다.

(2) '수부'와 '미부'가 서로 다른 부호를 사용

① '■'(흑정)과 'ᄃ'(흑방)

'大뜰(畜)'괘: '수부'는 '■'이고, '미부'는 'ᄃ'이다.

② 'ᄃ'(흑방)와 '▆'(홍방흑정)

'欽(咸)'괘: '수부'는 'ᄃ'이고, '미부'는 '▆'이다.

③ '▆(홍방흑정)'와 '■'(흑정)

'頤'괘: '수부'는 '▆'이고, '미부'는 '■'이다.

이상의 두 가지 상황으로 보아, 잔실 되어 부호가 보이지 않는 경우를 제외하고는 '大뜰(畜)'·'欽(咸)'과 '頤'卦 등 세 괘 이외에는 모두 같은 종류의 부호를 사용하고 있음을 알 수 있다. 이는 곧 한 괘에서 같은 종류의 부호를 사용하는 것이 일반적인 경우라는 것을 알 수 있다.

▌동일한 부호를 사용하나 서로 반대되는 괘의 발견

'부호와 괘명의 분류'를 통하여, '孤(需)'괘와 '訟'괘, '帀(師)'괘와 '比'괘, '壓(謙)'괘와 '朁(豫)'괘, '陵(隨)'괘와 '蛊(蠱)'괘, '豊'괘와 '遊(旅)'괘, '訐(蹇)'괘와 '繲(解)'괘, '〖困〗'괘와 '汬(井)'괘 등은 같은 종류의 부호를 사용하고 있음을 알 수 있다. 이러한 괘명卦名들의 내재된 의의적인 관계는 아래와 같다.

① '■'

'孤(需)'괘와 '訟'괘: ䷄→䷅

'需'괘의 상괘上卦와 하괘下卦의 위치가 '訟'괘에서는 바뀌었고, 모두 부호 '■'을 사용한다.

'帀(師)'괘와 '比'괘: ䷆→䷇

'師'괘의 상괘와 하괘의 위치가 '比'괘에서는 바뀌었고, 모두 부호 '■'을 사용한다.

② '■'

'䷎(謙)'괘와 '䷏(豫)'괘: ䷎ → ䷏

'謙'卦의 상괘가 '豫'卦에서는 하괘의 위치에 놓여 있으며, 겸괘에서의 하괘 '艮山'이 '豫'괘에서의 상괘 '震雷'로 바뀌었고, 모두 부호 '▮'를 사용한다.

'䷐(隨)'괘와 '䷑(蠱)'卦: ䷐ → ䷑

'隨'卦의 상괘 '兌澤'이 '蠱'卦의 하괘 '巽風'으로 바뀌었고, '隨'卦의 하괘 '震雷'가 '蠱'卦의 상괘 '艮山'으로 바뀌었고, 모두 부호 '▮'를 사용한다.

③ '▯'

'豐'卦와 '遜(旅)'괘: ䷶ → ䷷

'豐'卦의 상괘 '震雷'가 '旅'卦에서는 하괘 '艮山'으로 바뀌었고, '豐'卦의 하괘 '離火'가 '旅'卦의 상괘로 위치하며, 모두 부호 '▯'을 사용한다.

④ '▮'

'訐(蹇)'괘와 '繲(解)'괘: ䷦ → ䷧

'蹇'괘의 상괘 '坎水'가 '解'卦의 하괘에 위치하고, '蹇'괘의 하괘 '艮山'이 '解'괘의 상괘 '震雷'로 바뀌었고, 모두 부호 '▮'을 사용한다.

'〚困〛'괘와 '汯(井)'괘: ䷮ → ䷯

'困'괘의 하괘 '坎水'가 '井'괘의 상괘에 위치하고, '困'괘의 상괘 '兌澤'이 '井'괘의 하괘 '巽風'으로 바뀌었고, 모두 부호 '▮'을 사용한다.

'〚夬〛'괘와 '姤(姤)'괘: ䷪ → ䷫

'夬'괘의 하괘가 '姤'괘의 상괘에 위치하고, '夬'괘의 상괘 '兌澤'이 '姤'괘의 하괘 '巽風'으로 바뀌었고, 모두 부호 '▮'을 사용한다.

위에서 살펴 본 바와 같이, 대립적 관계를 지니고 있는 卦名들은 동일한 부호를 사용하고 있다. 이는 초죽서 ≪주역≫에 있어 일종의 '**대립對立과 통일統一**'이라는 중요한 원칙 중의 하나라는 것을 의심할 여지가 없다.

이른바 '대립對立'이란 두 개의 서로 대응되는 반대되는 괘卦를 가리킨다. 이는 다시 두 종류로 나눌 수 있다.

(1) 형태적으로 서로 반대되는 괘를 사용하는 경우

'孤(需)'卦와 '訟'卦: ☷→☰

'〖夫〗'卦와 '敂(姤)'卦: ☰→☷

(2) 효爻의 음양이 서로 반대되는 괘

이러한 서로 음양이 반대되는 괘는 같은 효爻의 위치가 서로 음양이 대립된다. 예를 들어, 건괘乾卦와 '坤'卦는 같은 위치에 있는 효가 서로 음양으로 대립된다. 이러한 '대립對立'에 대하여 일찍이 많은 학자들이 연구하였다. 예를 들어, 내지덕來知德은 아래와 같이 설명하였다.

> 六十四卦其中有錯有綜, 以明陰陽變化之理. 錯者, 交錯對待之名, 陽左而陰右, 陰左而陽右也, 綜者, 高低織綜之名, 陽上而陰下, 陰上而陽下也.……文王序卦, 六十四卦除乾·坤·坎·離·大過·頤·小過·中孚八個卦相錯, 其餘五十六卦皆相綜. 雖四正之卦如: 否·泰·旣濟·未濟四卦; 四隅之卦如: 歸妹·漸·隨·蠱四卦, 此八卦可錯可綜, 然文王皆以爲綜也. 故五十六卦止有二十八卦向上成一卦, 向下成一卦, 共相錯之卦三十六卦, 所以上經分十八卦, 下經分十八卦, 其相綜自然而然之妙, 亦如伏羲圓圖相錯自然而然之妙, 皆不假按排穿鑿, 所以, 孔子贊其爲天下之至變者.

64괘는 '착錯'과 '종綜'이 있다. 이로 陰陽 變化의 이치를 명확하게 알 수 있다. '錯(섞일 착, cuò)'이란 엇갈려 서로 대립된다는 뜻이다. 즉 양陽이 좌측이면 음陰이 우측이고, 음이 좌측이면 양이 우측에 서로 놓인다는 뜻이다. '綜(잉아실 종, zēng)'이란 고저高低와 베틀의 잉아실을 의미한다. 즉 양이 위면 음이 아래이고, 음이 위면 양이 아래인 경우를 말한다. ……文王이 64卦의 배열 순서를 지을 때, 64卦 중 乾·坤·坎·離·大過·頤·小過와 中孚 등 8개가 서로 '錯(방통괘旁通卦)'할 수 있고 나머지 56卦는 서로 '綜(반대괘反對卦)'할 수 있다. '否'·'泰'·'旣濟'·'未濟'의 사정괘四正卦와 歸妹·漸·隨·蠱인 사우괘四隅卦 八卦는 모두 '錯'과 '綜'할 수 있으나, 文王은 이를 모두 '綜'할 수 있는 것으로 여겼다. 그래서 56괘는 28괘가 위로 한 괘를 이루고 아래로 한 괘로 한 쌍의 괘를 이룬다. 서로 '錯'을 이룰 수 있는

36卦는 上經은 18卦로 下經은 18卦로 나눌 수 있다. 이러한 서로 '綜'할 수 있는 자연스런 교묘함은 또한 복희伏羲의 원도圓圖에서의 '錯'할 수 있는 것과 같이 서로 자연스런 묘미를 이룬다. 이는 모두 억지로 배열할 필요 없는 자연스런 것이기 때문에, 공자는 天下의 변화무쌍함을 지니고 있다고 찬양한 것이다.

六十四卦错综组合图

≪주역≫64괘 중 모든 괘는 서로 대응이 되는 상반괘相反卦가 있는데, 이는 혹은 '복覆·변變'이라고 하거나 혹은 '綜·錯'이라고 칭한다. '綜'이란 원래 베나 비단을 짤 때 잉아실을 말하는 것으로, 혹은 위 혹은 아래가 서로 순서가 거꾸로 되는 것을 말한다. '錯'이란 음과 양이 서로 반대가 되는 것으로 혹은 '반대反對·불반대不反對'라고 하거나 '反易·不反易'라고 부른다.

이른바 '통일統一'이란 서로 대응되는 상반괘가 통일된 부호를 쓰는 것을 말한다.

▮형식이 대립적인 상반괘

이러한 형식의 상반괘는 64괘 중 모두 24쌍이 있다.

屯☷-夢☵, 需☵-訟☰, 師☷-比☵, 小畜☴-履☱, 同人☰-大有☲, ☷謙-豫☳

臨☱-觀☴, 噬嗑☲-賁☶, 剝☶-復☷, 无妄☰-大畜☶, 咸☱-恒☳, 遯☶-大壯☳

晉☲-明夷☷, 家人☴-睽☲, 蹇☵-解☳, 損☶-益☴, 夬☱-姤☴, 萃☱-升☷,

困☱-井☵, 革☱-鼎☲, 震☳-艮☶, 豐☳-旅☲, 巽☴-兌☱, 渙☴-節☱

▍효위爻位가 음양 대립관계인 상반괘

이러한 형식의 상반괘는 모두 4쌍이 있다.

乾☰-坤☷, 頤☶-大過☱, 坎☵-離☲, 中孚☴-小過☳

▍형식적 대립이면서 또한 효위가 음양 대립인 괘

모두 4쌍이 있다.

泰☷-否☰, 隨☱-蠱☶, 漸☴-歸妹☱, 旣濟☵-未濟☲

역학易學에서 '泰・否・旣濟・未濟'의 네 괘를 '사정四正'이라 하고, '歸妹'・'漸'・'隨'・'蠱'의 네 괘를 '사우四隅'라 한다. 초죽서 ≪주역≫의 괘명의 분류는 확실히 쌍을 이루는 대립과 통일의 원칙을 고수하고 있다.

이상의 분석으로 보아, 당시 사람들의 두 개의 서로 반대가 되는 '泰・否'・'旣濟・未濟'・'歸妹・漸'・'隨・蠱' 등의 분류 방법 역시, 다른 괘의 분류방식과 다르지 않다는 것을 알 수 있다.

4.3.4 잔실된 죽간의 괘부호卦符號에 대한 판단

초죽서 ≪周易≫의 동일한 하나의 괘는 같은 부호를 사용한다는 원칙에 따라 잔실되어 보이지 않는 괘의 부호는 아래와 같이 살펴볼 수 있다.

(1) 동일 괘의 동일 부호 사용 원칙

① '■'
— '尨(蒙)'의 首符가 잔실 되었으나, 尾符의 붉은 색이 퇴색된 것으로 보아 '尨(蒙)'의 首符 역시 '■'이다.

② '▣'
— '繲(解)'괘의 수부가 '▣'이고 미부는 잔실 되었으나, 수부가 '▣'인 것으로 보아 미부 역시 '▣'이다.
— '夬'괘의 수부가 잔실 되었으나, 미부가 '▣'인 것으로 보아 수부가 '▣'이다.
— '啐(萃)'괘의 수부가 '▣'이고 미부는 잔실 되었으나, 수부가 '▣'인 것으로 보아 미부 역시 '▣'이다.
— '困'괘의 수부가 잔실 되었으나 수부가 '▣'인 것으로 보아 미부는 역시 '▣'이다.

③ '■'
— '大有'괘의 수부가 잔실 되었으나 수부가 '■'인 것으로 보아 미부는 역시 '■'이다.
— '盅(蠱)'괘의 수부가 '■'인 것으로 보아 미부가 잔실 되었으나 역시 '■'이다.

④ '▣'
— '革'괘의 수부가 '▣'이고 미부는 잔실 되었으나, 수부가 '▣'인 것으로 보아 미부 역시 '▣'이다.
— '漸(漸)'괘의 수부가 '▣'이고 미부는 잔실 되었으나, 수부가 '▣'인 것으로 보아 미부 역시 '▣'이다.
— '遊(旅)'괘는 수부가 '▣'이고 미부는 잔실 되었으나, 수부가 '▣'인 것으로 보아 미부 역시 '▣'이다.
— '小隹(過)'괘는 수부가 잔실 되었으나, 미부가 '▣'인 것으로 보아 수부 역시 '▣'이다.

⑤ '▣'

— '旣淒(濟)'괘의 수부가 잔실 되었으나, 미부가 '▣'인 것으로 보아 수부 역시 '▣'이다.

(2) 대립과 통일 원칙에 따른 결손 괘의 부호 사용

— '大有'괘가 부호 '■'을 사용하고 있는 것으로 보아, 이와 상반되는 '同人'괘 역시 부호 '■'을 사용할 것이다.

— '啐(萃)'괘가 부호 '▣'을 사용하고 있는 것으로 보아, 이와 상반되는 '升'괘 역시 부호 '▣'을 사용할 것이다.

— '漸(漸)'괘가 부호 '▣'을 사용하고 있는 것으로 보아, 이와 상반되는 '歸妹'괘 역시 부호 '▣'을 사용할 것이다.

— '艮'괘가 부호 '▣'을 사용하고 있는 것으로 보아, 이와 상반되는 '震'괘 역시 부호 '▣'을 사용할 것이다.

— '遬(旅)'괘가 부호 '▣'을 사용하고 있는 것으로 보아, 이와 상반되는 '豐'괘 역시 부호 '▣'을 사용할 것이다.

— '楑(睽)'괘가 부호 '▣'을 사용하고 있는 것으로 보아, 이와 상반되는 '家人'괘 역시 부호 '▣'을 사용할 것이다.

— '脉(遯)'괘가 부호 '▣'을 사용하고 있는 것으로 보아, 이와 상반되는 '大壯'괘 역시 부호 '▣'을 사용할 것이다.

— '革'卦가 부호 '▣'을 사용하고 있는 것으로 보아, 이와 상반되는 '鼎'괘 역시 부호 '▣'을 사용할 것이다.

— '鼘(渙)'괘가 부호 '▣'을 사용하고 있는 것으로 보아, 이와 상반되는 '節'괘 역시 부호 '▣'을 사용할 것이다.

— '旣淒(濟)'괘가 부호 '▣'을 사용하고 있는 것으로 보아, 이와 상반되는 '未悽(濟)'괘 역시 부호 '▣'을 사용할 것이다.

(3) 초죽서 ≪주역≫의 부호 사용 전체 현황

① '■(홍정)'(총 4괘)

  㝹(需)卦, 訟卦, 帀(師)卦, 比卦.

② '■(흑정)'(총 10괘)

  頤卦, 大過卦, 同人卦, 大有卦, 壓(謙)卦, 余(豫)卦, 陵(隨)卦, 蛊(蠱)卦, 亡(无)忘卦, 大壐(畜)卦.

③ '▣(흑방홍정)'(총 16괘)

  欽(咸·感)卦, 死(恆)卦, 腞(遯)卦, 大壯卦, 家人, 楑(睽)卦, 革卦, 鼎卦, 震卦, 艮卦, 漸(漸)卦, 歸妹卦, 豐卦, 遊(旅)卦, 中孚卦, 小𡭴(過)卦

④ '▣(홍방흑정)'(총 8괘)

  訐(蹇)卦, 繲(解)卦, 夬卦, 敂(姤)卦, 𠶳(萃)卦, 升卦, 困卦, 汬(井)卦.

⑤ '▣(홍정흑방)'(총 4괘)

  㶇(渙)卦, 節卦, 旣淒(濟)卦, 未悽(濟)卦

4.3.5 동일한 괘에서 다른 부호를 사용하는 현상

초죽서 ≪周易≫에서 '大壐(畜)'괘·'欽(咸·感)'괘와 '頤'괘 등 세 괘는 서로 다른 부호를 사용하고 있다.

  '大壐(畜)': 首符 '■', 尾符 '▣'.
  '欽(咸·感)': 首符 '▣', 尾符 '■'.
  '頤': 首符 '■', 尾符 '■'.

먼저 '大壐(畜)'괘와 '欽(咸·感)'괘에 대하여 살펴보기로 한다.

'大壐(畜)'괘와 '欽(咸·感)'괘는 각각 다른 두 종류의 부호를 사용하기 때문에 이 괘들은 두 종류 부류에 모두 속할 것이다. 즉 '大壐(畜)'卦는 부호 '■' 종류에 속하고,

또한 부호 'ᄃ' 종류에 속해야 한다. '欽(咸·感)'卦는 'ᄃ'에 속하면서 또한 '■'에 속한다. 이러한 조건을 만족하면서 세 종류의 부호를 사용하는 순서는 '■'··'ᄃ'··'■'이다. '大坙(畜)'卦의 首符는 부호 '■'을 이어받고 계속해서 尾符 'ᄃ'을 쓴다. 그래서 '欽(咸·感)'卦의 首符가 'ᄃ'이기 때문에 '大坙(畜)'卦의 尾符 아래 배열되어야 하고, '欽(咸·感)'괘의 미부는 부호 '■'로 이어져야 한다. 이렇게 하면 세 종류의 부호를 사용한 괘의 배열 순서를 알 수 있을 뿐만 아리라, 그 부호의 순서는 '■'··'ᄃ'··'■'이다.

大有: 首符 '失', 尾符 '■'.
壓(謙): 首符 '■', 尾符 '■'.
余(豫): 首符 '■', 尾符 '■'.
陵(隨): 首符 '■', 尾符 '■'.
盅(蠱): 首符 '■', 尾符 '■'.
亡(无)忘: 首符 '無', 尾符 '■'.
大坙(畜): 首符 '■', 尾符 'ᄃ'.
欽(咸·感): 首符 'ᄃ', 尾符 '■'.
丞(恆): 首符 '■', 尾符 '■'.
豚(遯): 首符 '■', 尾符 '■'.
楑(睽): 首符 '■', 尾符 '■'.
革: 首符 '■', 尾符 '■'.
艮: 首符 '■', 尾符 '■'.
灘(漸): 首符 '■', 尾符 '■'.
豐: 首符 '■', 尾符 '■'.
遬(旅): 首符 '■', 尾符 '■'.
小坙(過): 首符 '■', 尾符 '■'.

'亡(无)忘'과 '大坙(畜)'은 상반괘相反卦로, 상반괘는 동일한 부호를 사용하는 원칙에 따라 이들 괘는 모두 같은 부호를 사용해야 되기 때문에 '大坙(畜)' 역시 '■'의 부류에 속한다. '欽(咸·感)'은 '丞(恆)'의 상반괘에 속하고, '丞(恆)'의 수부와 미부는 모두 '■'

이고 '欽(咸·感)'의 尾符는 '▣'을 사용하고 있기 때문에 '欽(咸·感)'은 부호 '▣' 부류에 속한다. 그런데 '大嵞(畜)'과 '欽(咸·感)'은 모두 부호 'ㄷ'을 사용하여, 상반괘는 같은 종류의 부호를 사용한다는 원칙과 모순이 된다. 그렇다면 부호 'ㄷ'은 과연 어떤 의미를 내포하고 있는가?

초죽서 ≪주역≫ 중에 부호 'ㄷ'은 단지 두 곳에만 쓰이고, 또한 이 부호는 각각 다른 괘명 아래 출현하고 있다. 따라서 부호 'ㄷ'은 다른 부호들과 그 개념이 다르다. 특별히 '欽(咸·感)'에 출현하고 있는 'ㄷ'은 더욱 그렇다. 이 부호가 사용된 괘명의 위치에 대한 실마리를 찾을 수 있는 내용들이 있다. 즉 ≪周易≫은 上·下 두 부분으로 나눈다.

> ≪子夏傳≫: "雖分上下兩篇, 未有經字, 經字爲後人所加, 不知起自誰始."
> ≪子夏傳≫은 "비록 상하편으로 분리하지만 원래 '경經'자를 사용하지 않았다. 어느 누구 때부터 시작된 것인지는 알 수 없으나, '경'자는 후대 사람이 추가한 것이다."라 하였다.
> ≪漢書·藝文志≫: "文王重≪易≫六爻, 作上下篇."
> ≪漢書·藝文志≫는 "문왕이 ≪주역≫의 여섯 효를 지으면서 상하편으로 나누었다."라 하였다.
> 漢 孟喜≪易本≫: "分上下兩經."
> 孟喜≪易本≫은 "≪周易≫은 상하 두 경으로 나눈다."라 하였다.

'上下篇'이라 하든지 '上下經'이라 하든지 ≪주역≫을 '상하'로 나눈다는 것은 일치된 의견을 보이고 있다. 현행본 ≪周易≫은 '欽(咸·感)'이 '下篇'의 첫 번째 괘에 해당된다. 또한 초죽서 ≪周易≫ 중 '欽(咸·感)' 다음의 괘들은 모두 '▣'에 속한다. 즉 '▣'에 속하는 괘는 초죽서 중 '欽(咸·感)'·'丕(恆)'·'豚(遯)'·'楑(睽)'·'革'·'艮'·'漸(漸)'·'豊'·'遊(旅)'·'小𡵂(過)' 등이 있다. 이들의 괘는 현행본에서 모두 '하경'에 속한다.

'大嵞(畜)' 앞은 모두 '▣' 부류에 속한다. 이러한 괘는 '大嵞(畜)'·'大有'·'壓(謙)'·

'參(豫)'·'陵(隨)'·'蛊(蠱)'·'亡(无)忘' 등이 있는데, 현행본에서 모두 '上經'에 속한다.

따라서 부호 'ᇋ'은 초죽서 ≪주역≫에 있어 상하 부분으로 나누는 나눔(경계境界) 부호가 아닌가 한다. '大쏲(畜)' 미부의 'ᇋ'은 상부上部의 마침 부호이고, 이 부분을 '방상ᇋ上'이라 하고, '欽(咸·感)'의 수부 'ᇋ'은 하부下部가 이 괘로부터 시작된다는 표시 부호로 이 부분을 '방하ᇋ下'라고 부를 수 있을 것이다.

현행본 ≪周易≫과 초죽서 ≪周易≫의 차이가 있다. 즉 현행본 ≪주역≫은 '大畜'과 '欽(咸·感)' 사이에 '頤'·'大過'·'坎'·'離' 등 네 개의 괘명이 있다. '離'에서 上經이 마친다. 그러나 초죽서 ≪주역≫은 '大쏲(畜)'과 '欽(咸·感)'이 이어져 출현하고 있고, '大쏲(畜)'이 'ᇋ上'의 마지막 괘명이다. 네 卦名 '頤'·'大過'·'坎'·'離'는 각각의 음양대립陰陽對立 상반괘이기 때문에 그 위치를 다른 곳으로 이동한 것이다.

따라서 각각 다른 부호(이부異符)를 사용하는 원인은 대략 두 가지로 나눌 수 있다.

첫째, 새로운 개념의 추가
둘째, 연계(承上啓下)적 역할. 부류와 부류의 연계

'大畜'과 '欽(咸·感)'이 각각 다른 두 부호를 사용하는 것은, 이 부호가 경계 표시 역할을 하며, 동시에 상부에서 하부로 연결된다는 것을 표시하기 위한 것이다.

'頤'에서 각기 다른 두 부호를 사용하는 것은 '승상계하承上啓下'의 의미를 표시하고 있다. '頤'의 수부가 'ᇋ'인 것은 '頤'괘가 'ᇋ'에 속하며, 또한 이 이전의 괘명 역시 'ᇋ'에 속한다는 것을 표시한다. '頤'괘의 미부는 '■'이다. 이는 '頤'卦의 뒤는 '■'의 부류와 이어진다는 뜻이다. '大過'가 초죽서 ≪周易≫에서 발견되지 않았지만, '大過'는 '頤'의 상반괘이기 때문에 '大過'는 두 개의 같은 부호 '■'을 사용하였을 것이다. '頤'卦의 각기 다른 부호를 사용하는 것으로, 우리는 'ᇋ' 다음에 '■'이 계속 이어진다는 것을 알 수 있다.

4.3.6 초죽서 ≪周易≫의 괘명의 순서

초죽서 ≪주역≫의 괘명의 순서는 사물의 음양 변화 이론과 관련이 깊다.

≪역지의易之義≫는 "주역의 뜻은 곧 음과 양이다."[237]라 하였고, 장자莊子는 이에 대해 더욱 세밀하고 간단명료하게 설명하였다.

> "≪詩≫以道志, ≪書≫以道事, ≪禮≫以道行, ≪樂≫以道和, ≪易≫以道陰陽, ≪春秋≫以道名分."(≪莊子·天下≫)
>
> ≪詩經≫은 이를 이용해 자신의 사상 감정을 표현해 낼 수 있고, ≪書經≫은 이를 이용해 정치적인 일을 표현해 낼 수 있고, ≪禮記≫는 이를 이용해 행위규범을 표현해 낼 수 있고, ≪樂記≫는 이를 이용해 화음和音의 조화를 표현해 낼 수 있고, ≪易經≫은 이를 이용해 음양변화를 찬명贊明할 수 있으며, ≪春秋≫는 이를 이용해 명분名分을 구분해 낼 수 있는 것이다.

≪易≫의 요소는 음양이며, ≪역≫은 일종의 음양 이론이다. 음양은 대립적 관계이면서 또한 전환을 할 수 있다. 양陽이 성성盛하게 되면 음이 쇠衰하게 되고 음이 성하게 되면 양이 미약해진다. 즉 음양은 서로 돌고 돌아 변화를 하며, 상호간에 서로 원인과 결과의 역할을 한다. 음이 가면 양이 오는 것을 '息(숨 쉴 식, xī)'이라 하며, '식'은 곧 양이 양성養成되는 것이다, 양이 가고 음이 오는 것은 '消(사라질 소, xiāo)'라 하며, '소'란 곧 '살며시 소실된다(음소陰消)'는 뜻이다. 음양이 서로 왕래를 한다는 것은 서로 반대로 형성이 된다는 것을 말한다. ≪계사하繫辭下≫는 음양이 상생相生하는 것에 대하여 아래와 같이 설명하였다.

> 日往則月來. 月往則日來. 日月相推而明生焉. 寒往則暑來. 暑往則寒來. 寒暑相推而歲成焉. 往者屈也. 來者信也. 屈信(申)相感而利生焉.
>
> 해가 지면 달이 뜨고, 달이 지면 해가 뜨니, 해와 달이 서로 번갈아서 세상에 밝

---
237) ≪易之義≫: "≪易≫之義, 唯陰與陽."

은 빛이 생긴다. 추운 겨울이 가면 더운 여름이 오고, 더위가 가면 추위가 온다. 추위와 더위가 번갈아드는 사이에 해가 생긴다. 가는 것은 굽히는 것이요, 오는 것은 펴는 것이니, 굽히고 펴는 것이 서로 감응하여 이로움이 생기는 것이다.

이외에도 ≪계사繫辭≫에서 언급한 '易은 궁하면 변하고 변하면 통한다.'거나, '음양이 서로 변화를 하고 상호 제재制裁를 하는 것' 등은238) 모두 사물이 두 가지 측면에서 상호 변화하고 발전하는 것이며, 만물은 '극에 이르면 곧 반전을 하게 된다(물극필반物極必反)'은 의미를 설명하고 있다.

≪곽점초묘죽간郭店楚墓竹簡≫ 중 ≪태일생수太一生水≫에서도 우주의 탄생이나 연변에 관하여 논술하고 있는데, 이는 또한 사물의 음양 대립의 상호 보충적 관계에 대한 설명이다.

大(太)一生水, 水反補(輔)大(太)一, 是以成天. 天反補(輔)大(太)一, 是以成陞(地). 天陞(地)□□□【1】也, 是以成神明. 神明復相補(輔)也, 是以成会(陰)易(陽). 会(陰)易(陽)復相補(輔)也, 是以成四時. 四時【2】復補(輔)也, 是以成倉(滄)然(熱). 倉(滄)然(熱)復相補(輔)也, 是以成淫澡(燥). 淫澡(燥)復相補(輔)也, 成歲(歲)【3】而止. 古(故)歲(歲)者, 淫澡(燥)之所生也. 淫澡(燥)者, 倉(滄)然(熱)之所生也. 倉(滄)然(熱)者⑫. 四時【4】者, 会(陰)易(陽)之所生. 会(陰)易(陽)者, 神明之所生也. 神明者, 天陞(地)之所生也. 天陞(地)【5】者, 大(太)一之所生也.

태일太一이 물(水)을 탄생시켰지만,239) 물은 역으로 태일을 도와 하늘(天)을 낳고, 하늘은 반대로 태일을 도와서 땅(地)을 낳았다. 하늘과 땅은 또한 서로 도와 신명神明(천지 精神)을 생성하고, 신명은 또한 서로 도와서 음양이 만들어졌다. 음양은 또한 서로 도와서 사계를 생성하고, 사계는 또한 서로 도와 춥고 더움이 만들어졌다. 춥고 더움이 또한 서로 도와 건습이 생성되었으며, 건습이 서로 도와 해(年歲)가 생성된 후에야 비로소 끝이 났다.

---

238) ≪繫辭下≫: "易窮則變, 變則通." ≪繫辭上≫: "化而裁之謂之變." 孔穎達≪疏≫: "化而裁之謂之變者, 陰陽變化而相裁節之謂之變也."
239) 郭沂 ≪郭店楚簡先秦學術思想≫은 본 구절을 "太一首先創生出水."로 번역하였다. 141쪽 참고

歲(세월)는 습조(습하고 건조함)에서 나온 것이고, 습조는 창열滄熱(춥고 더움)에서 나온 것이며, 춥고 더움은 [四時에서 생성 된 것이다.]240) 사시는 음양에서 나온 것이며 음양은 신명에서 생성된 것이다. 신명은 천지에서 나왔으며 천지는 태일에서 생성된 것이다.241)

≪황제내경소문黃帝內經素問≫은 음양의 변화에 대하여 더욱 구체적으로 설명하고 있다. 즉 하늘(天)과 사람(人)을 예로 비교하고 더욱 구체적으로 설명하였다.

陰中有陰, 陽中有陽, 平旦至日中, 天之陽, 陽中之陽也; 日中至黃昏, 天之陽, 陽中之陰也; 合夜至鷄鳴, 天之陰, 陰中之陰也; 鷄鳴至平旦, 天之陰, 陰中之陽也. 故人亦應之. 夫言人之陰陽, 則外爲陽, 內爲陰; 言人身之陰陽, 則背爲陽, 腹爲陰; 言人身之藏府中陰陽, 則藏者爲陰, 府者爲陽, 肝・心・脾・肺・腎五藏皆爲陰, 膽・胃・大腸・小腸・膀胱・三焦六府皆爲陽. 所以欲知陰中之陰・陽中之陽者, 何也? 爲冬病在陰, 夏病在陽, 春病在陰, 秋病在陽, 皆視其所在, 爲施針石也. 故背爲陽, 陽中之陽, 心也; 背爲陽, 陽中之陰, 肺也; 腹爲陰, 陰中之陰, 腎也; 腹爲陰, 陰中之陽, 肝也; 腹爲陰, 陰中之至陰, 脾也. 此皆陰陽・表里・內外・雌雄相輸應也, 故以應天之陰陽也.(金匱眞言論)

음陰 가운데 음이 있고, 양陽 가운데 양이 있는 것이다. 날 샐 무렵부터 한낮까지는 天(날)의 양이고 양 가운데 양이다. 한낮에서 해질녘까지는 천天의 양이지만 양 가운데 음에 해당된다. 한밤중에서 새벽닭이 울 무렵까지는 天의 음이며, 음 가운데 음에 해당된다. 새벽닭이 울 무렵에서 날 샐 때까지는 天의 음이며 음 가운데 양에 해당된다. 사람 또한 이와 같이 대응된다. 사람의 음양은 즉 외外(밖)는 양이고 내內는 음에 해당된다. 사람의 몸에 있어 음양은 背(등 배, bèi)가 양이며 腹(배 복, fù)은 음이다. 사람의 장부臟腑(오장육부五臟六腑)에 음양이 있는데, 오장(간장, 심장, 비장, 폐장, 신장)이 음이고 육부(쓸개, 위, 큰창자, 작은창자, 방광, 삼초)가 양이다. 즉 肝(간 간, gān)・心・脾(지라 비, pí)・肺(허파 폐, fèi)・腎(콩팥 신, shèn) 등 오장五藏이 모두 음이고, 膽(쓸개 담, dǎn)・위胃・大腸(큰창자)・小腸(작은창자)・膀胱(방광)・삼초三焦242) 등 육부六府는 모두 양에 해당된다. 그래서 음 가운데 음과 양

---

240) 제 4간과 5간 사이에 "之所生也, 四時"를 추가할 수 있다.
241) 釋文과 우리말 해석은 최남규 역주 ≪郭店楚墓竹簡≫(학고방, 2016년) 223쪽 참고.

가운데 양을 알고자 한다면 어떻게 해야 되는가? 겨울에 병이 나는 것은 음에 있기 때문이고, 여름에 병이 나는 것은 양에 있기 때문이고, 봄에 병이 나는 것은 음에 있고, 가을에 병이 나는 것은 양에 있기 때문이다. 모두 그 각각의 해당되는 곳이 있으니 이는 잘 보고 침을 놓아야한다. 배背는 양이고 양 가운데 양은 심장이고, 배背는 양인데 양 중의 음은 肺(허파 폐, fèi)이다. 腹(배 복, fù)은 음인데 음 중에 음은 腎(콩팥 신, shèn)이다. 복腹은 음인데 음 중의 양은 간肝이다. 복腹은 음인데 음 중의 음에 해당되는 것은 비脾이다. 이와 같이 모두 음과 양, 겉면과 안면(表里), 외부와 내부(內外)·암컷과 숫컷(雌雄)은 모두 서로 상호 작용을 하는 것이다. 이 모두는 날(天)의 음양과 대응이 되는 것이다.(≪金匱眞言論≫)

소응昭應의 '선천도先天圖' 또한 이와 유사한 의미가 있다.

"先天圖, 陽極則變而生陰, 陰極則變而生陽, 陽生於子, 而極於巳, 陰生於午, 而極於亥, 皆效天地之變化也."(保巴≪周易原旨≫)

선천도란 양이 극에 달하면 변하여 음이 되고, 음이 극에 달하여 변하면 양이 생기는 것을 표현한 것이다. 양은 '子'에서 생겨 '巳'에서 극에 달한다. 음은 '午'에서 생겨 '亥'에서 극에 달한다. 이는 모두 천지 변화에 해당되는 것이다.

先天圖總六十四卦爲一圓圖, 先儒以爲心法也. 玩圖當自心始, 圖中心白, 太極也. 其外左陽畫三十二, 右陰爲三十二, 兩儀也. 又其外十六陽·十六陰, 相錯爲四, 四象也, 又其外八陰八陽, 相錯爲八, 八卦也. 又其外分爲十六, 十六分爲三十二, 三十二分爲六十四, 而卦備圖成矣. 明道謂加一倍法者此也. 朱文公謂本是小變成大, 到那大處又變成小, 小變成大者, 中心白圈積成大圓圖是也. 大又變成小者, 圖成而六十四卦備一卦只管一事是也. 故曰只是個盈虧消息之理, 小則必大, 大則復小也. 康節玩圖每事怕太盛, 直看得此理透, 濂溪圖太極只是散布先天圖法, 明此理, 其上白圈先天中心太極也. 其次黑白相錯一圈, 白陽動, 黑陰靜, 兩儀也. 動中有靜, 靜中有動, 曰動靜互根, 成四象也.(羅璧≪識遺≫)

선천도先天圖는 모두 64괘를 하나의 원형으로 그린 그림이다. 옛날 유학자들은

---

242) 상초上焦·중초中焦·하초下焦를 통틀어 이르는 말이다. 상초는 가로막 위, 중초는 가로막과 배꼽 사이, 하초는 배꼽 아래의 부위에 해당한다. 인체의 수분 대사를 관장하는 기관이다.

이를 '심법心法'이라 하였다. 이 선천도를 인식하려면 마음(心)으로 하여야 하며, 그림 가운데 하얀 부분이 있는데, 이는 태극太極이다. 이를 중심으로 하여 왼쪽 바깥으로 양이 32개 그려져 있고, 우측으로 음이 32개 그려져 있다. 이를 양의(兩儀) 즉 음양이라 한다. 또 밖으로 16개의 양과 16개의 음이 있는데, 이들이 서로 어울리면 4개가 되는데, 이가 사상四象이다. 또한 밖으로 8개의 음과 8개의 양이 있는데 이들이 어울리면 8개가 되는데 이가 팔괘八卦이다. 또한 이를 밖으로 다시 16개로 나누고, 16개는 다시 32개로 나누고, 32개는 다시 64개로 나누면 모든 괘가 형성이 되고 그림이 완성되는 것이다. 정호程顥 명도明道가 말한 배수 추가법이 이를 두고 하는 말이다. 주문공朱文公은 작음은 큼으로 변하고 큰 곳은 다시 작은 곳으로 변하며, 다시 작은 것은 큰 것으로 변하는 것, 이는 하얀 원형을 중심으로 모여서 큰 원이 그려지는 그림이라 하였다. 큰 것은 다시 작은 것으로 변하는 것을 그림으로 완성하면 64괘가 되며, 각각의 괘는 하나의 일을 가리키게 되는 것이다. 그래서 이는 모두 채워졌다 비워지고 소멸되었다가 다시 소생하는 원리일 따름이라고 한 것이다. 작은 것은 반드시 크게 되고 큰 것은 다시 작게 되는 것이다. 소옹邵雍 강절康節이 선천도를 볼 때면 매사에 매우 성함을 두려워하였는데, 이는 이러한 원칙을 잘 터득했다 하겠다. 염계濂溪 주돈이周敦頤의 태극도太極圖는 선천도의 원리를 먼저 세상에 알린 것이고 그 원리에 능통하였다. 그 그림 위의 하얀 색 부분은 선천先天의 중심인 태극太極이다. 그 다음 흑백이 서로 어울려 하나의 원형을 형성한다. 백색은 양이고 동動이며, 흑黑은 음이며 정靜이며, 이는 양의兩儀의 음양에 해당된다. 動 중에 靜이 있고, 靜 중에 動이 있는데, 動과 靜을 중심으로 해서 사상四象이 형성되는 것이다.(羅璧《識遺》)

초죽서 《周易》 중 부호 붉은 색과 검은 색의 변화는 역대 《주역》 음양변화 이론을 언급한 내용과 서로 연관성을 가지고 있고 또한 좋은 입증자료가 된다.

'■'은 양이 성함이고, 《易》은 궁窮하게 되면 변화를 하며, 극성極盛에 이르게 되면 반드시 그 반대 현상이 일어나는 것이다. 그래서 풍의馮椅는 《후재역학厚齋易學》에서 "양이 성하게 되면 음이 나타나게 되고, 음이 성하게 되면 양이 나타내게 된다"[243]라 하였듯이, 양이 가면 음이 오고, 붉은 색의 양(홍양紅陽)이 가면 검은 색의 음(흑음黑陰) 즉 '▣'이 오는 것이다. 홍양 중에서 흑음이 생겨나며, "음양이 계속 이어서 변화하는 것"244)이기 때문에 흑음黑陰이 성하게 되어 극에 달하면 '▣'이 생겨나게 되는 것이다. 송宋 주진朱震이 ≪한상역전漢上易傳≫에서 "음이 성하면 양이 약해지고 양이 음에 의지하는 것이며, 양이 성하면 음이 미세해져 양이 음을 이끌어 낸다."245)라고 하였듯이, 음이 가면 양이 오고, 흑음이 가면 홍양이 생겨나게 되어, 흑음 중 홍양인 '▣'이 생겨나는 것이다. 홍양이 성하여 극에 달하면, 또 다시 양에서 음으로 전환된다. 초죽서 '▣'은 이와 같이 양에서 음으로 다시 음에서 양으로 하나의 전환이 되는 전 과정의 완성 분계점에 해당된다. 이는 또한 사물의 음양 변화의 하나의 전환이며, 또한 변화 중 또 다른 발전을 의미하기도 하고, 변화 중에 또 다른 하나의 새로운 순환 경계에 들어선다는 의미를 나타내기도 한다. 그래서 채청蔡淸은 ≪역경몽인易經蒙引≫에서 "陰이 盛하면 또한 陽이 생겨나고, 陽이 성하면 또한 陰이 생겨나듯이, 음양이 단지 끊임없이 순환될 따름인 것이다."246)라 하였다.

따라서 초죽서 ≪주역≫의 부호 순서는 아래와 같다.

'▣'‧‧'▣'‧‧'▣'‧‧'▣'‧‧'▣'

이는 음양 이론의 형태적 표현이며, 이는 또한 ≪역≫의 내용은 형식과 내용의 통일 양식이며, 역 이론의 정신을 반영하는 것이다. 초죽서 ≪주역≫의 부호 변화는 사물의 발전‧변화와 쇠퇴를 반영하며 또한 순환의 과정이라는 것을 반영하고 있다.

초죽서 ≪주역≫의 부호 변화는 괘화卦畵의 음양의 이론을 내포하고 있다.

① 六陽의 괘

☰ 乾

---

243) 馮椅≪厚齋易學≫: "陽盛則包陰, 陰盛則含陽".
244) ≪荀子‧論禮便≫
245) 宋 朱震 ≪漢上易傳≫: "陰盛陽微則陽附陰, 陽盛陰微則陽決陰"
246) 蔡淸 ≪易經蒙引≫: "陰盛又陽生, 陽盛又陰生, 只管循環不已也."

② 五陽 一陰의 괘

　　　☴小畜☱履, ☲同人☰大有

　　　☱夬☴姤

③ 四陽 二陰의 괘

　　　☵需☵訟,　 ☳无妄☶大畜

　　　☶遯☳大壯, ☲家人☱睽

　　　☱革☲鼎,　 ☴巽☱兌

　　　☱大過, ☲離, ☴中孚

④ 三陽 三陰의 괘

　　　☳噬嗑☶賁, ☱咸☳恒

　　　☶損☳益, ☱困☵井

　　　☴渙☵節, ☷泰☰否

　　　☱隨☶蠱, ☴漸☳歸妹

　　　☳豐☶旅, ☵既濟☲未濟

⑤ 二陽 四陰의 괘

　　　☵屯☶蒙, ☷臨☴觀

　　　☲晉☷明夷, ☵蹇☳解

　　　☱萃☷升, ☳震☶艮

　　　☶頤, ☵坎, ☳小過

⑥ 一陽 五陰의 卦

　　　☷師☵比, ☶謙☳豫

　　　☶剝☳復

⑦ 六陰의 괘

　　　☷坤

이상의 ①에서 ⑦의 괘들은 음이 성해지면서 양이 쇠해가는 현상들을 반영하고 있다. 또한 초죽서 ≪주역≫ 부호 '▪'·'▣'·'▪'가 이러한 현상을 반영하고 있다.

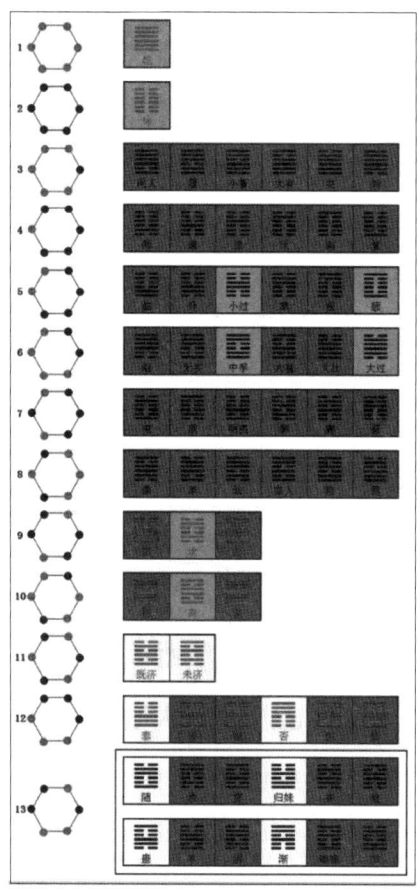

十三旋圖와 對應卦[247]

⑧ 六陰의 괘

　　☷坤

⑨ 五陰 一陽의 괘

　　☷師☷比, ☷謙☷豫

　　☷剝☷復

⑩ 四陰 二陽의 괘

　　☷屯☷蒙,　☷臨☷觀

　　☷晉☷明夷, ☷蹇☷解

　　☷萃☷升,　☷震☷艮

---

247) '홍색'은 양을 표시하고, '흑'은 음을 나타낸다.

☶頤, ☵坎, ☳小過

⑪ 三陰 三陽의 괘

　　䷔噬嗑䷕賁, ䷞咸䷟恒
　　䷨損䷩益, ䷮困䷯井
　　䷺渙䷻節, ䷊泰䷋否
　　䷐隨䷑蠱, ䷴漸䷵歸妹
　　䷶豐䷷旅, ䷾旣濟䷿未濟

⑫ 二陰 四陽의 괘

　　䷄需䷅訟, ䷘无妄䷙大畜
　　䷠遯䷡大壯, ䷤家人䷥睽
　　䷰革䷱鼎, ䷸巽䷹兌
　　䷛大過, ䷝離, ䷼中孚

⑬ 一陰 五陽의 괘

　　䷈小畜䷉履, ䷌同人䷍大有
　　䷪夬䷫姤

⑭ 六陽의 괘

　　䷀乾

　이상 ⑧에서 ⑬은 양이 성해가면서 음이 쇠해지는 현상을 반영하고 있다. 이들의 부호는 '■'·'▣'·'▪'으로 표시할 수 있다. ('▣'은 양에서 음으로 음에서 양으로 하나의 전환이 완성되었음을 표시한다.)

　후세의 음양의 변화를 나타내는 ≪十二消息卦圖≫·≪十二辟卦方位圖≫·≪心易發微伏羲太極之圖≫·≪一年氣象≫·≪伏羲卦≫ 등이 부호로 음양의 순서를 표시하는 것과 같은 부류이다.

十二辟卦方位圖

十二消息圖

心易發微伏羲太極之圖

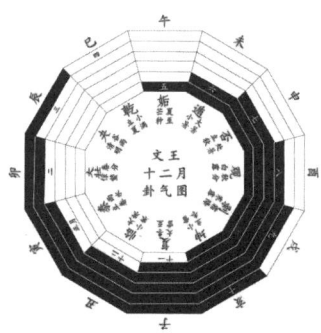

一年氣象

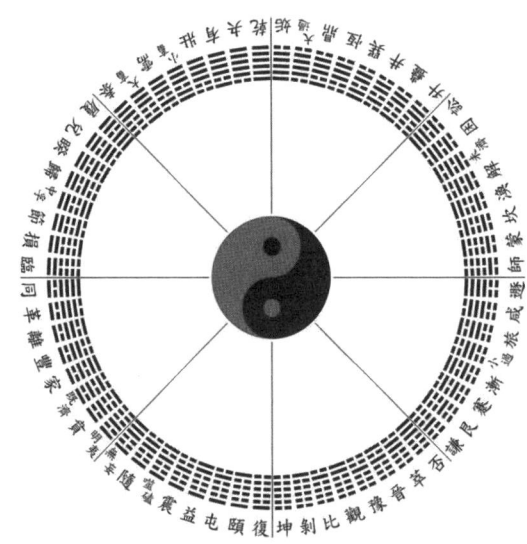

≪伏羲卦≫248)

→음이 점차 성장   양이 점차 성장←

☰ ☱ ☳ ☷ ☶ ☵   ☴ ☶ ☷ ☷ ☷ ☷

乾 夬 大壯 泰 臨 復   姤 遯 否 觀 剝 坤

《卦變圖》(《卦變圖反對圖》·《六十四卦相生圖》) 등은 乾(陽)卦와 坤(陰)卦를 중심으로 해서 육십사괘의 강함과 부드러움이 동태적으로 변화는 관계를 그림으로 표현하고 있는데, 이는 음양변화의 이론을 반영하는 것이며, 이는 또한 초죽서 《주역》 중의 홍백부호 변화관계를 표시하는 것과 매우 유사성을 지니고 있다.

○一陰 一陽의 각각의 6 괘는 '復'과 '姤'괘에서 비롯된다.
剝   比   預   謙 師   復
夬   大有 小畜 履 同人 姤

○二陰 二陽의 각각의 15괘는 모두 '臨'과 '遯'괘에서 비롯된다.
頤   遯   震   明夷 臨
蒙   坎   解   升
艮   蹇   小過
晉   萃
觀
大過 鼎   巽   訟   遯
革   離   家人 无妄
兌   睽   中孚
需   大畜
大壯
○三陽 三陰의 괘는 모두 20개씩 있는데, 모두 '泰'와 '否'卦에서 비롯된다.
損   節   歸妹 泰

---

248) '黑以漸而長, 紅以漸而消'(흑백이 점점 성하고 홍색이 점점 쇠하고) 혹은 '黑以漸而消, 紅以漸而長'(흑색이 점점 쇠하면 홍색이 점점 성하게 된다.)

☲ 賁　　䷾ 既濟　䷶ 豐

䷔ 噬嗑　䷐ 隨

䷤ 益

䷑ 蠱　䷯ 井　䷟ 恆

䷿ 未濟　䷮ 困

䷺ 渙

䷷ 旅　䷞ 咸

䷴ 漸

䷋ 否

䷞ 咸　䷷ 旅　䷴ 漸　䷋ 否

䷮ 困　䷿ 未濟　䷺ 渙

䷯ 井　䷑ 蠱

䷟ 恆

䷐ 隨　䷔ 噬嗑　䷤ 益

䷾ 既濟　䷕ 賁

䷶ 豐

䷻ 節　䷨ 損

䷵ 歸妹

䷊ 泰

○ 四陰 二陽의 괘는 모두 각각 15괘가 있는데, 모두 '大壯'과 '觀'에서 비롯된다.

䷙ 大畜　䷄ 需　䷡ 大壯

䷥ 睽　䷹ 兌

䷼ 中孚

䷝ 離　䷰ 革

䷤ 家人

䷘ 无妄

䷱ 鼎　䷛ 大過

䷸ 巽

䷅ 訟

☷☶遯

☷☱萃　☷☲晉　☷☴觀

☵☷蹇　☶☷艮

☳☶小過

☵☵坎　☶☵蒙

☳☵解

☷☴升

☵☳屯

☶☳頤

☳☳震

☷☲明夷

☷☱臨

○一陰 五陽의 괘는 각각 6괘가 있는데, 모두 '夬'와 '剝'괘에서 비롯된다.

☲☰大有　☱☰夬

☴☰小畜

☰☱履

☰☲同人

☰☴姤

☵☷比

☶☷剝

☳☷豫

☷☶謙

☷☵師

☷☳復

○六陰 六陽의 괘는 각각 1괘가 있다.

☰☰乾

☷☷坤

이상신李尙信은 <초죽서 ≪주역≫ 중 특수부호와 괘서문제(楚竹書≪周易≫中的特殊

符號與卦序問題)〉라는 문장에서 초죽서 ≪周易≫에 대하여 아래와 같이 설명하고 있다.

> 上篇是從陽到陰到陰陽的和合, 下篇是從陰到陽再到陰然後達到陰陽的最後和合. ……其標示的特殊符號, 當是運用今本卦序對宇宙天地·萬物與人類的演化與發展階段所作的表述. 這種關於宇宙天地·萬物與人類的演化與發展的學說, 是一種前所未見的在陰陽學說統攝下的包含'三段論''四段論'以至'七段論'爲一體的豊富·系統而又獨特的事物發展段階論.
> 상편은 양에서 음까지와 음양의 화합까지를 나타내고, 하편은 음에서 양, 그리고 난후 다시 음까지, 최후로 음양의 화합을 나타낸다. ……이러한 특수 부호는 현행본의 괘서卦序가 우주천지·만물과 인류의 변화발전 단계를 나타내는 의미와 같다. 이러한 우주천지·만물과 인류의 변화 발전의 학설은 이전에 일찍이 보지 못했던 '三段論'·'四段論'과 '七段論'과 같은 음양학설陰陽學說을 통합하여 더욱 풍부하고 계통적이면서 또한 독특한 발전 단계론의 하나이다.249)

이러한 학설에 대하여 더욱 신중을 기하기 위하여 다시 문물 자료를 사용하여 증명하고자 하였으며, 부호는 이러한 사실을 명확하게 나타낸다. 이는 또한 문물의 실질적인 부호로 변환하여야 만이 이러한 사실을 입증할 수 있다는 것을 설명하고 있는 것이다. 이에 대해서는 더 이상 언급하지 않기로 한다.

4.3.7 총결總結

초죽서 ≪周易≫중의 부호 중 'ㄷ(ㄷ)'은 '方'이라 읽고, '■(■)'은 '丁'이라 읽는다. 'ㄷ(ㄷ)'과 '■(■)'정 조합되어 이루어진 부호는 밖에서 안쪽으로 읽는다. 초죽서 ≪周易≫의 괘명 순서는 '상반성대相反成對'의 원칙에 따른 것으로, 부호와 그 색깔은 괘효사의 내용이나 길흉과 관계가 없다.

초죽서 ≪周易≫은 크게 두 부분으로 나뉘는데, 그 나눔 부호는 'ㄷ'이다. 부호 'ㄷ'

---

249) 李尙信, 〈楚竹書≪周易≫中的特殊符號與卦序問題〉, ≪周易研究≫, 2004年 3期.

앞이 'ㄷ上'이고, 부호 'ㄷ' 뒤가 'ㄷ下'이다. 하지만 상하 두 부분의 내용은 현행본과 그 내용이 약간 다르다. 초죽서 ≪주역≫ 중 부호는 첫 번째 죽간의 괘명 아래와 마지막 죽간의 마지막 문자 아래 놓인다. 부호는 '홍양紅陽'과 '흑음黑陰'의 속성을 지니고 있다. 같은 괘에서는 같은 부호를 사용하나, 단지 전후 관계를 이어받는 지속적인 관계를 나타낼 때에는 다른 부호를 사용하기도 한다. 초죽서 ≪주역≫의 음양 변화 관계는 고전적 ≪주역≫에서 언급하는 내용과 서로 일맥상통하며 상호내용을 증명할 수 있는 자료가 된다.

초죽서 ≪주역≫의 'ㄷ上' 괘는 아래와 같다.

'尨(蒙)'・'孤(需)'・'訟'・'帀(師)'・'比'・'大有'・'壓(謙)'・'夵(豫)'・'陵(隨)'・'蛊(蠱)'・'返(復)'・'亡(无)忘'・'大坣(畜)'

초죽서 ≪주역≫의 'ㄷ下' 괘는 아래와 같다.

'欽(咸・感)'・'丞(恆)'・'豚(遯)'・'楑(睽)'・'革'・'艮'・'灒(漸)'・'豐'・'遼(旅)'・'小垈(過)'・'[既淒]既濟)'・'[未悽](未濟)'

초죽서 ≪주역≫ 중 일부분이 잔실 되어 보이기 않기 때문에 본문은 단지 현재 눈으로 확인할 수 있는 부분만을 가지고 초보적인 결론을 낼 따름이다. 만약에 본문에서 주장하는 이론이 옳다면 초죽서 ≪주역≫만이 지닌 또 다른 괘서卦序가 존재할 것이다.

4.4 초죽서 ≪주역≫의 문자 응용과 시대적 특징

복모좌濮茅左는 <중국 고문자학과 ≪설문해자≫의 과학적 연구(中國古文字學和≪說

文≫的科學的研究)>라는 문장에서 고문자의 과학적 연구의 필요성에 대하여 설명하고 있다.

百年來的科學考古大浪潮, 在中國古文字領域中蕩滌出一片新天地. 對文字的研究已不再局限于≪說文≫的傳統套路. 以許注許, 就字論字, 以傳篡文, 往往會産生頗多論誤, 加之詭更專斷, 更失之文字眞實. 現在, 我們能看到十餘萬片商周甲骨文字, 萬餘件有銘青銅器, 大量的戰國·秦·漢竹書·帛書, 其他還有陶文·璽文·封泥·泉文·石刻等, 這些文物極大地豊富了文字研究領域. 歷史上許多文聖, 包括許愼, 乃至孔子未曾看到的文獻重見天日了, 我們今天所掌握的文字資料要比許愼編纂≪說文解字≫時的資料更多·更豐富·更可靠. 面對考古材料, 也已不是簡單的文字釋讀, 而在排比事類·比勘文獻·考訂字文的基礎上, 綜合出土狀況·區域地理·時代年歷·物物關系·禮俗葬制等, 全方位的立體認識, 對每字一文有一個斷代的和歷史的有據分析和結論. 王國維的≪古史新證≫創導的"二重證據法"·馬叙倫的≪說文解字研究法≫提出的七十餘種研究課題·郭沫若的≪古代文字之辨證的發展≫·于省吾的≪關于古文字研究的若干問題≫都重視了以科學方法研究古文字的課題.(濮茅左, <中國古文字學和≪說文≫的科學的研究>)

근 백여 년 이래, 고고학에 큰 파도가 밀려와 중국 고문자 영역에서 신천지가 새롭게 펼쳐지게 되었다. 중국 문자 연구에 있어서도 ≪설문≫의 전통적인 연구방법에 국한되지 않게 되었다. ≪설문≫을 통해서 ≪설문≫을 주석하거나, 문자로 통하여 다른 문자를 연구하거나 혹은 ≪傳≫을 통하여 문장을 찬술하는 전통적인 연구방법은 많은 문제를 야기시켰을 뿐만 아니라, 잘못된 주장이 거듭되면서 문자 연구의 진면목이 사라지게 되었다. 우리는 지금 약 10만 편이나 되는 많은 상주商周시기의 갑골문자 자료를 볼 수 있고, 만여 개가 넘는 청동기의 명문, 혹은 대량의 전국戰國·진秦·한漢 시기의 죽서와 백서, 기타 도문陶文·새문璽文·봉니封泥·천문泉文·석각石刻 등의 고고 문물 자료들을 직접 눈으로 확인할 수 있다. 이러한 문물은 문자 연구 영역을 더욱 더 풍부하게 했는데, 이러한 자료는 역사적인 성인인 허신이나 공자까지도 보지 못했던 자료들이 다시 세상의 빛을 보게 되었다. 우리가 지금 파악하고 있는 문자자료는 허신이 편찬한 ≪설문≫ 시기의 자료보다 더욱 많고 풍부하며 믿을 만한 자료들이다. 고고학 자료는 간단한 문자의 해독에만 국한된 것이 아니라, 사물을 대비하거나 문헌을 상호 비교 교감, 문장의 고석을 토대로 한 문물의 출토현황·출토 지역의 지리·시대의 역사·사물과 사물의 관계·예절과 풍속·장례 예절 등 전면적이고 실질적인 인식을 통하여 모든 문자나 문장의 그 시대와 역사에 대한 분석과 결론을 얻게 되었다. 왕국유의 ≪古史新證≫에서 주장한 "이중증거법二重證據法"과 마서론馬敍倫의 ≪설문해자연구법(說文解字研究法)≫에서 제기한 70여 개의 연구 항목, 또는 곽말약 ≪고대문자의 변증의 발전(古代文字之辨證的發展)≫과 우성오于省吾 ≪고문자 연구 몇 가지 문제(關于古文研究的若干問題)≫ 등은 모두 과학적 방법으로 고문자를 연구하는 방법들을 중시하였다.250)

自黃帝至于三代, 其文不改. 及秦用篆書, 焚燒先典, 而古文絶矣. 漢武帝時魯恭王壞孔子宅, 得≪尙書≫·≪春秋≫·≪論語≫·≪孝經≫, 時人已不復知有古文, 謂之科斗書. 漢世秘藏, 希有見者. 魏初傳古文者出于邯鄲淳, 恒祖敬侯寫淳≪尙書≫, 後以示淳而淳不別. 至正始中, 立三字石經, 轉失淳法, 因科斗之名, 遂效其形. 太康元年, 汲縣人盜發魏襄王冢, 得策書十餘萬言, 按敬侯所書, 猶有仿佛. 古書亦有數種, 其一卷論楚事者最爲工妙, 恒竊悅之, 故竭愚思以贊其美, 愧不足以廁前賢之作, 冀以存古人之象焉. 古無別名, 謂之≪字勢≫云. (≪晉書·衛恒列傳≫)

황제때부터 하상주 삼대에 이르는 동안 그 문자가 바뀌지 않았다. '그러다가, 진秦나라 때에 이르러 소전을 사용하였고 분서갱유로 선진시기의 경전을 불살라 고문이 끊기게 되었다. 한 나라 무제 때, 노나라 공왕이 공자의 저택을 허물다가 ≪尙書≫·≪春秋≫·≪論語≫와 ≪孝經≫을 얻었는데, 그 당시 사람들은 이 고문을 알지 못했다. 이 고문이 바로 과두문이다. 한나라 시기의 비장秘藏에 소장하고 있는 전적들은 거의 볼 수 없었다. 삼국시기 위나라 초기 사람 한단순邯鄲淳(邯鄲浮, 약 132~221)이 古文 서체를 사용하였는데, 위항衛恒 조부인 경후敬侯가 한단순邯鄲淳의 서체로 ≪尙書≫를 썼는데, 후에 순淳에게 이 글을 보여 주었으나 오히려 淳은 이를 알지 못하였다. 正始 때에 삼자석경을 건립하였는데, 이미 이때 순淳의 서체가 없어졌지만, 이 시기에 이미 과두가 유명세가 있었기 때문에 이 형체를 모방하여 기록하였다. 태강 초년에 급현 사람이 위나라 양왕의 고대 무덤을 도굴하여 책서策書 10여 만 자가 발견되었다. 경후敬侯가 썼던 서체와 유사하였다. 고문의 종류는 몇 종에 달했는데, 그 중의 한 권은 초楚나라에 관한 내용이며 상태가 가장 양호하였다. 위항衛恒은 이를 보고 매우 기뻐하여 여러 방법을 동원하여 고문의 아름다운

---

250) 濮茅左, <中國古文字學和≪說文≫的科學的研究>.

서체를 찬미하면서도, 능히 어깨를 나란히 할 수 있는 서체를 구사할 수는 없었으나, 고인들은 고문을 기꺼이 세상이 전파하고자 하였다. 그런데 고대에는 이에 대한 명칭이 없어서 이를 '자세字勢'라 하였다.(≪晉書·衛恒列傳≫)

위의 내용을 통하여 한漢나라 사람들은 고문古文이 있다는 사실을 인식하지 못했고 이를 '과두서科斗書'라 하였다. 고인들은 입을 통하여 내려온 내용들을 문자로 기록하였기 때문에, 죽서 중의 문장들은 자주 '동음이자同音異字'로 기록하게 되었다. 또한 전해 내려오면서 전승傳承 관계에 여러 갈래가 생기거나 가차를 사용하여 문자를 기록하거나 하면서 옛날 문자의 의미를 제대로 파악하기가 쉽지 않게 되었다.

초죽서 ≪주역≫의 발견은 우리가 전국戰國 시기의 고문자를 연구하는데 있어 좋은 조건을 제공해 주었을 뿐만 아니라, 초나라 문자의 시대적 특징을 연구하는데 믿을 만한 중요한 증거자료가 되고 있다. 통행본과 간문簡文의 문자를 상호 비교하면 전국 시기의 음훈音訓, 통가通假, 문자의 사용 규칙에 대하여 더욱더 확실히 알 수 있다.

초죽서 ≪周易≫에서 사용되고 있는 문자의 특징을 살펴보면 아래와 같다.

4.4.1 상용 문자와 상용 단어의 안정적 사용

상용되는 문자의 형태는 안정적이고, 문자의 의미 용법 역시 상대적으로 고정적이다.

一 '貞'

'貞'자는 본의本意로 쓰인다.[251]

---

[251] '貞'자를 高亨은 ≪周易古經今注≫와 ≪周易大傳今注≫에서, 李鏡池는 ≪周易通義≫와 ≪周易探源≫에서 모두 '묻다(問)'로 해석하였다. 본문은 ≪周易探源≫ 중 <周易筮辭考>(26~34쪽)의 내용 등을 참고하여 '정흉貞凶'·'정려貞厲'·'정길貞吉' 등 중의 '貞'자는 모두 '점 쳐 묻다'라는 의미로 해석하기로 한다. 中華書局, 1978年

제 2 간: "又(有)孚, 光, 卿(亨). 貞吉. 利涉大川."(≪孺(需)≫)252)

≪需≫: 믿음이 있어 빛난다. 제사를 지낸다. 점은 길하다. 큰 내를 건너면 이롭다.

제 7 간: "帀(師): 貞丈人吉, 亡(无)咎."(≪帀(師)≫)

≪師≫: 대인의 점은 길하고, 허물이 없느니라.

제 16 간: "陵(隨): 元卿(亨). 利貞. 亡(无)咎."(≪陵(隨)≫)

≪隨≫: 큰 제사를 지낸다. 이롭다는 점이다. 허물이 없다.

제 16 간: "初九: 官又(有)愈(渝), 貞吉. 出門交又(有)工(功)."(≪陵(隨)≫)

初九(첫 번째 陽爻): 관이 변함이 있으며, 점은 길하다. 밖에 나가 교류하면 공이 있을 것이다.

제 21 간: "九四: 可貞, 亡(无)咎."(≪亡(无)忘≫)

九四(네 번째 陽爻): 행해도 좋다는 점이니, 허물이 없다.

제 24 간: "頤: 貞吉. 觀頤, 自求口實."(≪頤≫)

≪頤≫: 점은 길하다. 양성養成하는 것을 관찰하니, 스스로 먹을 것을 구한다.

제 26 간: "欽(咸·感). 卿(亨). 利貞, 取(娶)女吉."(≪欽(咸·感)≫)

≪咸≫: 제사를 지낸다. 이롭다는 점이다. 여자를 맞아들이면 길하다.

제 28 간: "死(恆): 卿(亨). 利貞, 亡(无)咎.(≪死(恆)≫)

≪恆≫: 제사를 지낸다. 이롭다는 점이며, 허물이 없다.

제 30 간: "豚(遯): 卿(亨). 少(小)利貞."(≪豚(遯)≫)

≪豚≫: 제사를 지낸다. 조금 이롭다는 점이다.

제 48 간: "初六: 囝丌(其)止(趾), 亡(无)咎. 利義(永)貞."(≪艮≫)

初六(첫 번째 陰爻): 그 발꿈치를 돌보니, 허물이 없다. 오랫동안의 점은 이롭다.

제 58 간: "九四: 貞吉悔亡, 震用伐."(≪未悸(濟)≫)

九四(네 번째 陽爻): 점은 길하다. 후회는 없으리라. 위엄으로 귀방鬼方을 점령하다.

---

252) 高亨은 '孚'자를 '사로잡다'의 의미로 '俘'로 해석하고, '亨'은 '제사를 지내다'의 '享'자로 해석하여 전체적으로 "적을 사로잡았으니, 영광이다. 제사를 거행한다. 점은 길하다. 큰 내를 건너면 이롭다"로 해석하고 있다.(≪고형의 周易≫, 120쪽) '孚'자를 본문은 문맥에 따라, '믿다'·'포로'·'사로잡히다'로 해석하기로 한다.

一 '鄕'

'鄕'자는 '亨'의 의미로 쓰인다.

제 2 간: "又(有)孚, 光卿(亨). 貞吉. 利涉大川."(≪孤(需)≫)

≪需≫: 믿음이 있으니 빛난다. 제사를 지낸다. 점은 길하다. 큰 내를 건너면 이롭다.

제 16 간: "陵(隨): 元卿(亨). 利貞. 亡(无)咎."(≪陵(隨)≫)

≪隨≫: 큰 제사를 지낸다, 이롭다는 점이다. 허물이 없다.

제 30 간: "豚(遯): 卿(亨). 少(小)利貞."

≪豚≫: 제사를 지낸다. 조금 이롭다는 점이다.

제 28 간: "死(恆): 卿(亨). 利貞, 亡(无)咎.(≪死(恆)≫)

恆卦: 제사를 지낸다. 이롭다는 점이며 허물이 없다.

제 26 간: "欽(咸·感). 卿(亨). 利貞. 取(娶)女吉."(≪欽(咸·感)≫)

咸卦: 제사를 지낸다. 이롭다는 점이다. 여자를 맞아들이면 길하다.

제 18 간: "盅(蠱): 元卿(亨). 利涉大川. 選(先)甲晶(三)日, 遂(後)甲晶(三)日."(≪盅(蠱)≫)

≪盅(蠱)≫: 큰 제사를 지낸다. 큰 내를 건너는 것이 이롭다. 갑일의 삼일 전 신일申日과 갑일의 삼일 후 정일丁日에 행한다.

一 '涉'

'涉'자는 본래의 의미로 쓰인다.

제 2 간: "又(有)孚, 光. 卿(亨). 貞吉. 利涉大川."(≪孤(需)≫)

≪需≫: 믿음이 있으니 빛난다. 제사를 지낸다. 점은 길하다. 큰 내를 건너면 이롭다.

제 4 간: "訟: 又(有)孚, 愯(窒)意(惕). 中吉, 冬(終)凶. 利用見大人, 不利涉大川."(≪訟≫)

≪訟≫: 믿음이 있으나 막혀 곤란함이 있다. 중도는 길하지만 결국에는 흉하다. 대인을 만나면 이롭고 큰 내를 건너면 이롭지 않다.

제 12 간: "初六: 嗟(謙)君子, 甬(用)涉大川, 吉."(≪嗟(謙)≫)

初六(첫 번째 陰爻): 겸손한 군자가 큰 내를 건너면 길하다.

제 18 간: "蠱(蠱): 元卿(亨). 利涉大川. 選(先)甲晶(三)日, 逡(後)甲晶(三)日."(≪蠱(蠱)≫)

≪蠱(蠱)≫: 큰 제사를 지낸다. 큰 내를 건너는 것이 이롭다. 갑일의 삼일 전 신일申日과 갑일의 삼일 후 정일丁日에 행한다.

제 25 간: "六五: 罷(弗)經, 尻(居)貞, 吉, 不可涉大川."(≪頤≫)

六五(다섯 번째 陰爻): 경영하지 않으나, 머물 곳에 대한 점은 길하다. 큰 내를 건널 수 없다.

제 54 간: "觯(渙): 卿(亨). 王叚(假)于宙(廟), 利見大人, 利涉大川."(≪觯(渙)≫)

≪渙≫: 제사를 지낸다. 왕이 사당에 온다. 대인을 만나봄이 이롭고, 큰 강을 건너면 이롭다.

제 58 간: "九二: 康(曳)丌(其)輪, 貞吉. 利涉大川."(≪未悽(濟)≫)

九二(두 번째 陽爻): 그 바퀴를 끄니 점은 길하다. 큰 내를 건너면 이롭다.

제 58 간: "六晶(三): 未凄(濟), 征凶, 利涉大川."(≪未悽(濟)≫)

六三(세 번째 陰爻): 건너지 못하니 정복하러 가면 흉하고, 큰 내를 건너면 길하다.

ㅡ '冬'

'冬'자는 '終'자와 같은 자이다.

제 2 간: "九□: 孺(需)于堀(沙), 少(小)又(有)言, 冬(終)吉."(≪孺(需)≫)

九二(두 번째 陽爻): 모래밭에 머무르니 말은 조금 있으나, 마침내는 길하다.

제 9 간: "初六: 又(有)孚比之, 亡(无)咎. 又(有)孚浧缶, 冬(終)逨(來)又(有)它吉."(≪比≫)

初六(첫 번째 陰爻): 믿음을 가지고 친해야 허물이 없다. 믿음이 바다같이 넓은 질 그릇에 가득 찬 것 같이 하면 결국은 다른 곳에서 길함이 찾아온다.

제 57 간: "六四: 需又(有)衣䌹(袽), 冬(終)日戒."(≪既濟≫)

六四(네 번째 陰爻): 명주 저고리가 해지니 종일토록 경계하여야 한다.

一 '㠯(以)'

'㠯'자는 '以'와 같은 자이다.

제 7간: "初六: 帀(師)出㠯(以)聿(律). 不臧(臧)凶."(≪帀(師)≫)

初六(첫 번째 陰爻): 군사는 군율에 따라 출전해야 한다. 그렇지 않으면 선한 군대라도 흉하니라.

제 41 간: "九五: 㠯(以)芑囊苽(瓜), 欽(含)章, 又(有)惪(隕)自天."(≪敂(姤)≫)

九五(다섯 번째 陽爻): 구기자로 차조를 싸니 그 모습 보기 좋고, 이는 또한 하늘로부터 내려온 것이다.

제 45 간: 九晶(三): 汬柗(救)不飤(食), 爲我心惪, 可㠯(以)汲, 王明, 並受丌(其)福.(≪汬(井)≫) (≪敂(姤)≫)

九三(세번째 陽爻): 우물을 구하여도 마실 수 없으니, 나의 마음을 안타깝게 한다. 물을 길을 수 있으니 왕이 명석하면 또한 그 복을 받으리라.

一 '忘'

'忘(경시할 망, wàng)'자는 본래의 의미와 '望'의 가차자로 쓰인다.253)

제 20 간: "初九: 亡(无)忘, [往]吉."(≪亡(无)忘≫)

初九(첫 번째 陽爻): 희망이 없으나, 가면 길하다.

제 21 간: "九五: 亡(无)忘又(有)疾, 勿藥又(有)菜."(≪亡(无)忘≫)254)

九五(다섯 번째 陽爻): 희망이 없는 병이나 약을 쓸 필요 없고 채소로 치료해야 한다.

제 39 간: "上六: 忘虐(號), 中又(有)凶."(≪夬≫)

上六(제일 위 陰爻): 울부짖음이 없으나 결국은 흉하다.

---

253) 정리본 ≪楚竹書周易硏究·上≫는 '忘'자를 본래의 의미로 해석하고 하고 있으나(50쪽 참조), 본문은 제 20간과 21간 중의 '忘'의 '望'자를 가차자로 해석하기로 한다. 본문 참고

254) '勿藥又菜' 구절을 '勿藥有悆'로 읽기도 한다. <4.1 부록 ⅰ: ≪上海博物館藏戰國楚竹書·周易≫ 석문 및 우리말 해석 종합정리> 참고

一 '死'

'死'자는 '恒(항상 항, héng)'자와 같은 자이다.

   제 15 간: "六五: 貞疾, 死(恒)不死."(≪余(豫)≫)
   六五(다섯 번째 陰爻): 질병을 점치니 오래도록 죽지 않는다.
   제 28 간: "死(恆): 卿(亨). 利貞. 亡(无)咎."(≪死(恆)≫)
   항恆: 큰 제사를 지낸다. 이롭다는 점이며 허물이 없다.
   제 29 간: "上六: 敽(浚)死(恆), 貞凶."(≪死(恆)≫)
   上六(제일 위 陰爻): 심히 깊이 오랫동안 구하니, 점은 흉하다.

一 '受'

'受'자는 본래의 의미대로 쓰인다.

   제 45 간: 九晶(三): 汞杍(救)不飮(食), 爲我心寒, 可曰(以)汲, 王明, 並受丌(其)福.(≪汞(井)≫) (≪敂(姤)≫)
   九三(세번째 陽爻): 우물을 구하여도 마실 수 없으니, 나의 마음을 안타깝게 한다. 물을 길을 수 있으니 왕이 명석하면 그 복을 받으리라.
   제 57 간: 九五: 東箞(鄰)殺牛, 不女(如)西箞(鄰)之酌祭, 是受福. 吉.(≪旣濟≫)
   九五(다섯 째 陽爻): 동쪽 이웃의 소를 잡음이 서쪽 이웃의 약제禴祭(간단하게 여름에 지내는 제사)로써 그 복을 받을 것만 못하다.

一 '東'

'東'자는 '방향'의 의미로 쓰인다.

   제 35 간: "訐: 利西南, 不利東北. 利見大人."
   ≪蹇≫: 서남쪽으로 가면 이롭고 동북쪽으로 가면 이롭지 않다. 대인을 만나면 이롭다.

제 57 간: 九五: 東鄰(鄰)殺牛, 不女(如)西鄰(鄰)之酌祭, 是受福, 吉.(≪旣濟≫)

九五(다섯 째 陽爻): 동쪽 이웃의 소를 잡음이 서쪽 이웃의 약제禴祭(간단하게 여름에 지내는 제사)로써 그 복을 받은 것만 못하다.

이외에도 아래와 같은 문자들이 안정적으로 쓰인다.

九, 人, 十, 又, 丈, 上, 兀, 于, 亡, 大, 女, 子, 川, 工, 已, 才, 不, 中, 之, 五, 元, 內, 六, 凶, 勿, 天, 夫, 少, 市, 心, 斗, 方, 日, 曰, 止, 比, 牛, 王, 丘, 以, 尻, 出, 北, 右, 四, 外, 孕, 它, 左, 弗, 母, 用, 皮, 石, 交, 伐, 光, 吉, 同, 安, 年, 成, 攻, 乎, 而, 臣, 自, 至, 艮, 血, 行, 衣, 西, 邦, 克, 初, 利, 各, 困, 孚, 弟, 志, 戒, 折, 改, 求, 甬, 見, 言, 豕, 車, 邑, 事, 取, 咎, 妾, 宝, 宗, 建, 征, 或, 所, 拇, 明, 萊, 肥, 虎, 金, 長, 門, 雨, 盲, 係, 南, 受, 庭, 思, 爲, 敗, 胃, 酒, 選, 欽, 革, 飛, 首, 家, 殺, 班, 畜, 疾, 莫, 飮, 馬, 動, 唬, 啓, 婦, 從, 祭, 羡, 榮, 蠱, 訟, 禽, 鳥, 黃, 寒, 惪, 朝, 焚, 遇, 道, 經, 群, 實, 碩, 獨, 鳴, 賜, 輸, 頤, 舊, 龜, 藥, 豊, 羅, 譽, 靚, 巨.

문자 중 시대적 특징을 지닌 자형이나 자의字義가 있는데, 이들 자 또한 그 용법이 상대적으로 안정적이다. 예를 들어, '툊'자는 '得'의 의미로 쓰인다.

제 14 간: "九四: 猷余(豫), 大又(有)툊(得). 母(毋)須(疑)聖(朋)叝(盍)簪(簪)."(≪余(豫)≫)

九四(네 번째 陽爻): 주저주저하면 크게 얻음이 있다. 벗이 말을 하여 비방하는지 의심하지 말라.

제 20-21 간: "六三: 无医之災, 或繫之牛, 行人之툊(得), 邑人之灾(災)."(≪亡(无)忘≫)

六三(세 번째 陰爻): 희망이 없는 재앙이 있다. 혹은 묶어 둔 소를 행인이 얻으니, 읍인은 재앙이다.

제 53 간: "六二: 遯(旅)旣宓, 裹(懷)丌(其)次(資), 툊(得)僮(童)僕(僕)之貞."(≪旅≫)

六二(두 번째 陰爻): 나그네가 그 머물 숙소에 머물고 노자를 가지게 되며 어린 종의 점괘를 얻는다.

위의 '旻(得)' 이외에 이와 같은 특징을 지닌 자는 아래와 같은 자가 있다.

卣(攸), 厌(侯), 壓(謙), 歖(歲), 炙(災), 遠(歸), 宙(廟), 遂(後), 遬(旅), 返(復), 盒(禽), 𡉈(過), 殍(尸), 𢕩(獲), 𢚢(悔), 旻(得), 碼(厲), 禣(省), 𢦏(侵), 睧(聞), 𦥔(興), 僕(僕)

상용되는 단어의 사용 의미 역시 상당히 고정적이다. 예를 들면, 아래와 같다.

初六, 初九, 六二, 九二, 六晶, 九晶, 六四, 九四, 六五, 九五, 上六, 上九, 丈人, 丈夫, 亡不利, 亡咎, 大牲, 子凶, 小人, 已明, 不可貞, 不可涉大川, 不死, 不畜, 不飢, 元夫, 元羕貞, 勿用, 日中, 冬吉, 出門, 可以, 可用, 西南, 利巳, 用言, 臣妾, 自天, 西山, 利用, 利用見大人, 利見大人, 利貞, 利涉大川, 君子, 弟子, 改日, 甬(用)涉大川, 邑人, 邑邦, 取女, 征凶, 貞吉, 東北, 受福, 貞凶, 貞吉, 飛鳥, 殺牛, 婦人, 婦孕, 祭祀, 舊𣏂, 酓(飮)飤(食), 黃牛.

또한 '又工'은 '유공有功'으로 읽고, '又𢚢'는 '유회有悔'로 읽고, '又旻'은 '유득有得'으로 읽고, '亡不利'는 '무불리无不利'로 읽고, '大虎'는 '대호大號'로 읽고, '不冬'은 '부종不終'으로 읽고, '元卿'은 '원형元亨'으로 읽는다. '元卿利貞'은 '원형리정元亨利貞'으로 읽고, '少子'는 '소자小子'로 읽고, '小卿'은 '소형小亨'으로 읽고, '冬凶'은 '종흉終凶'으로 읽는다. '𢚢亡'은 '회망悔亡'으로 읽고, '西𨜓'은 '서린西鄰'으로 읽고, '利尻貞'은 '이거정利居貞'으로 읽고, '利又卣迮'은 '이유유왕利有攸往'으로 읽는다. '晉人'은 '악인惡人'으로 읽고, '東𨜓'은 '동린東鄰'으로 읽고, '非今之古'는 '비금지고非今之故'로 읽는다. '𢦏伐'은 '침벌侵伐'로 읽고, '羕貞'은 '영정永貞'으로 읽고, '僮僕'은 '동복童僕'으로 읽고, '自天右之'는 '자천우지自天祐之'로 읽는다.

4.4.2 '통가자通假字'의 사용

통차자通借字는 혹은 통가자通假字라고도 하며, 서로 음이 같거나 비슷하면 문자를 서로 바꿔 쓰는 것을 말한다. 음운 관계는 '동음同音'이거나 '쌍성雙聲' 혹은 '첩운疊

韻'관계이다. 일반적으로 형성자形聲字가 음을 관계로 상호 빌려 쓰는 것을 말한다.

'형성자形聲字'를 반고班固의 ≪한서漢書·예문지藝文志≫는 '상성象聲'으로 하는데, 정현鄭玄은 ≪주례周禮≫를 주석하면서 정사농鄭司農(鄭衆)의 말을 인용하여 '해성諧聲'이라 하였다. 허신許愼은 ≪설문說文·서敍≫에서 '형성形聲'이라 불렸다.

형성자는 한자 중 주요 부류 중의 하나이다. 형성자 간에는 서로 자주 통가자로 쓰이는데, 선진시기 문헌을 해석하는데 있어 매우 중요하면서도 복잡한 문제이다.

초楚나라 문자 중에서 가장 자주 볼 수 있는 문자적 형상은 소리부(성부聲符)를 중심으로 서로 통가자로 쓰인다. 초나라 문자 중 소리부가 서로 같으면 서로 통가자로 쓰인다. 예를 들면, 아래와 같다.

(1) 소리부(성부聲符) 통가자

-'古'

'古'자는 '故'자의 통가자로 쓰인다.

제 35 간: "六二: 王臣訐=(訐訐), 非今之古(故)."(≪訐(蹇)≫)
六二(두 번째 陰爻): 왕의 신하가 바른 말하는 것은 지금의 일만이 아니다.

-'才'

'才'자는 '在'의 통가자로 쓰인다.[255]

제 7 간: "九二; 才(在)帀(師)中(中)吉, 亡(无)咎, 王晶(三)賜命."(≪帀(師)≫)
九二(두 번째 陽爻): 군사가 중도를 지키면 길하고 허물이 없으며, 왕이 세 번이나

---

255) ≪說文≫에서는 "𡉚(在), 存也. 從土, 才聲."('在'는 '존재하다'라는 뜻이다. 의미부 '土'와 소리부가 '才'로 이루어진 자이다.)라 하였다.

거듭 상을 하사하는 명령을 내리리라.

제 17 간: "九四: 陸(隨)又(有)夒(獲), 貞工(功). 又(有)孚才(在)道已明, 可(何)咎."(≪陵(隨)≫)

九四(네 번째 陽爻): 때에 따라 얻을 수 있으니 공을 세우는 점이다. 도에 믿음을 가지고 밝게 밝히면 무슨 허물이 있겠는가?

제 56 간: "取皮(彼)才(在)坑(穴)."(≪小𤈇(過)≫)

≪小𤈇(過)≫: 공공이 구멍 속에 들어 있는 것을 쏘아 잡았다.

一 '䀠'

'䀠'자는 '孤'자의 통가자로 쓰인다.

제 33간: "九四, 楑(睽)䀠(孤), 遇元夫, 交孚, 礪(厲)亡(无)咎."(≪楑(睽)≫)

九四(네 번째 陽爻): 서로 노려보고 어긋나 혼자가 된다. 좋은 남자를 만나 서로 믿음으로 사귀면 위태롭지만 허물이 없다.

제 33간: 上九: 楑(睽)䀠(孤), 見豕偵(負)塗(塗), 載鬼一車, 先張之弧. 匪宼(寇), 昏(婚) 佝(媾), 迬(往), 遇雨則吉.(≪楑(睽)≫)

上九(제일 위 陽爻): 서로 노려보고 어긋나니 외롭다. 돼지가 길 가운데 엎드려 있는 것과 귀신이 수레에 탄 모습을 보고 처음에는 활을 당겼으나 나중에는 화살을 놓는다. 도둑이 아니고 혼인을 청하려 가는 자들이다. 가다가 비를 만나면 좋으리라.

一 '𤯅'

'𤯅'자는 '眚(허물 생, shěng)'의 가차자로 쓰인다.

제 5 간: "九二: 不克訟, 逋(歸)膚(逋), 兀(其)邑人晶(三)四戶, 亡(无)𤯅(眚)."(≪訟≫)

九二(두 번째 陽爻): 소송에 이기지 못하고 돌아서 도망가니 고을 사람 삼사 가구가 재앙이 없다.

제 20 간: "亡(无)忘: 元卿(亨). 利貞. 亓(其)非遉(復)又(有)眚(害), 不利又(有)卣(攸)遲(往)."(≪亡(无)忘≫)

≪无妄≫: 큰 제사를 지낸다. 이롭다는 점이다. 바르게 고치지 않으면 재앙이 생기고, 앞으로 나아가면 이롭지 않다.

제 21 간: "上九: 亡(无)忘, 行又(有)眚(害), 亡(无)卣(攸)利."(≪亡(无)忘≫)

上九(제일 위 陽爻): 희망이 없으니 가면 재앙이 생기며, 나아가면 불리하다.

一 '繲'

'繲'자는 '解(풀 해, jiě)'자의 가차자로 쓰인다.

제 37 간: "繲(解). 利西南, 亡(无)所遲(往), 亓(其)坒(來)遉(復), 吉. 又(有)卣(攸)遲(往), 伓(宿)吉."(≪繲(解)≫)

≪解≫: 서남쪽이 유리하나, 갈 곳이 없다. 돌아와 회복함이 길하다. 갈 바가 있으면, 일찍 하면 길하다.

一 '飤'

'飤(먹일 사, sì)'자는 '食'자의 통자자로 쓰인다.

제 5 간: "六晶(三): 飤(食)舊惠(德), 貞礪(厲), 冬(終)吉. 或從王事, 亡(无)成."(≪訟≫)

六三(세 번째 陰爻): 옛날부터 갖추고 있던 덕행으로 살아간다. 위태롭다는 점이나 끝내 길하다. 혹은 왕의 일을 맡아 행하나 성과가 없다.

제 22 간: "大坒(畜): 利貞. 不豪(家)而飤(食), 吉. 利涉大川."(≪大坒(畜)≫)

≪大畜≫: 이롭다는 점이다. 집안사람들과 함께 먹지 않으면 길하다. 큰 내를 건너면 길하다.

제 44 간: "初六: 萊䈞不飤(食), 舊萊亡(无)佥(禽)."(≪萊≫)

初六(첫 번째 陰爻): 우물이 패쇄되어 물을 먹지 못하게 되고, 옛날 우물엔 짐승이 없다.

제 45 간: "九晶(三): 汬朻(救)不飤(食), 爲我心悳, 可㠯(以)汲, 王明, 並受丌(其)福."(≪汬≫)

九三(세번째 陽爻): 우물을 구하여도 마실 수 없으니, 나의 마음을 안타깝게 한다. 물을 길을 수 있으니 왕이 명석하면 또한 그 복을 받으리라.

제 45 간: "九五: 汬㴇(冽), 寒㵦(泉)飤(食)."(≪汬≫)

九五(다섯 번째 陽爻): 우물은 차가우니 차가운 샘물을 마신다.

제 50 간: "六二: 鳿(鴻)漸于坚(阪), 酓(飲)飤(食)𧮟=(衎衎), 吉."(≪漸(漸)≫)

六二(두 번째 陰爻): 기러기가 제방에 나아가니 마시고 먹는 것이 즐겁고 길하다.

ㅡ'苽'

'苽(줄 고, gū)'자는 '瓜'의 가차자로 쓰인다.256)

제 41 간: "九五: 㠯(以)芑蘽苽(瓜), 欦(含)章, 又(有)㥞(隕)自天."(≪敂(姤)≫)

九五(다섯 번째 陽爻): 구기자로 오이를 싸니 그 모습 보기 좋고 이는 하늘로부터 내려온 것이다.

ㅡ'辜'

'辜'자는 '敦(도타울 돈, dūn,duì)'의 가차자로 쓰인다.257)

제 19 간: "六五: 辜(敦)逯(復), 亡(无)悬(悔)."(逯(復)≫)

六五(다섯 번째 陰爻):] 돈독하게 돌아오니 후회가 없다.

제 49 간: "上九: 辜(敦)艮, 吉."(≪艮≫)

上九(제일 위 陽爻): 돈독하게 돌보니 길하다.

---

256) '苽'자를 혹은 '瓜'의 의미로 해석하지 않고 '苽(차조 고, gū)'자 본래의 의미로 해석하기도 한다.
257) ≪說文≫은 "𣀔(敦), 怒也. 詆也. 一曰誰何也. 從攴, 辜聲."('敦'은 '분노하다'·'꾸짖다'의 의미이다. 혹은 '누구를 책망하다'라는 의미라 한다. 의미부 '攴'와 소리부 '辜'으로 이루어진 자이다.)라 하였다.

- '
夶'

'夶'자는 '比'의 가차자로 쓰인다.

제 10 간: "六四: 外夶(比)之, 亡(无)不利."(≪比≫)
六四(네 번째 陰爻): 밖으로 친하니 이롭지 않은 것이 없다.

- '宔'

'宔'자는 '主'의 가차자로 쓰인다.

제 32 간: "九二: 遇宔(主)于衖(巷), 亡(无)咎."(≪楑(睽)≫)
九二(두 번째 陽爻): 주인을 골목에서 만나니, 허물이 없다.

제 51 간: "九四: 豐亓(其)坿, 日中見斗, 遇亓(其)尸(夷)宔(主), 吉."(≪豐≫)
九四(네 번째 陽爻): 장막이 넓어 어두우니 한 낮에 북두칠성을 보는 것 같다. 이 국夷國의 군주를 만나니 길하다.

이외에도, 초죽서 ≪주역≫ 중에서 소리부가 같아 통가자로 쓰이는 경우는 아래와 같다.(괄호 안에 쓰이는 자가 현재 사용되는 자이다.)

尒(資), 鳻(鴻), 慜(謦), 加(何), 麈(謙), 又(有), 堲(朋), 女(如), 宋(次)[258], 已(起), 遺(顚), 臓(藏), 埂(耕), 抜(肱), 豚(遯), 檊(幹), 气(汔), 嘑(萃), 可(何), 右(祐), 皮(彼), 乔(介), 礦(廣), 死(恒), 繻(帶), 夾(頰), 忘(妄), 帀(沛), 賵(富), 輄(乘), 㩜(惡), 敫(就), 卹(恤), 取(娶), 䖯(侵), 客(假), 洨(交), 楑(睽), 胃(謂), 剩(勝), 浴(谷), 埶(執), 堇(艱), 敓(悅), 桼(來), 愈(渝), 㠯(輿), 僮(憧), 綾(萋), 蜀(獨), 需(濡), 繲(解)

---

[258] 濮茅左 ≪楚竹書周易研究≫는 '宋'자는 '䔀'자의 통가자로 쓰인다했는데,(53쪽) 제 53 간의 "'六二: 遴旣宋, 裏亓次, 㝵僮僅之貞'(六二(두 번째 陰爻): 나그네가 머물 숙소에 들고 노자를 가지며, 어린 종의 바름을 갖춘다.) 중의 '宋'자를 백서본과 현행본은 모두 '次'자로 쓴다.

▮ 음이 동일하거나 비슷하여 통가자로 쓰이는 경우

一 '同'과 '痛'

'同'자는 '痛(아플 통, tòng)'자의 가차자로 쓰인다.

  제 49 간: "九晶(三): 艮丌(其)膆, 剮(列)丌(其)䘐, 礪(厲)同(痛)心."(≪艮≫)
  九三(세 번째 陽爻): 그 눈을 돌보나 연줄이 끊기게 될까 위태롭고 마음이 아프다.

一 '伓'와 '背'

'伓'자는 '背(등 배, bèi,bēi)'자의 가차자로 쓰인다.

  제 48 간: "≪艮≫: 丌(其)伓(背). 不嬳(獲)丌(其)身, 行丌(其)廷, 不윈丌亽, 囗䛒."(≪艮≫)
  ≪艮≫: 등을 돌보고, 그 몸을 주의하지 않는다. 그 뜰에 나가도 그 사람을 보지 못하나 허물이 없다.

一 '佝'와 '媾'

'佝(꼽추 구, gōu)'와 '媾(화친할 구, gòu)'자의 가차자로 쓰인다.

  제 34 간: "上九: 楑(睽)伈(孤), 見豕偵(負)坖(塗), 載鬼一車, 先張之弧. 匪 [33] 寇(寇), 昏(婚)佝(媾), 逞(往), 遇雨則吉."(≪楑(睽)≫)
  上九(제일 위 陽爻): 서로 노려보고 어긋나니 외롭다. 돼지가 길 가운데 엎드려 있는 것과 귀신이 수레에 탄 모습을 보고 처음에는 활을 당겼으나, 나중에는 화살을 놓는다. 도둑이 아니고 혼인을 청하려 가는 자들이다. 가다가 비를 만나면 좋으리라.

一 '朻'와 '救'

'朻'자는 '救(건질 구, jiù)'자의 가차자로 쓰인다.

제 45 간: "九晶(三): 汬杺(救)不飤(食), 爲我心寒, 可㠯(以)汲, 王明, 並受丌(其)福."(≪汬(井)≫)

九三(세번째 陽爻): 우물을 구하여도 마실 수 없으니, 나의 마음을 안타깝게 한다. 물을 길을 수 있고, 왕이 명석하면 또한 그 복을 받으리라.

제 45 간: "上六: 汬杺(救)勿寬(幕), 又(有)孚元吉.(≪汬(井)≫)

上六(제일 위 陰爻): 우물을 수리하고 덮지 않으니, 믿음이 있고 크게 길하다.

─ '尨'과 '蒙'

'尨'자는 '蒙(입을 몽, méng, mēng)'자의 가차자로 쓰인다.

제 1 간: "六五: 僮(童)尨(蒙)吉."((≪尨(蒙)≫)

六五(다섯 번째 陰爻): 어린 아이의 몽매함이 길하다.

─ '䜩'와 '夜'

'䜩'자는 '夜(밤 야, yè)'자의 가차자로 쓰인다.

제 38 간: "啻(惕)虖(號), 莫(暮)䜩(夜)又(有)戎, 勿卹(恤)."(≪夬≫)

≪夬≫: 두려워하며 외치다. 한밤에 적이 쳐들어와도 근심하지 마라.

─ '淒'자와 '濟'자

'淒'자는 '濟(건널 제, jì, jǐ)'자의 가차자로 쓰인다.

제 58 간: "六晶(三): 未淒(濟), 征凶, 利涉大川."(≪未濟≫)

六三(세 번째 陰爻): 건너지 못하니 정복하려 가면 흉하고, 큰 내를 건너면 길하다.

- '易'과 '逖'

'易'은 '逖(멀 적, tì)'자의 가차자로 쓰인다.

> 제 55 간: "上九: 鬟(渙)亓(其)血攷, 易(逖)出."(≪鬟(渙)≫)
> 上九(제일 위 陽爻): 그 피를 흩어지게 하고 멀리 나아간다.

- '啻'와 '惕'

'啻'자는 '惕(두려워할 척, tì)'자의 가차자로 쓰인다.

> 제 38 간: "啻(惕)唐(號), 莫(暮)譽(夜)又(有)戎, 勿卹(恤)."(≪夬≫)
> ≪夬≫: 두려워하며 외치다. 한밤에 적이 쳐들어와도 근심하지 마라.

- '悥'과 '惕'

'悥'자는 '惕(두려워할 척, tì)'자의 가차자로 쓰인다.

> 제 4 간: "訟: 又(有)孚, 愻(窒)悥(惕). 中吉, 冬(終)凶. 利用見大人, 不利涉大川."(≪訟≫)
> ≪訟≫: 믿음이 있으나 막혀 곤란함이 있다. 중도는 길하지만 결국에는 흉하다. 대인을 만나면 이롭고 큰 내를 건너면 이롭지 않다.

- '台'자와 '夷'

'台'자와 '夷(온화할 이, yí)'자의 가차자로 쓰인다.

> 제 55 간: "六四: 鬟(渙)亓(其)羣, 元吉. 鬟(渙)亓(其)丘, 非台(夷)所思."(≪鬟(渙)≫)
> 六四(네 번째 陰爻): 그 군중을 흩어지게 하면 크게 길하다. 언덕으로 흩어지니 이른바 평범한 생각으로 미칠 바가 아니다.

一 '礪'·'礪'자와 '厲'

'礪'·'礪'자는 '厲(갈 려, lì)'자의 가차자로 쓰인다.

> 제 22 간: "初九: 又(有)礪(厲)利巳(祀)."(≪大畜(畜)≫)
> 初九(첫 번째 陽爻): 위태로움이 있으나, 제사를 지내면 이롭다.
> 제 25 간: "上九: 繇(由)頤礪(厲)吉. 利涉大川."(≪頤≫)
> 上九(제일 위 陽爻): 양성을 하면 위태로우나 결국은 길하다. 큰 내를 건너면 길하다.
> 제 57 간: "上六: 需丌(其)首, 礪(厲)."(≪旣淒(濟)≫)
> 上六(제일 위 陰爻): 그 머리를 적시니, 위태롭다.

一 '尒'자와 '爾'

'尒'자는 '爾(너 이, ěr)'자의 가차자로 쓰인다.

> 제 24 간: "初九: 緣(舍)尒(爾)需(靈)龜, 觀我敱(揣)頤, 凶."(≪頤≫)
> 初九(첫 번째 陽爻): 너에게 신령스러운 거북이를 주었는데, 내가 양성하는 것을 탐내니 흉하다.

一 '卣'자와 '攸'

'卣'자는 '攸(바 유, yōu)'자의 가차자로 쓰인다.

> 제 1 간: "六晶(三): 勿用取(娶)女. 見金夫, 不又(有)躬(躬), 亡(无)卣(攸)利."(≪尨(蒙)≫)
> 六三(세 번째 陰爻): 장가들지 말라. 건장한 남자를 보고 몸을 잃으니 이로울 바가 없다.
> 제 40 간: "初六: 繫于金柅, 貞吉. 又(有)卣(攸)迬(往), 見凶. 羸(羸)豕孚是(蹢)蜀(躅)." (≪敂(姤)≫)
> 初六(첫 번째 陰爻): 쇠붙이네 얽매이니 점은 길하다. 이른바 가게 되면 흉함을 보게 된다. 암퇘지는 심히 안절부절 하며 배회한다.

― '余'와 '豫'

'余'자는 '豫(미리 예, yù)'자의 가차자로 쓰인다.

> 제 14간: "余(豫): 利建厌(侯)行帀(師)."(≪余(豫)≫)
> ≪豫≫: 제후를 세우며 군사를 출동함이 이롭다.
> 제 14 간: "初六: 鳴余(豫), 凶."(≪余(豫)≫)
> 初六(첫 번째 陰爻): 명성은 있으나 자만하니 흉하다.
> 제 14 간: "九四: 猷余(豫), 大又(有) 旻(得). 母(毋)頌(疑), 坓(朋)㚻(盍)齎(簪)."(≪余(豫)≫)
> 九四(네 번째 陽爻): 주저주저하면 크게 얻음이 있다. 벗이 말을 하여 비방하는지 의심하지 말라.
> 제 15 간: "上六: 槇(冥)余(豫), 成(誠)又(有)愈(渝), 亡(無)咎."(≪余(豫)≫)
> 上六(제일 위 陰爻): 혼미하고 자만했던 것을 진심으로 반성하고 변하니 허물이 없다.

4.4.3 각기 다른 고문자가 하나의 같은 통가자로 쓰이는 경우

― '虐'·'疋'자와 '且'

'虐'자와 '疋(발 소, shū, yǎ, pǐ)'자는 '且(또 차, qiě, jū)'자의 가차자로 쓰인다.

> 제 38 간: "九四: 䇳(臀)亡(无)膚(膚), 丌(其)行綾(姜)疋(且). 忐(喪)羊悉(悔)亡(无), 睧(聞)言不冬(終)."(≪夬≫)
> 九四(네 번째 陽爻): 볼기에 살이 없어, 가기를 머뭇거린다. 양을 끌고 가나 후회가 없다. 말을 들어도 총명함이 없다.
> 제 41 간: "九晶(三): 䇳(臀)亡膚(膚), 丌(其)行綾(姜)疋(且)259). 礪(厲)亡(无)大咎."(≪敂(姤)≫)
> 九三(세 번째 陽爻): 볼기에 살이 없으니 행함이 주저주저하다. 위태로움이 있으

---
259) '綾疋'·'郪胥'·'次且'는 모두 연면사로 '자저趑趄'와 같은 의미이다.

나 큰 허물은 없다.

제 37 간: "六晶(三): 偵(負)虔(且)棘(乘), 至(致)寇(寇)至."(≪繲(解)≫)

六三(세 번째 陰爻): 등에 짊어지고 타니 도적을 불러들인다.

제 32 간: "六晶(三): 見車邀(輹), 丌(其)𤆱㐅, 丌亾因虔(且)劓. 亾初有終."(≪㮴(睽)≫)260)

六三(세 번째 陰爻): 수레가 막히고 소가 끌리게 된다. 그 사람은 이마에 문신이 찍히고 코가 베어지는 형벌을 당한다. 처음 시작은 좋지 않았지만 끝은 결국 도움을 받는다.

一 '𡴍' · '陸'자와 '陸'

'𡴍' · '陸'자와 '陸(뭍 육, lù,liù)'자의 가차자로 쓰인다.

제 39 간: "九五: 莧𡴍(陸)夬=(夬夬), 中行亡(无)咎."(≪夬≫)

九五(다섯 번째 陽爻): 쇠비름처럼 쉽게 결단을 하나 바르게 행하면 허물이 없으리라.

제 50 간: "九晶(三): 鳴(鴻)漸于陸(陸), 夫征不返(復), 婦孕而……."(≪漸(漸)≫)

九三(세 번째 陽爻): 기러기가 땅으로 나아가니 지아비가 가면 돌아오지 않고, 지어미가 잉태하여도 …….

一 '埶' · '㦹'자와 '執'

'埶' · '㦹'자는 '執(잡을 집, zhí)'자의 가차자로 쓰인다.

제 8 간: "六五: 畋(田)又(有)僉(禽), 利埶(執)言, 亡(无)咎. 長子衒(帥)帀(師), 弟子𤰈(輿)殑(尸)貞凶."(≪師≫)

六五(다섯 째 陰爻): 사냥을 하여 짐승을 잡는다. 붙잡으면 이로우니 허물이 없으리라. 큰 아들이 군사를 거느릴 것이니, 작은 아들이 군사를 거느리면 수레에 시체를 싣게 되려니, 점은 흉하다.

---

260) 현행본은 "六三: 見輿曳, 其牛掣, 其人天且劓, 无初有終."으로 쓴다.

제 30 간: "六二: 玌(靷)用黃牛之革, 莫之勝(勝)豙(遂)."(≪豚(遯)≫)

六二(두 번째 陰爻): 황소의 가죽으로 매어 두어야 한다. 그렇지 않으며 새끼줄을 풀고 도망간다.

―'菖'·'萏'자와 '惕'

'菖'·'萏'자와 '惕(두려워할 척, tì)'자의 가차자로 쓰인다.

제 4 간: "≪訟≫: 又(有)孚, 愻(窒)菖(惕), 中吉, 冬(終)凶. 利用見大人, 不利涉大川."

≪訟≫: 믿음이 있으나 막혀 곤란함이 있다. 중도는 길하지만 결국에는 흉하다. 대인을 만나면 이롭고 큰 내를 건너면 이롭지 않다.

제 38 간: "……萏(惕)虐(號), 莫(暮)謷(夜)又(有)戎, 勿衈(恤)."(≪〖夬〗≫)

두려워하며 외치다. 한밤에 적이 쳐들어와도 근심하지 마라.

―'脂'·'臧'자와 '藏'

'脂'·'臧'자가 '藏(감출 장, cáng, zàng)'자의 가차자로 쓰인다.

제 38 간: "九晶(三): 臧(藏)于頁(頄), 又(有)凶. 君子夬=(夬夬), 蜀(獨)行遇雨, 女(如)雺又(有)礪(厲), 亡(无)咎."(≪夬≫)

九三(세 번째 陽爻): 얼굴에 강건함이 보이나 흉함이 있다. 군자가 과감하게 결단하고, 홀로 가다가 비에 젖고 마치 안개 속을 헤매는 것 같이 어려움이 있긴 하지만 결국은 허물이 없다.

제 40 간: "敂(姤): 女臧(藏), 勿用取(娶)女."(≪敂(姤)≫)

≪姤≫: 여자가 건장하니 여자를 취하지 말라.

제 7간: "初六: 帀(師)出以聿(律), 不脂(臧)凶."(≪帀(師)≫)[261]

初六(첫 번째 陰爻): 군사가 군율에 따라 출전해야 한다. 그렇지 않으면 선한 군대

---

261) 濮茅左는 ≪楚竹書周易硏究≫에서 '脂'자는 '臧'의 가차자로 쓰이거나 혹은 '藏'자로 읽는다 하였다.(84쪽) 백서본과 현행본 모두 '臧'자로 쓴다.

라도 흉하니라.

-'叚'·'叴'자와 '假'

'叚'·'叴'자가 '假(거짓 가, jiǎ,jià)'자의 가차자로 쓰인다.

제 42 간: "嗷(萃): 王叴(假)于𡧧(廟), 利見大人, 卿(亨), 利貞. 用大牲, 利又(有)卣(攸)䢐(往)."(≪嗷(萃)≫)

≪萃≫: 왕이 사당에 온다. 대인을 보면 이롭고, 제사를 지낸다. 이롭다는 점이다. 큰 희생물을 쓰는 것이 이롭고, 앞으로 나아가면 이롭다.

제 54 간: "𣷺(渙): 卿(亨). 王叚(假)于𡧧(廟), 利見大人, 利涉大川."(≪𣷺(渙)≫)

≪渙≫: 제사를 지낸다. 왕이 사당에 온다. 대인을 보면 이롭고 큰 강을 건너면 이롭다.

4.4.4 하나의 고문자가 두 개의 통가자로 사용되는 경우

-'臧'

'臧'자는 '壯(씩씩할 장, zhuàng)'이나 '藏(감출 장, cáng,zàng)'의 가차자로 쓰인다.

제 54 간: "初六: 拯馬臧(壯), 吉, 炁(悔)亡."(≪𣷺(渙)≫)

初六(첫 번째 陰爻): 말을 구하니 말이 건장하여 길하고 후회가 없다.

제 40 간: "敂(姤): 女臧(藏), 勿用取(娶)女."(≪敂(姤)≫)

≪姤≫: 여자가 건장하니 여자를 취하지 말라.

-'敂'

'敂'자는 '扣(두드릴 구, kòu)'나 '姤(만날 구, gòu)'의 가차자로 쓰인다.

제 17 간: "上六: 係而敂(扣)之, 從(縱)乃鷈(懡)之. 王用亯(享)于西山"(≪陵(隨)≫)

上六(제일 위 陰爻): 잡아서 가두었고 후에 놓아 보내 주니, 배신할 마음을 갖는다. (문왕文王이) 서산西山에서 제사를 지낸다.

제 40 간: "敂(姤): 女藏(藏), 勿用取(娶)女."(≪敂(姤)≫)

≪姤≫: 여자가 건장하니 여자를 취하지 말라.

4.4.5 본래의 의미로 쓰이거나 또는 통가자로 사용되는 경우

─ '至'

'至'자는 본래의 의미로 쓰이거나 혹은 '致(보낼 치, zhì)'자의 가차자로 쓰인다.

제 2 간: "九晶(三): 雩(需)于𣥸(坭), 至(致)宼(寇)至."(≪雩(需)≫)

九三(세 번째 陽爻): 진흙탕에 머무르니 도둑을 불러들인다.

─ '可'

'可'자는 본래의 의미 이외에 '何'나 '阿'자의 가차자로 쓰인다.

'可'의 의미로 쓰이는 경우

제 13 간: "上六: 鳴𣪠(謙), 可用行帀(師), 征邦."(≪𣪠(謙)≫)

上六(제일 위 陰爻): 겸손을 널리 떨치니 군사를 일으켜 가히 읍국邑國을 정벌할 수 있다.

제 18 간: "九二: 榦(幹)母之蛊(蠱), 不可貞."(≪蛊(蠱)≫)

九二(두 번째 陽爻): 어머니의 음란함을 처리 할 수 없다는 점이다.

제 21 간: "九四: 可貞, 亡(无)咎."(≪亡(无)忘(望)≫)

九四(네 번째 陽爻): 행해도 좋다는 점이니, 허물이 없다.

제 25 간: "六五: 𢁇(弗)經, 凥(居)貞, 吉, 不可涉大川."(≪頤≫)

六五(다섯 번째 陰爻): 경영하지 않으나, 머물 곳에 대한 점은 길하다. 큰 내를 건널 수 없다.

'可'자가 '何(어찌 하, hé)'의 가차자로 쓰이는 경우

제 17 간: "九四: 陸(隨)又(有)〚16〛雯(獲), 貞工(功). 又(有)孚才(在)道已明, 可(何)咎."(≪陸(隨)≫)

九四(네 번째 陽爻): 때에 따라 얻을 수 있으니 공功을 세우는 점이다. 도에 믿음을 가지고 밝게 밝히면 무슨 허물이 있겠는가?

제 33 간: "六五: 亡(悔)亡(无), 陞(陸)宗簪(噬)膚(膚), 逴(往)可(何)咎."(≪楑(睽)≫)

六五(다섯 번째 陰爻): 후회가 없으니 그 종족이 살을 깨물지만, 가면 무슨 잘못이 있겠는가?

'可'자가 '阿'의 가차자로 쓰이는 경우262)

제 14 간: "六晶(三): 可(阿)夵(豫)亡(悔), 迡(遲)又(有)亡(悔)."(≪夵(豫)≫)

六三(세 번째 陰爻): 아첨하고 자만하니 후회하고 늦으면 후회한다.

一 '莫(暮)'

'莫'자는 본래의 의미 이외에 부정사의 의미로 쓰인다.

'莫'자가 본래의 의미 '暮(저물 모, mù)'로 쓰이는 경우

제 38 간: "……啻(惕)虐(號), 莫(暮)譽(夜)又(有)戎, 勿卹(恤)."(≪夬≫)

≪夬≫: 두려워하며 외치다. 한밤에 적이 쳐들어와도 근심하지 마라.

'莫'자가 부정사의 의미로 쓰이는 경우

제 30 간: "六二: 弌(執)用黃牛之革, 莫之剩(勝)尖(敓)."(≪豚(遯)≫)

六二(두 번째 陰爻): 황소의 가죽으로 매어 두어야 한다. 그렇지 않으면 새끼줄을

---

262) 정리본은 '阿'자를 '아첨하다'라는 뜻으로 설명하였다. ≪楚竹書周易硏究≫, 105쪽 참고. 혹은 '歌'로 읽을 수 있다. '가무에 빠지다'의 뜻이다.

풀고 도망간다.

一 '僮'

'僮'자는 본래의 의미 이외에 '憧'자의 가차자로 쓰인다.

'僮(아이 동, tóng)'자가 원래의 의미로 사용되는 경우
제 1 간: "六五: 僮(童)尨(蒙)吉."(≪尨(蒙)≫)
六五(다섯 번째 陰爻): 어린 아이의 몽매함이니 길하다.

'僮'자가 '憧(그리워할 동, chōng)'의 가차자로 쓰이는 경우
제 26 간: "九四: 貞吉. 亡(无)悳(悔). 僮(憧)僮往來, 朋從爾 [26]志."(≪欽(咸·感)≫)
九四(네 번째 陽爻): 점은 길하고, 후회가 없다. 부지런히 왕래하니 벗은 네 뜻을 따르게 될 것이다.

一 '取'

'取'자는 본래의 의미 이외에 '娶(장가들 취, qǔ)'의 가차자로 쓰인다.

'取'자가 본래의 의미로 쓰이는 경우
제 53 간: "初六: 遬(旅)瑣=(瑣, 瑣), 此丌(其)所取慇."(≪遬(旅)≫)
初六(첫 번째 陰爻): 나그네 생활이 자질구레하게 하니, 이 거주하는 곳에 재앙이 있게 된다.

'取'자가 '娶(장가들 취, qǔ)'의 가차자로 쓰이는 경우
제 26 간: "欽(咸·感). 卿(亨). 利貞. 取(娶)女吉."(≪欽(咸·感)≫)
≪咸≫: 제사를 지낸다. 이롭다는 점이다. 여자를 맞아들이면 길하다.
제 40 간: "≪敂(姤)≫: 女藏(壯), 勿用取(娶)女."(≪敂(姤)≫)
≪姤≫: 여자가 건장하니 여자를 취하지 말라.

一 '母'

'母'자는 본래의 의미 이외에 '毋'의 가차자로 쓰인다.

'母'자가 본래의 의미로 쓰이는 경우

제 18 간: "九二: 榦(幹)母之蠱(蠱)不可貞."(≪榦(幹)≫)

九二(두 번째 陽爻): 어머니의 음란함을 처리 할 수 없다는 점이다.

'母'자가 '毋'의 가차자로 쓰이는 경우

제 44 간: "气(汔)至. 亦母(毋)繑(繘)汬, 嬴(羸)亓(其)缾(瓶), 凶."(≪汬(井)≫)

우물이 거의 말라 있다. 또한 두레박줄은 우물에 닿지 않고 두레박이 파손되어 있으니 흉하다.

一 '譽'

'譽'자는 본래의 의미 이외에 '夜'의 가차자로 쓰인다.

'譽(기릴 예, yù)'자가 본래의 의미로 쓰이는 경우

제 35 간: "初六: 迬(往)訐䢔(來)譽."(≪訐(蹇)≫)

初六(첫 번째 陰爻): 직언을 하니 오는 것은 명예롭다.

'譽'자가 '夜(밤 야, yè)'의 가차자로 쓰이는 경우

제 38 간: "……𥈭(惕)𧆞(號), 莫(暮)譽(夜)又(有)戎, 勿卹(恤)."(≪夬≫)

≪夬≫: 두려워하며 외치다. 한밤에 적이 쳐들어와도 근심하지 마라.

4.4.6 일자다체一字多體

'一字多體'란 같은 자가 다양한 형태로 쓰이는 것을 말한다. 혹은 이체자異體字라 부르기도 한다. '來', '渙', '隨', '漸'자의 '일자다체' 현상을 살펴보면 아래와 같다.

一 '來'

'來'자는 '迣'·'楙'·'迷'자로 쓰기도 한다.

　　제 35 간: "九晶(三): 逨(往)訐迣(來)反."(≪訐(蹇)≫)
　　九三(세 번째 陽爻): 직언을 하니 반성한다.
　　제 35 간: "六四: 逨(往)訐迣(來)連."(≪訐(蹇)≫)
　　六四(네 번째 陰爻): 직언을 하니 꾸민다.
　　제 36 간: "上六: 逨(往)訐迣(來), 碩吉, 利見大人."(≪訐(蹇)≫)
　　上六(제일 위 陰爻): 직언을 하니 오는 것은 크고 길하다. 대인을 만나면 길하다.
　　제 35 간: "九五: 大訐不(朋)楙(來)."(≪訐(蹇)≫)
　　九五(다섯 번째 陽爻): 진실 된 직언을 하니, 뜻을 같이 하는 자가 온다.
　　제 51 간: "六五: 迣(來)章, 又(有)慶懸(譽), 吉."(≪豐≫)
　　六五(여섯 번째 陰爻): 와서 빛나고 경사와 영예가 있어 길하다.
　　제 9 간: "初六: 又(有)孚比之, 亡(无)咎. 又(有)孚洭缶, 冬(終)迷(來)又(有)它吉."(≪比≫)
　　初六(첫 번째 陰爻): 믿음을 두고 친해야 허물이 없다. 믿음이 바다같이 넓은 질그릇에 가득 찬 것 같이 하면 결국은 다른 곳에서 길함이 찾아온다.

一 '渙'

'渙(흩어질 환, huàn)'자는 '雚'이나 '馨'자로 쓴다.

　　제 55 간: "九五: 馨(渙)丌(其)大虖(號), 馨(渙)丌(其)凥, 亡(无)咎."(≪馨(渙)≫)
　　九五(다섯 번째 陽爻): 큰 외침을 흩어지게 하고 거하는 곳으로 흩어지니 허물이 없다.
　　제 54 간: "九二: 馨(渙)走丌(其)凥, 愳(悔)亡(无)."(≪馨(渙)≫)
　　九二(두 번째 陽爻): 그 안식처로 흩어져 달아나면 후회가 없다.
　　제 55 간: "上九: 馨(渙)丌(其)血㳄(去), 易(逖)出."(≪馨(渙)≫)
　　上九(제일 위 陽爻): 그 피를 흩어지게 하고 멀리 나아간다.
　　제 54 간: "雚(渙): 卿(亨). 王叚(假)于宙(廟), 利見大人, 利涉大川."(≪馨(渙)≫)

≪渙≫: 제사를 지낸다. 왕이 사당에 온다. 대인을 보면 이롭고 큰 강을 건너면 이롭다.

一'隨'

'隨(따를 수, suí)'자는 '陜'나 '陸'자로 쓴다.

제 16 간: "陜(隨): 元卿(亨). 利貞. 亡(无)咎."(≪陜(隨)≫)

≪隨≫: 큰 제사를 지낸다. 이롭다는 점이다. 허물이 없다.

제 16 간: "六晶(三): 係丈夫, 遊(失)少(小)子. 陜(隨)求又(有)旻(得), 利尻(居)貞."(≪陜(隨)≫)

六三(세 번째 陰爻): 남편에게 매이면 아들을 잃는다. 따라 구하면 얻음이 있다. 머무르는 곳에 관한 점은 이롭다.

제 16 간: "九四: 陸(隨)又(有)〖 16 〗叟(獲), 貞工(功). 又(有)孚才(在)道已明, 可(何)咎."(≪陜(隨)≫)

九四(네 번째 陽爻): 때에 따라 얻을 수 있으니 공공을 세우는 점이다. 도에 믿음을 가지고 밝게 밝히면 무슨 허물이 있겠는가?

제 48 간: "六二: 艮丌(其)足, 不陞(拯)丌陸(隨), 丌(其)心不悸."

六二(두 번째 陰爻): 그 다리를 돌보고자 하나, 그 따르는 것(발꿈치)을 거동할 수 없으니 마음이 불쾌하다.

一'漸'

'漸(점점 점, jiàn, jiān)'자는 혹은 '灡'자로 쓰기도 한다.

제 50 간: "灡(漸): 女遑(歸)吉, 利貞."(≪灡(漸)≫)

≪漸≫: 여자가 시집감이 좋으니, 점을 치니 이롭다.

제 50 간: "初六: 鳰(鴻)灡(漸)于䦨(澗), 少(小)子礪(厲), 又(有)言, 不冬(終)."(≪灡(漸)≫)

初六(첫 번째 陰爻): 기러기가 연못가에 나아가니, 소자가 위태롭고 말은 있으나 허물이 없다.

 제 50 간: "六二: 鳿(鴻)漸于堅(阪), 酓(飮)飤(食)饊＝(衎衎), 吉."(≪漸(漸)≫)

 六二(두 번째 陰爻): 기러기가 제방에 나아가니, 마시고 먹는 것이 즐겁고 길하다.

 제 50 간: "九晶(三): 鳿(鴻)漸于陸(陸), 夫征不迡(復), 婦孕而……."(≪漸(漸)≫)

 九三(세 번째 陽爻): 기러기가 땅으로 나아가니 지아비가 가면 돌아오지 않고, 지어미가 잉태하여도……

4.4.7 본래의 자를 사용하지 않고 통가자를 사용하는 경우

초죽서 ≪주역≫에서는 본래의 자가 있으나 통가자를 사용하여 본래의 의미를 나타내는 경우가 있다. 이러한 예는 '冬(終)'・'畜'・'交'나 '譽'자 등이 있다.

ー '冬(終)'

본래의 자인 '冬(終)'자가 있으나 '怂'자를 사용하여 '冬(終)'의 의미로 쓰인다.

 제 5 간: "上九: 或賜綸(鞶)繻(帶), 冬(終)朝晶(三)䙝(褫)之."(≪訟≫)

 上九(제일 위 陽爻): 왕이 큰 띠를 내려 주고, 하루나절 동안 세 번에 걸쳐 실행하였다.

 제 14 간: "六二: 忬(介)于石, 不冬(終)日, 貞吉."(≪余(豫)≫)

 六二(두 번째 陰爻): 돌보다 강하니 오랫동안 가지 못한다. 점은 길하다.

 제 57 간: "六四: 需又(有)衣袽(袽), 冬(終)日戒."(≪旣淒(濟)≫)

 六四(네 번째 陰爻): 명주 저고리가 해지니 종일토록 경계하여야 한다.

'怂'자를 사용하여 '冬(終)'의 의미로 쓰인다.

 제 12 간: "𡉈(謙): 卿(亨), 君子又(有)怂(終)."(≪𡉈(謙)≫)

 ≪謙≫: 형통하다. 제사를 지낸다. 군자는 마침이 있다.

-'畜'

원래 '畜'자가 있으나, '𦘒'자를 사용하여 '畜'의 가차자로 쓰인다.

제 20 간: "六二: 不擈(耕)而穧(獲), 不畜之. 則利有攸." (≪亡(无)忘≫)

六二(두 번째 陰爻): 경작하지 않고도 수확이 있으니 쌓아두지 않는다. 앞으로 나아가면 이롭다.

제 30 간: "九晶(三): 係豚(遯), 又(有)疾礪(厲), 畜臣妾, 吉." (≪豚(遯)≫)

九三(세 번째 陽爻): 돼지를 매어 두니, 병이 들어 좋지 않다. 신하와 첩에게 기르도록 하면 좋다.

'𦘒'자를 사용하여 '畜'의 가차자로 쓰인다.

제 22 간: "大𦘒(畜)■: 利貞. 不豕(家)而飤(食), 吉, 利涉大川." (≪大𦘒(畜)≫)

≪大畜≫: 이롭다는 점이다. 집안사람들 하고 먹지 않으면 길하다. 큰 내를 건너면 길하다.

-'交'

원래 '交'자가 있으나, '洨'자를 사용하여 '交'의 가차자로 쓴다.

제 16 간: "初九: 官又(有)愈(渝), 貞吉. 出門交又(有)工(功)." (≪陵(隨)≫)

初九(첫 번째 陽爻): 관이 변함이 있으며, 점은 길하다. 밖에 나가 교류하면 공이 있을 것이다.

'洨'자를 사용하여 '交'의 가차자로 쓴다.

제 11 간: "六五: 孚(厥)孚洨(交)女(如), 𢽳(威)女(如), 吉." (≪大有≫)

六五(다섯 번째 陰爻): 그 신뢰가 밝게 드러나게 하고 위엄 있게 행동하면 길하리라.

一 '譽'

원래 '譽'자가 있으나 '懇'자를 사용하여 '譽'자의 가차자로 사용한다.

　　제 35 간: "初六: 謙(往)訐좌(來)譽."
　　初六(첫 번째 陰爻): 직언을 하니 오는 것은 명예롭다.

'懇'자를 사용하여 '譽'자의 가차자로 사용한다.

　　제 51간 "六五: 悉(來)章, 又(有)慶懇(譽), 吉."(≪豐≫)
　　六五(여섯 번째 陰爻): 와서 빛나고 경사와 영예가 있어 길하다.

4.4.8 고문古文과 이체자異體字의 사용

一 '汬(井)'

'井'자를 '汬'으로 쓴다.263)

　　제 44 간: "九二: 汬浴(谷)弢(射)狒(鮒), 佳補縷."(≪汬(井)≫)
　　九二(두 번째 陽爻): 우물 도랑엔 두꺼비만 살아 이를 잡고, 망가지고 헤어진 두레박줄만 있다.
　　제 45 간: "九五: 汬緊(洌), 寒潡(泉)飤(食)."(≪汬(井)≫)
　　九五(다섯 번째 陽爻): 우물은 차가우니 차가운 샘물을 마신다.
　　제 45 간: "上六: 汬杸(救)勿寞(幕), 又(有)孚元吉."(≪汬(井)≫)
　　上六(제일 위 陰爻): 우물을 수리하여 덮지 않으니 믿음이 있고 크게 길하다.
　　제 45 간: "六四: 汬䊓(甃), 亡(无)咎."(≪汬(井)≫)

---

263) '汬'자는 '阱'자의 고문자이다. ≪說文解字≫에서는 "阱(阱), 陷也. 從阜從井, 井亦聲. 窞, 阱或從穴. 汬, 古文阱, 從水."('함정'의 의미이다. 의미부 '阜'와 '井'으로 이루어진 자이며, '井'은 또한 소리부이기도 하다(亦聲). '阱'자는 혹은 의미부 '穴'인 '窞(阱)'으로 쓰기도 한다. 고문은 의미부 '水'를 써서 '汬(汬)'으로 쓴다."라 하였다.

六四(네 번째 陰爻): 우물을 벽돌로 다시 만드니 허물이 없다.

-'射'

'射'자를 '躲'자로 쓴다.264)

제 44 간: "九二: 汬浴(谷)躲(射)豻(鮒), 隹鼑縷."(≪汬(井)≫)

九二(두 번째 陽爻): 우물 도랑엔 두꺼비만 살아 이를 잡고, 망가지고 헤어진 두레박줄만 있다.

-'膚'

'膚'자를 '膚'자로 쓴다.

제 33 간: "六五: 悬(悔)亾(无), 陞(陸)宗嚉(噬)膚(膚), 致(往)可(何)咎."(≪楑(睽)≫)

六五(다섯 번째 陰爻): 후회가 없으니, 그 종족이 살을 깨물지만, 가면 무슨 잘못이 있겠는가?

제 38 간: "九四: 諰(臀)亾(无)膚(膚), 丌(其)行綫(䠱)疋(且). 㲻(喪)羊悬(悔)亾(无), 睧(聞)言不冬(終)."(≪夬≫)

九四(네 번째 陽爻): 볼기에 살이 없어, 가기를 머뭇거린다. 양을 끌고 가나 후회가 없다. 말을 들어도 총명함이 없다.

제 41 간: "九晶(三): 諰(臀)亾[40]膚(膚), 丌(其)行綫(赸)疋(起), 礪(厲)亾(无)大咎."(≪敀(姤)≫)

九三(세 번째 陽爻): 볼기에 살이 없으니 행함이 주저주저하다. 위태로움이 있으나 큰 허물은 없다.

---

264) ≪說文≫에서는 "躲(躲), 弓弩發於身而中於遠也. 從矢, 從身. 𦐇(射), 篆文躲從寸. 寸, 法度也, 亦手也."('躲'자는 궁의 화살이 몸체에서 발사되어 멀리 떨어져 있는 물체를 맞히는 것을 말한다. '矢'와 '身'으로 이루어진 자이다. '躲'자의 전문은 의미부 '寸'을 사용하여 '射'자로 쓴다. '寸'은 법도라는 뜻이고, '손'의 뜻이다.)라 하였다.

一 '蠱'

'蠱'자를 '蛊'로 쓴다.

제 18간: "蛊(蠱): 元卿(亨). 利涉大川. 選(先)甲晶(三)日, 逡(後)甲晶(三)日."(≪蛊(蠱)≫)
≪蛊(蠱)≫: 큰 제사를 지낸다. 큰 내를 건너는 것이 이롭다. 갑일의 삼일 전 신일申日과 갑일의 삼일 후 정일丁日에 행한다.

제 18 간: "初六: 榦(幹)父之蛊(蠱), 又(有)子, 攷亡(无)咎, 礪(厲)冬(終)吉.(≪蛊(蠱)≫)
初六(첫 번째 陰爻): 아버지의 나쁜 첩의 일을 처리하는 아들이 있으니 아버지는 허물이 없게 되고, 위태로우나 끝내 길하다.

제 18간: "九二: 榦(幹)母之蛊(蠱)不可貞.(≪蛊(蠱)≫)
九二(두 번째 陽爻): 어머니의 음란함을 처리할 수 없다는 점이다.

제 18간: "九晶: 榦(幹)父之蛊(蠱), 少又(有)."(≪蛊(蠱)≫)
九三(세 번째 陽爻): 아버지의 나쁜 첩을 처리하니, 조금 뉘우침이 있다.

一 '來'

'來'자는 '迷'·'樣'·'迷'자로 쓰기도 한다.

제 9 간: "初六: 又(有)孚比之, 亡(无)咎. 又(有)孚海缶, 冬(終)迷(來)又(有)它吉."(≪比≫)
初六(첫 번째 陰爻): 믿음을 가지고 친해야 허물이 없다. 믿음이 바다같이 넓은 질그릇에 가득 찬 것 같이 하면 결국은 다른 곳에서 길함이 찾아온다.

제 35 간: "九晶(三): 進(往)訐迷(來)反."(≪訐(蹇)≫)
九三(세 번째 陽爻): 직언을 하니 반성한다.

제 36 간: "上六: 進(往)訐迷(來)碩, 吉, 利見大人."(≪訐(蹇)≫)
上六(제일 위 陰爻): 직언을 하니 오는 것은 크고 길하다. 대인을 만나면 길하다.

제 35 간: "六四: 進(往)訐迷(來)連."(≪訐(蹇)≫)
六四(네 번째 陰爻): 직언을 하니 꾸민다.

제 35 간: "初六: 進(往)訐迷(來)譽."(≪訐(蹇)≫)
初六(첫 번째 陰爻): 직언을 하니 오는 것은 명예롭다.

제 44 간: "菉(井): 攺(改)邑不攺(改)菉, 亡(无)(亡心)(喪)亡(无)旻(得), 迬(往)坕(來)菉=(井井). 气(汔)至, 亦母(毋)𢆶(繘)菉, 羸(羸)兀(其)缾(瓶), 凶."(≪菉(井)≫)

≪井≫: 읍은 바뀌었으나 정은 고치지지 않으니 잃을 것도 얻은 것도 없다. 오고 가며 우물을 긷고자 하나 우물이 거의 말라있다. 두레박이 파손되니 흉하다.

제 37 간: "繲(解): 利西南, 亡(无)所迬(往), 兀(其)坕(來)遉(復), 吉. 又(有)卣(攸)迬(往), 佰(宿)吉."(≪繲(解)≫)

≪解≫는 서남쪽이 유리하나 갈 곳이 없다. 돌아와 회복함이 길하다. 갈 곳이 있으면 일찍 가면 길하다.

ㅡ'戶'

'戶'자는 '屍(창 호, hù)'자로 쓴다.265)

제 52 간: "上六: 豐兀(其)芾<屋>, 坿兀(其)豪(家), 闚(闚)兀(其)屍(戶), 毄(闃)兀(其)亡(无)人, 晶(三)䄙(歲)不覿, 凶."(≪豐≫)

上六(제일 위 陰爻): 그 집을 크게 하고 그 집을 덮는다. 그 문을 엿보니 고요하고 사람이 없어서 삼년이 되어도 보지 못하니 흉하다.

ㅡ'穴'

'穴'자를 '坑(구멍 혈, xuè)'자로 쓴다.

제 56 간: "取皮(彼)才(在)坑(穴)."(≪小𠱿(過)≫)

≪小過≫: 구멍 속에 들어 있는 것을 쏘아 잡았다.

ㅡ'終'

'終'자를 '冬'으로 쓴다.266)

---

265) ≪說文≫에서는 "戶(戶), 護也. 半門曰戶, 象形. 屍(屍), 古文戶從木."('戶'자는 '보호하다'라는 뜻이다. 문의 반절 부분을 '戶'라 한다. 象形자이다. 古文은 의미부 '木'을 써서 '屍'로 쓴다.)라 하였다.

제 2 간: "九□: 耎(需)于堥(沙), 少(小)又(有)言, 冬(終)吉."(≪耎(需)≫)

九二(두 번째 陽爻): 모래밭에 머무르니, 말은 조금 있으나 마침내는 길하다.

제 57 간: "六四: 需又(有)衣袽(袽), 冬(終)日戒."(≪旣淒(濟)≫)

六四(네 번째 陰爻): 명주 저고리가 해지니 종일토록 경계하여야 한다.

제 9 간: "初六: 又(有)孚比之, 亡(无)咎. 又(有)孚洊缶, 冬(終)迷(來)又(有)它吉."(≪比≫)

初六(첫 번째 陰爻): 믿음을 가지고 친해야 허물이 없다. 믿음이 바다같이 넓은 질그릇에 가득 찬 것 같이 하면 결국은 다른 곳에서 길함이 찾아온다.

一'德'

'德'자는 '悳(덕 덕, dé)'자로 쓴다.

제 28 간: "九晶(三): 不經(恆)丌(其)悳(德), 或丞(承)丌(其)䜴(羞), 貞吝."(≪死(恆)≫)

九三(세 번째 陽爻): 그 덕을 항상 변하지 않게 하지 않으면, 혹은 부끄러운 일을 당하게 되니 궁색한 점이다.

제 28 간: "六五: 經(恆)丌(其)悳(德), 貞, 婦人吉, 夫 ‖ 28 ‖ 子凶."(≪死(恆)≫)

六五(다섯 번째 陰爻): 그 덕이 항상 변하지 않아 점을 치니 부인은 길하지만 남자는 흉하다.

제 5 간: "六晶(三): 飤(食)舊悳(德), 貞礪(厲), 冬(終)吉. 或從王事, 亡(无)成."(≪訟≫)

六三(세 번째 陰爻): 옛 부터 갖추고 있던 덕행으로 살아간다. 위태롭다는 점이나 끝내 길하다. 혹은 왕의 일을 맡아 행하나 성과가 없다.

一'復'

'復(돌아올 복, fù)'자는 '遉'자로 쓴다.

제 5 간: "九四: 不克訟, 遉(復)卽命愈(渝), 安貞吉."(≪訟≫)

---

266) ≪說文≫에서는 "線(終), 絿絲也. 從糸, 冬聲. 丹, 古文終."('終'은 '실을 묶다'라는 의미이다. 의미부 '糸'와 소리부가 '冬'으로 이루어진 형성자이다. '終'자의 古文은 '丹'으로 쓴다.)라 하였다.

九四(네 번째 陽爻): 소송에 이기지 못하여 돌아가 바로 명령을 따라 바뀌니, 안부를 묻는 점은 길하다.

제 19 간: "因囻: 臯(敦)遉(復), 亡(无)悬(悔)."(≪遉(復)≫)

六五(다섯 번째 陰爻):] 돈독하게 돌아오니 후회가 없다.

제 20 간: "亡(无)忘: 元卿(亨). 利貞. 亓(其)非遉(復)又(有)礻(眚), 不利又(有)卤(攸)逨(往)."(≪亡(无)忘≫)

≪无妄(望)≫: 큰 제사를 지낸다. 이롭다는 점이다. 바르게 고치지 않으면 재앙이 생기고, 앞으로 나아가면 이롭지 않다.

제 32 간: "初九: 悬(悔)亾=(亡, 喪)馬勿由(逐), 自遉(復). 見䶒(惡)人, 亡(无)咎."(≪楑(睽)≫)

初九(첫 번째 陽爻): 후회함이 없으니 말을 잃고 쫓아가지 않아도 저절로 돌아온다. 나쁜 사람을 만나도 허물이 없으리라.

제 37 간: "繲(解): 利西南, 亡(无)所逨(往). 丌(其)来(來)遉(復), 吉. 又(有)卤(攸)逨(往), 佃(宿)吉."(≪繲(解)≫)

≪解≫: 서남쪽이 유리하나 갈 바가 없다. 돌아와 회복함이 길하다. 갈 바가 있으면 일찍 하면 길하다.

제 50 간: "九晶(三): 鳥(鴻)漸于陸(陸), 夫征不遉(復), 婦孕而……."(≪漸(漸)≫)

九三(세 번째 陽爻): 기러기가 땅으로 나아가니 지아비가 가면 돌아오지 않고, 지어미가 잉태하여도

-'往'

'往'자는 '逨'자로 쓴다.267)

제 30 간: "初六: 豚(遯)丌(其)尾礪(厲), 勿用又(有)卤(攸)逨(往)."(≪豚(遯)≫)

初六(첫 번째 陰爻): 돼지의 꼬리가 좋지 않으니, 갈 곳이 있어도 가지 말아야 한다.

제 35 간: "初六: 逨(往)訐丞(來)譽."(≪訐(蹇)≫)

---

267) ≪說文≫에서는 "裮(往), 之也. 從彳, 坒聲. 䢔(逨), 古文從辵."('往'은 '가다'라는 의미이다. 의미부 '彳'과 소리부가 '坒'으로 이루어진 자이다. 고문은 '辵'을 써서 '逨'으로 쓴다.)라 하였다.

初六(첫 번째 陰爻): 직언을 하니 오는 것은 명예롭다.

제 35 간: "六四: 廛(往)訐夅(來)連.(≪訐(蹇)≫)

六四(네 번째 陰爻): 직언을 하니 꾸민다.

제 37 간: "繲(解): 利西南, 亡(无)所遳(往). 亓(其)夅(來)逯(復), 吉. 又(有)卣(攸)廛(往), 佁(宿)吉."(≪繲(解)≫)

≪解≫: 서남쪽이 유리하나, 갈 바가 없다. 돌아와 회복함이 길하다. 갈 바가 있으면 일찍 하면 길하다.

- '躳'

'躳'자는 '躬(몸 궁, gōng)'자로 쓴다.268)

제 1 간: "六晶(三): 勿用取(娶)女; 見金夫, 不又(有)躳(躬), 亡(无)卣(攸)利."(≪尨(蒙)≫)

六三(세 번째 陰爻): 장가들지 말라. 건장한 남자를 보고 몸을 잃으니 이로울 바가 없다.

제 49 간: "六四: 艮亓(其)躳(躬)."(≪艮≫)

六四(네 번째 陰爻): 그 몸을 돌본다.

- '侯'

'侯(과녁 후, hóu,hòu)'자는 '医'자로 쓴다.269)

제 14 간: "余(豫): 利建医(侯)行帀(師)."(≪余(豫)≫)

≪豫≫: 제후를 세우며 군사를 출동함이 이롭다.

---

268) ≪說文≫에서는 "䠶(躬), 身也. 從身, 從呂. 䠶(躬), 躬或從弓."('躬'은 '몸'이라는 뜻이다. '身'과 '呂'로 이루어진 자이다. '躬'자의 혹체는 의미부 '弓'을 써서 '躬'으로 쓴다.)라 하였다.

269) ≪說文≫에서는 "矦(侯), 春饗所躲侯也. 從人, 從厂, 象張布, 矢在其下. ……医(医), 古文侯."('侯'자는 '봄날 향음례를 거행할 때 사용하는 과녁 천'이라는 의미. '人'과 '厂'으로 이루어진 자이다. '厂'은 '펼쳐진 천'의 형상이고, '矢'는 그 아래 화살이 놓여있다는 뜻이다. ……'侯'자의 古文은 '医'로 쓴다.)라 하였다.

一 '災'

'災(재앙 재, zāi)'자는 '灾'자로 쓴다.270)

제 21 간: "六三: 旡妄之灾, 或繫之牛, 行人之旻(得), 邑人之灾(災)."(≪亡(无)忘≫)
六三(세 번째 陰爻): 희망이 없는 재앙이 있다. 혹은 묶어 둔 소를 행인이 얻으니, 읍인은 재앙이다.

제 56 간 "上六: 弗遇化(過)之, 飛鳥羅(離)之, 凶, 是胃(謂)亦灾(災)眚(眚)."≪小化(過)≫
上六(제일 위 陰爻): 만나지 아니하고 지나치니 나는 새가 떠남이 흉하다는 것은 또한 재난과 허물이 있다는 것이다.

一 '恆'

'恆(항상 항, héng)'자를 '死'자로 쓴다.271)

제 2 간: "初九: 亯(需)于蒿(郊), 利用死(恆), 亡(无)咎."(≪亯(需)≫)
初九(첫 번째 陽爻): 넓은 교외에 머무르니, 항상심을 가지면 이로워 허물이 없다.

제 28 간: "初六: 叡(浚)死(恆), 貞凶, 亡(无)卣(攸)利."(≪死(恆)≫)
初六(첫 번째 陰爻): 심히 깊이 오랫동안 구하니 점은 흉하고 이로울 것이 없다.

一 '郊'

'郊'자는 '蒿'자로 쓴다.

---

270) ≪說文≫에서는 "燾(災), 天火曰災. 從火, 𢦒聲. 灾(灾), 或從宀・火; 秋(秋), 古文從才; 災(災), 籒文從巛."('災'자는 '자연적으로 발생하는 화재를 災'라 한다. 의미부 '火'와 소리부가 '𢦒'로 이루어진 자이다. 혹체는 '宀'과 '火'를 써서 '灾'로 쓴다. 고문은 '才'를 써서 '秋'로 쓰며, 주문籒文은 '巛'를 써서 '災'로 쓴다.)라 하였다.

271) ≪說文≫에서는 "亙(恆), 常也. 從心, 從舟, 在二之閒上下, 心以舟施恆也. 死(死), 古文恆從月. ≪詩≫曰: '如月之恆.'"('恆'은 '항상'이라는 뜻이다. '心'・'舟'와 '배가 천지 사이 위아래를 반복적으로 오고 간다는 뜻으로 이루어진 자이다. 생각하는 마음이 마치 배를 타듯 끊임없이 이어진다는 뜻이다. 고문은 '月'을 써서 '死'으로 쓴다. ≪시경≫은 '달이 오랫동안 빛나네.'라 했다.)라 하였다.

제 2 간: "初九: 耎(需)于蒿(郊), 利用死(恒), 亡(无)咎."(≪耎(需)≫)

初九(첫 번째 陽爻): 교외에 머무르니, 항상심을 가지면 이로워 허물이 없다.

一'笑'

'笑'자는 '芡'자로 쓴다.

제 42 간: "初六: 又(有)孚不冬(終), 乃夒(亂)卤嘑(萃), 若虎(號), 一斛(握)于芡(笑), 勿卹(恤), 迬(往)亡(无)咎. ……."(≪嘑(萃)≫)

≪萃≫: 믿음이 있으나 끝이 없다. 소란을 피우려 모여 소리를 지르고 여기저기서 비웃는 소리가 들려도 근심하지 말라. 나아가면 허물이 없다.

一'賓'

'賓'자는 '㝛'자로 쓴다.272)

제 40 간: "九二: 橐又(有)魚, 亡(无)咎, 不利㝛(賓)."

九二(두 번째 陽爻): 꾸러미에 고기가 있으며 허물이 없으나, 손님에게 이롭지 않다.

一'陸'

'陸(뭍 륙{육}, lù,liù)'자는 '芖'자로 쓴다.273)

제 39 간: "九五: 莧芖(陸)夬=(夬夬), 中行亡(无)咎."(≪夬≫)

---

272) ≪說文≫에서는 "賓, 所敬也. 從貝, 㝛聲. 賔, 古文."('賓'은 '이른바 존경하는 손님'이라는 뜻이다. 의미부 '貝'와 소리부가 '㝛'으로 이루어진 형성자이다. 고문은 '賔'으로 쓴다.)라 하였다.

273) ≪說文≫에서는 "陸, 高平地. 從𨸏, 從坴, 坴亦聲. 𨹹, 籒文陸."('陸'자는 '높고 평평한 산꼭대기'라는 뜻이다. '𨸏'와 '坴'으로 이루어진 자이다. '坴'은 또한 소리부가 역할을 한다(亦聲). '陸'자의 籒文은 '𨹹'로 쓴다.)라 하였다.

九五(다섯 번째 陽爻): 쇠비름처럼 쉽게 결단을 하나 바르고 바르게 행하면 허물이 없으리라.

-'帶'

'帶(띠 대, dài)'자는 '繀'자로 쓴다.

제 5-6 간: "上九: 或賜緟(鞶)繀(帶), 冬(終)〚5〛朝晶(三)襄(表)之.(≪訟≫)
上九(제일 위 陽爻): 왕이 큰 띠를 내려 주고, 하루나절 동안 세 번에 걸쳐 실행하였다.

-'坭'

'坭(진흙 니, ní)'자는 '㘈'자로 쓴다.

제 2 간: "九晶(三): 孠(需)于㘈(坭), 至(致)忢(寇)至."(≪孠(需)≫)
九三(세 번째 陽爻): 진흙탕에 머무르니, 도둑을 불러들인다.

-'獲'

'獲(얻을 획, huò)'자는 '穫'자로 쓴다.

제 20 간: "六二: 不拼(耕)而穫(獲), 不畜之, 則利有攸."(≪亡(无)忘≫)
六二(두 번째 陰爻): 경작하지 않고도 수확이 있으니, 쌓아놓지 않는다. 앞으로 나아가면 이롭다.

-'牿'

'牿(우리 곡, gù)'자는 '楃'자로 쓴다.

제 22 간: "六四: 僮(童)牛之㭝(牿), 元〚22〛吉."(≪大𪘨(畜)≫)

六四(네 번째 陰爻): 송아지의 뿔에 가로대를 대니, 크게 길하다.

-'渙'

'渙(흩어질 환, huàn)'자는 '𤄷'자로 쓴다.

제 54 간: "六晶(三): 𤄷(渙)丌(其)躳(躬), 亡(无)咎."(≪𤄷(渙)≫)

六三(세 번째 陰爻): 자신을 버리면 후회가 없다.

-'旅'

'旅(군사 려, lǔ)'자는 '遊'자로 쓴다.

제 53 간: "遊(旅): 少(小)卿(亨). 遊(旅)貞吉."(≪遊(旅)≫)

≪旅≫: 작은 제사를 지낸다. 나그네의 점은 길하다.

제 53 간: "六二: 遊(旅)旣宋, 裹(懷)丌(其)次(資), 㝵(得)僮(童)僕(僕)之貞."(≪遊(旅)≫)

六二(두 번째 陰爻): 나그네가 머물 숙소에 머물고 노자를 가지게 되며 어린 종의 점괘를 얻는다.

제 53 간: "九晶(三): 遊(旅)焚丌(其)宋, 㣺(喪)丌(其)僮(童)僕(僕), 貞=礪(厲)[274]."(≪遊(旅)≫)

九三(세 번째 陽爻): 나그네가 그 숙사에 불사르고, 그 어린 종을 잃으니 점은 위태롭다는 점이다.

-'飮'

'飮(마실 음, yǐn)'자는 '酓'자로 쓴다.

---

274) '貞'자 아래 중문부호 '='가 있으나, 잘못 쓰인 것으로 보인다.

제 50 간: "六二: 鳿(鴻)漸于坙(阪), 酓(飮)飤(食)䜴＝(衎衎), 吉."(≪漸(漸)≫)

六二(두 번째 陰爻): 기러기가 제방에 나아가니 마시고 먹는 것이 즐겁고 길하다.

―'牙'

'牙(어금니 아, yá)'자는 '䀠'자로 쓴다.275)

제 23 간: "六五: 芬(豶)豕之䀠(牙)吉."(≪大𤘈(畜)≫)

≪大畜≫: 돼지의 어금니를 없애니 길하다.

―'擊'

'擊(부딪칠 격, jī)'자는 '毄'자로 쓴다.

제 1 간: "上九: 毄(擊)尨(蒙); 不利爲宼(寇), 利迎(禦)宼(寇)."(≪尨(蒙)≫)

上九(제일 위 陽爻): 몽매한 사람을 계몽해야하니, 도둑이 되면 이롭지 않고, 도둑을 막으면 이롭다.

―'鴻'

'鴻(큰 기러기 홍, hóng)'자는 '鳿'자로 쓴다.

제 50 간: "初六: 鳿(鴻)灘(漸)于鯛(澗), 少(小)子礪(厲), 又(有)言, 不冬(終)."(≪漸(漸)≫)

初六(첫 번째 陰爻): 기러기가 연못가에 나아가니 소자가 위태롭고 말은 있으나 끝이 없다.

제 50 간: "六二: 鳿(鴻)漸于坙(阪), 酓(飮)飤(食)䜴＝(衎衎), 吉."(≪漸(漸)≫)

六二(두 번째 陰爻): 기러기가 제방에 나아가니 마시고 먹는 것이 즐겁고 길하다.

제 50 간: "九晶(三): 鳿(鴻)漸于陸(陸), 夫征不返(復), 婦孕而……"(≪漸(漸)≫)

---

275) ≪說文≫에서는 "𠕁(牙), 牡齒也. 象上下相錯之形. 𢇁(䀠), 古文牙."('牙'는 '수컷의 어금니'라는 뜻이다. 위아래 이빨이 서로 얽혀 있는 모양이다. 고문은 '䀠'로 쓴다.)라 하였다.

九三(세 번째 陽爻): 기러기가 땅으로 나아가니 지아비가 가면 돌아오지 않고, 지어미가 잉태하여도

一 '懷'

'懷'자는 '褱(품을 회, huí)'자로 쓴다.

제 53 간: "六二: 遱(旅)既宿, 褱(懷)兀(其)次(資), 旻(得)僮(童)僕(僕)之貞."(≪遱(旅)≫)
六二(두 번째 陰爻): 나그네가 머물 숙소에 머물고 노자를 가지게 되며 어린 종의 점괘를 얻는다.

一 '筮'

'筮(점대 서, shì)'자는 '簭'자로 쓴다.276)

제 9 간: "比: 備(邊)簭(筮)元羕(永)貞, 吉, 亡(无)咎. 不寍(寧)方迷(來), 逡(後)夫凶."(≪比≫)
≪比≫: 원점을 살펴보고 크고 오랜 기간을 묻는 점은 길하고 허물이 없으리라. 편안하지 않은 자가 찾아오니 뒤에 오는 자는 흉하다.

一 '寇'

'寇(도둑 구, kòu)'자는 '宼'자로 쓴다.

제 1 간: "上九: 毄(擊)尨(蒙); 不利爲宼(寇), 利迎(禦)宼(寇)."(≪尨(蒙)≫)
上九(제일 위 陽爻): 몽매한 사람을 계몽해야하니, 도둑이 되면 이롭지 않고, 도둑을 막으면 이롭다.

제 2 간: "九晶(三): 哻(需)于圼(泥), 至(致)宼(寇)至."(≪哻(需)≫)

---

276) ≪説文≫에서는 "簭(簭), ≪易≫卦用蓍也. 從竹, 從巫. 巫, 古文巫字."('簭'자는 ≪易≫에서 점을 치는 시초이다. '竹'과 '巫'으로 이루어진 자이다. '巫'자는 '巫'자의 古文이다."라 하였다.

九三(세 번째 陽爻): 진흙탕에 머무르니, 도둑을 불러들인다.

제 34 간: "上九: 楑(睽)仉(孤), 見豕偵(負)夆(塗), 載鬼□車, 先張之弧. 匪寇(寇), 昏(婚)佝"(≪楑(睽)≫)

上九(제일 위 陽爻): 서로 노려보고 어긋나니 외롭다. 돼지가 길 가운데 엎드려 있는 것과 귀신이 수레에 탄 모습을 보고 처음에는 활을 당겼으나, 나중에는 화살을 놓는다. 도둑이 아니고 혼인을 청하려 가는 자들이다. 가다가 비를 만나면 좋으리라.

역대 자전字典에서 찾아 볼 수 없는 고문자들이 초죽서 ≪주역≫에서 쓰이기도 한다. 예를 들면, '備'·'坒'·'龕'·'遴'·'陵' 등의 자가 있다.

一 '備(邊)'

'備(갖출 비, bèi)'자를 '邊'자로 쓴다.

제 9 간: "比: 備(邊)箕(筮)元羕(永)貞, 吉, 亡(无)咎. 不盨(寧)方迷(來), 逡(後)夫凶."(≪比≫)

≪比≫: 원점을 살펴보고 크고 오랜 기간을 묻는 점은 길하고 허물이 없으리라. 편안하지 않은 자가 찾아오니 뒤에 오는 자는 흉하다.

一 '坒(過)'

'過'자를 '坒'자로 쓴다.

제 56 간: "上六: 弗遇坒(過)之, 飛鳥羅(離)之, 凶, 是胃(謂)亦夬(災)眚(眚)"(≪小坒(過)≫)

上六(제일 위 陰爻): 만나지 아니하고 지나치니 나는 새가 떠남이 흉하다는 것은 또한 재난과 허물이 있다는 것이다.

―'兪(禽)'

'禽(날짐승 금, qín)'자를 '兪'자로 쓴다.

　　제 10 간: "九五: 顯比. 王晶(三)驅, 遊(失)前兪(禽). 邑人不戒, 吉."

　　九五(다섯 번째 陽爻): 친함을 드러내니, 왕이 세 곳에서 몰아 사냥을 할 때, 앞으로 향하는 짐승을 놓아준다. 읍 사람들도 경계하지 않으니 길하리라.

　　제 28 간: "九四: 畋亡(无)兪(禽)."(≪死(恆)≫)

　　九四(네 번째 陽爻): 사냥을 해도 잡을 수 없다.

　　제 8 간: "六五: 畋(田)又(有)兪(禽), 利埶(執)言, 亡(无)咎. 長子衝(帥)帀(師), 弟子塁(輿)殞(尸)貞凶."(≪帀(師)≫)

　　六五(다섯 째 陰爻): 사냥을 하여 짐승을 잡는다. 붙잡으며 이로우니 허물이 없으리라. 큰 아들이 군사를 거느릴 것이니, 작은 아들이 군사를 거느리면 수레에 시체를 싣게 되려니, 점은 흉하다.

　　제 44 간: "初六: 汬晉不飲(食), 舊汬亡(无)兪(禽)."(≪汬(井)≫)

　　初六(첫 번째 陰爻): 우물이 패쇄 되어 물을 마시지 못하게 되고, 옛날 우물엔 짐승이 없다.

―'遊(失)'

'失(잃을 실, shī)'자를 '遊'자로 쓴다.

　　제 10 간: "九五: 顯比. 王晶(三)驅, 遊(失)前兪(禽). 邑人不戒, 吉."(≪比≫)

　　九五(다섯 번째 陽爻): 친함을 드러내니, 왕이 세 곳에서 몰아 사냥을 할 때, 앞으로 향하는 짐승을 놓아준다. 읍 사람들도 경계하지 않으니 길하리라.

　　제 16 간: "六二: 係少(小)子, 遊(失)丈夫."(≪陵(隨)≫)

　　六二(두 번째 陰爻): 아들에게 매이면 남편을 잃는다.

　　제 16 간: "六晶(三): 係丈夫, 遊(失)少(小)子. 陵(隨)求又(有)䙷(得), 利尻(居)貞."(≪陵(隨)≫)

　　六三(세 번째 陰爻): 남편에게 매이면 아들을 잃는다. 따라 구하면 얻음이 있다.

머무를 곳에 관한 점은 이롭다.

ㅡ'陞(隨)'

'隨(따를 수, suí)'자를 '陞'자로 쓴다.

제 16 간: "九四: 陞(隨)又(有)夒(獲), 貞工(功). 又(有)孚才(在)道已明, 可(何)咎."(≪陞(隨)≫)

九四(네 번째 陽爻): 때에 따라 획득할 수 있으니 공공을 세우는 점이다. 도에 믿음을 가지고 밝게 밝히면 무슨 허물이 있겠는가?

초죽서 중에 보이는 고문古文들이 ≪설문해자≫의 고문에 보이는 경우가 있다. 예를 들어, '僕(臊)'과 '與(舁)'자가 있다.

≪설문해자說文解字≫는 '臊(僕)'자에 대하여 "'일을 시키는 자'라는 뜻이다. '人'과 '業'으로 이루어진 자이다, '業'은 의미부이며 또한 소리부이기도 하다. 고문은 의미부 '臣'을 써서 '臊(臊)'로 쓰기도 한다."277)라 하였고, '與'자에 대해서는 "'동아리'라는 의미. '舁'와 '与'로 이루어진 자이다. 고문은 '舁'로 쓴다."278)라 하였다.

초죽서의 문자를 통하여 그동안 몰랐던 사실들을 해결할 수 있다. 예를 들어, '牙'자에 대하여 상승조商承祚는 <≪說文≫中之古文考>에서 "≪說文≫은 '牙'자의 고문은 '牙'와 '齒'로 쓴다. 의미상 통하지 않는다. 번잡하게 반복해서 쓸 이유가 없다. 아마 古文이 아닌가 한다."279)라 하였는데, 초죽서에서는 '牙'자를 '䚦'로 쓴다.280)

---

277) ≪說文解字≫: "臊(僕), 給事者. 從人, 從業, 業亦聲. 臊(臊), 古文從臣."
278) ≪說文解字≫: "臼(與), 黨與也. 從舁, 從与. 舁(舁), 古文與."
279) 商承祚 <≪說文≫中之古文考>: "從牙從齒, 於義不可通, 繁複無理, 殆非古文."
280) ≪說文解字≫는 '牙'자에 대하여 "牙, 牡齒也. 象上下相錯之形. 䚦, 古文牙."('큰 이빨'이라는 의미. 상하로 이빨이 교차되어 있는 형상이다. 고문은 '䚦'로 쓴다.)라 하였다.

제 23 간: "六五: 芬(豶)豕之䜌(牙)吉."(≪大𤱲(畜)≫)

六五(다섯 번째 陰爻): 돼지의 어금니를 없애니 길하다.

이외에도 복잡한 문자적 특색을 보이기도 하는데, '由'자가 '逐'자의 가차자로 쓰이기도 하고, 또한 '䜌'자가 '由'자의 가차자로 쓰인다. 이는 앞으로 계속 연구할 과제이기도 하다.

제 22 간: "九晶(三): 良馬由(逐), 利菫(艱)貞. 曰: 班車戉(衛), 利又(有)卣(攸)進(往)."(≪大𤱲(畜)≫)

九三(세 번째 陽爻): 좋은 말을 몰고 달려가니, 어려움에 대한 점은 이롭다. 수레를 잘 몰아 호위하니 갈 곳이 있으면 길하다.

제 32 간: "初九: 怣(悔)𠚲=(亡, 喪)馬勿由(逐), 自遠(復). 見𥃳(惡)人, 亡(无)咎."(≪楑(睽)≫)

初九(첫 번째 陽爻): 후회함이 없으니 말을 잃고 쫓아가지 않아도 저절로 돌아온다. 나쁜 사람을 만나 보면 허물이 없으리라.

제 25 간: "上九: 䜌(由)頤礪(厲)吉, 利涉大川.(≪頤≫)

上九(제일 위 陽爻): 양성을 하면 위태로우나 결국은 길하다. 큰 내를 건너면 길하다.

역주자 최남규

대만 동해대학교 박사(지도교수 : 周法高, 중국고대언어학, 1994)
중국 남경대학교 박사(지도교수 : 莫礪鋒, 중국고대시가, 2000)
중국 남경예술대학교 박사(지도교수 : 黃惇, 중국서예학, 2005)

현재
전라북도서예대전 초대작가, 대한민국서예대전 초대작가, 전북대학교 중어중문학과 교수

주요 저서
『전국시대 초간과 서예』(2008), 『중국고대금문의 이해(Ⅰ)』(2009), 『중국고대금문의 이해(Ⅱ)』(2010), 『상해박물관장전국초죽서(공자시론, 치의, 성정론)』(2012), 『중국고문자연구』(2015), 『곽점초묘죽간』(2016), 『서예로 읽는 논어』(2017), 『삶사람논어』(2019), 『상해박물관장전국초죽서·공자어록문』(상중하)(2019), 『갑골문의 어법적 이해』(2020), 『사서오경의 요람』(2020)

경성대학교 한국한자연구소 학술총서 5
상해박물관장전국초죽서역주
上海博物館藏戰國楚竹書譯註 ❶

周易 [해제편]

초판 인쇄 2021년 1월 20일
초판 발행 2021년 1월 29일

역 주 최남규
펴낸이 이대현
편 집 권분옥 강윤경 임애정
디자인 최선주

펴낸곳 도서출판 역락
주 소 서울시 서초구 동광로 46길 6-6 문창빌딩 2층
전 화 02-3409-2058, 02-3409-2060
팩 스 02-3409-2059
등 록 1999년 4월 19일 제303-2002-000014호
e-mail youkrack@hanmail.net

ISBN 979-11-6244-680-5 (세트)
　　　979-11-6244-687-4 94720

*잘못된 책은 교환해 드립니다.
*정가는 표지에 있습니다.